芝浦工業大学附属高等学校

〈収録内容〉

2024 年度 …………推薦（数・小論文）

一般（数〈基礎〉・数〈応用〉英・国）

2023 年度 …………推薦（数・小論文）

一般（数〈基礎〉・数〈応用〉英・国）

2022 年度 …………一般（数〈基礎〉・数〈応用〉英・国）

2021 年度 …………一般（数〈基礎〉・数〈応用〉英・国）

※国語の大問一は、問題に使用された作品の著作権者が二次使用の許可を出していないため、問題を掲載しておりません。

2020 年度 …………一般（数〈基礎〉・数〈応用〉英・国）

右の QR コードから学校のホームページにてデータ配信

リスニング

⇒

便利な DL コンテンツは右の QR コードから

解答用紙

⇒

※データのダウンロードは 2025 年 3 月末日まで。

※データへのアクセスには、右記のパスワードの入力が必要となります。 ⇒ 904870

〈合格最低点〉

2024年度	246点
2023年度	266点
2022年度	265点
2021年度	251点
2020年度	220点

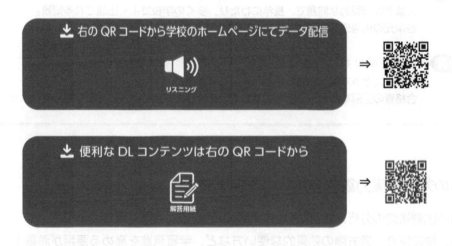

本書の特長

実戦力がつく入試過去問題集

- ▶ 問題 …………… 実際の入試問題を見やすく再編集。
- ▶ 解答用紙 …… 実戦対応仕様で収録。
- ▶ 解答解説 …… 詳しくわかりやすい解説には、難易度の目安がわかる「基本・重要・やや難」の分類マーク つき（下記参照）。各科末尾には合格へと導く「ワンポイントアドバイス」を配置。採点に便利な配点つき。

入試に役立つ分類マーク

基本 確実な得点源！
受験生の 90％以上が正解できるような基礎的、かつ平易な問題。
何度もくり返して学習し、ケアレスミスも防げるようにしておこう。

重要 受験生なら何としても正解したい！
入試では典型的な問題で、長年にわたり、多くの学校でよく出題される問題。
各単元の内容理解を深めるのにも役立てよう。

やや難 これが解ければ合格に近づく！
受験生にとっては、かなり手ごたえのある問題。
合格者の正解率が低い場合もあるので、あきらめずにじっくりと取り組んでみよう。

合格への対策、実力錬成のための内容が充実

- ▶ 各科目の出題傾向の分析、合否を分けた問題の確認で、入試対策を強化！
- ▶ その他、学校紹介、過去問の効果的な使い方など、学習意欲を高める要素が満載！

解答用紙ダウンロード 解答用紙はプリントアウトしてご利用いただけます。弊社ＨＰの商品詳細ページよりダウンロードしてください。トビラのＱＲコードからアクセス可。

UD FONT 見やすく読みまちがえにくいユニバーサルデザインフォントを採用しています。

芝浦工業大学附属 高等学校

芝浦工業大学への進学をめざすコースに所属
高大連携ものづくり工学講座「Arts & Tech」など
STEAM教育でグローバル人材へ

URL	http://www.fzk.shibaura-it.ac.jp/			
ホームページ上での合格発表	中　学	○	高　校	○

普通科
生徒数　642名
〒135-8139
東京都江東区豊洲6-2-7
☎03-3520-8501
有楽町線豊洲駅　徒歩7分
ゆりかもめ新豊洲駅　徒歩1分

プロフィール　豊洲の地で高大連携に特化した新カリキュラム

1922年に設立された、東京鉄道中学を前身とする。1954年、芝浦工業大学高等学校となり、1982年、中学校が設立された。以来、中学から高校までの６年間の一貫教育体制により、人間性豊かな幅広い視野と実行力を持つ人間形成を行っている。2017年度より豊洲に移転。高校入学生３年間のカリキュラムを一新し、高校からの女子募集を開始。

環境　最新鋭の設備が授業を面白くする

豊洲校舎は７階建てで、最上階にはゴルフ・野球練習場や弓道場などを設けている。全館Wi-Fiとプロジェクターを全教室に配備。３つの理科室と２つの技術室、２つのコンピューター室、大型のものづくりが可能なファクトリー、アクティブラーニング専用の多目的室、プレゼンテーション向けの階段教室など、創造的な理工学教育設備が整っている。また、人工芝と天然芝の両方を使用したグラウンド、ランニングコースと観客席のあるメインアリーナなど、スポーツ施設も充実している。120席のブースがある自習室は、7：00～20：00まで使用することができる。

カリキュラム　21世紀を生き抜く力を培うために

Science（科学）、Technology（技術）、Engineering（工学）、Arts（芸術）、Mathematics（数学）の5つの力を総合的に学び、創造性豊な人材を育てるSTEAM教育を実施している。

高校入学生は、芝浦工業大学への推薦進学を目指すコースに所属する。大学入学後の応用を視野に入れた基礎学力の定着を目標とし、ゆっくりと確実な指導を行っている。附属校だからこそできる丁寧な進路指導をし、将来何を研究してどのような仕事に就くのか、よく理解したうえで進学先を選択することができる。

２年次には芝浦工業大学の教授が専門講義をする「理系講座」があり、いくつでも参加可能なため、興味のある分野をより深く知り、比較検討することができる。芝浦工業大学の教授の指導によるものづくり特別講座「Arts and Tech」が週２時間あり、エンジン、ロボット、生命工学、ユニバーサルデザインやアプリケーションソフトなど、日本でも有数のレベルの高大連携授業を展開している。

学校生活　人間性や社会性を築くクラブ活動

クラブは、12の体育系と９の文化系がある。弓道部や電子技術研究部など対外的に活躍しているクラブもあるが、優れた結果を得ることよりも、生徒相互の豊かな心の触れ合いの場としている。

主な学校行事には、「芝生祭」、球技大会、勉強合宿（１年）、カナダ教育旅行（２年）、歌舞伎視聴覚教室（３年）などがある。

豊洲校舎

進路　高大連携のメリットを最大に活かして芝浦工大へ

2023年度卒業生219（71）名。
主な進学先…芝浦工業大学135(52)名、理系他大53(11)名、文系他大19(5)名。
()は高等学校から入学した生徒数
芝浦工業大学以外の主な進学大学…東工大３名、北海道大３名、九州大２名、千葉大２名、筑波大学１名、東京農工大１名、早稲田大学２名、東京理科大学９名、上智大学４名、明治大学３名、青山学院大学２名、法政大学２名など。

国際化　英語による発信力向上を目指して

グローバル社会への対応として、英語による発信力の向上に力を入れている。少数選抜クラスである英語SUPERコースにおいてイングリッシュキャンプという２泊３日の英語特訓合宿を開催している。海外研修旅行は３回の機会がある。ニュージーランド研修（希望者）、２年海外教育旅行（カナダ）、３年早期推薦短期留学（カナダ、アメリカ、ニュージーランド）　※2019～2023年度、すべて12名合格。

2024年度入試要項

試験日　1/22（推薦）　2/10（一般）
試験科目　数+小論文+面接（推薦）
国・数〈基礎〉・数〈応用〉・英＋面接（一般）

2024年度	募集定員	受験者数	合格者数	競争率
推薦	25	61	32	1.9
一般	25	135	38	3.6

※帰国生入試（12/9、国・数・英＋面接）の募集は若干名
※シンガポール入試は11/9（数＋面接）

過去問の効果的な使い方

① **はじめに**　入学試験対策に的を絞った学習をする場合に効果的に活用したいのが「過去問」です。なぜならば，志望校別の出題傾向や出題構成，出題数などを知ることによって学習計画が立てやすくなるからです。入学試験に合格するという目的を達成するためには，各教科ともに「何を」「いつまでに」やるかを決めて計画的に学習することが必要です。目標を定めて効率よく学習を進めるために過去問を大いに活用してください。また，塾に通われていたり，家庭教師のもとで学習されていたりする場合は，それぞれのカリキュラムによって，どの段階で，どのように過去問を活用するのかが異なるので，その先生方の指示にしたがって「過去問」を活用してください。

② **目的**　過去問学習の目的は，言うまでもなく，志望校に合格することです。どのような分野の問題が出題されているか，どのレベルか，出題の数は多めか，といった概要をまず把握し，それを基に学習計画を立ててください。また，近年の出題傾向を把握することによって，入学試験に対する自分なりの感触をつかむこともできます。

過去問に取り組むことで，実際の試験をイメージすることもできます。制限時間内にどの程度までできるか，今の段階でどのくらいの得点を得られるかということも確かめられます。それによって必要な学習量も見えてきますし，過去問に取り組む体験は試験当日の緊張を和らげることにも役立つでしょう。

③ **開始時期**　過去問への取り組みは，全分野の学習に目安のつく時期，つまり，9月以降に始めるのが一般的です。しかし，全体的な傾向をつかみたい場合や，学習進度が早くて，夏前におおよその学習を終えている場合には，7月，8月頃から始めてもかまいません。もちろん，受験間際に模擬テストのつもりでやってみるのもよいでしょう。ただ，どの時期に行うにせよ，取り組むときには，集中的に徹底して取り組むようにしましょう。

④ **活用法**　各年度の入試問題を全問マスターしようと思う必要はありません。できる限り多くの問題にあたって自信をつけることは必要ですが，重要なのは，志望校に合格するためには，どの問題が解けなければいけないのかを知ることです。問題を制限時間内にやってみる。解答で答え合わせをしてみる。間違えたりできなかったりしたところについては，解説をじっくり読んでみる。そうすることによって，本校の入試問題に取り組むことが今の自分にとって適当かどうかが，はっきりします。出題傾向を研究し，合否のポイントとなる重要な部分を見極めて，入学試験に必要な力を効率よく身につけてください。

数学

各都道府県の公立高校の入学試験問題は，中学数学のすべての分野から幅広く出題されます。内容的にも，基本的・典型的なものから思考力・応用力を必要とするものまでバランスよく構成されています。私立・国立高校では，中学数学のすべての分野から出題されることには変わりはありませんが，出題形式，難易度などに差があり，また，年度によっての出題分野の偏りもあります。公立高校を含め，ほとんどの学校で，前半は広い範囲からの基本的な小問群，後半はあるテーマに沿っての数問の小問を集めた大問という形での出題となっています。

まずは，単年度の問題を制限時間内にやってみてください。その後で，解答の答え合わせ，解説での研究に時間をかけて取り組んでください。前半の小問群，後半の大問の一部を合わせて50%以上の正解が得られそうなら多年度のものにも順次挑戦してみるとよいでしょう。

英語

英語の志望校対策としては，まず志望校の出題形式をしっかり把握しておくことが重要です。英語の問題は，大きく分けて，リスニング，発音・アクセント，文法，読解，英作文の5種類に分けられます。リスニング問題の有無(出題されるならば，どのような形式で出題されるか)，発音・アクセント問題の形式，文法問題の形式(語句補充，語句整序，正誤問題など)，英作文の有無(出題されるならば，和文英訳か，条件作文か，自由作文か）など，細かく具体的につかみましょう。読解問題では，物語文，エッセイ，論理的な文章，会話文などのジャンルのほかに，文章の長さも知っておきましょう。また，読解問題でも，文法を問う問題が多いか，内容を問う問題が多く出題されるか，といった傾向をおさえておくことも重要です。志望校で出題される問題の形式に慣れておけば，本番ですんなり問題に対応することができますし，読解問題で出題される文章の内容や量をつかんでおけば，読解問題対策の勉強として，どのような読解問題を多くこなせばよいかの指針になります。

最後に，英語の入試問題では，なんと言っても読解問題でどれだけ得点できるかが最大のポイントとなります。初めて見る長い文章をすらすらと読み解くのはたいへんなことですが，そのような力を身につけるには，リスニングも含めて，総合的に英語に慣れていくことが必要です。「急がば回れ」ということわざの通り，志望校対策を進める一方で，英語という言語の基本的な学習を地道に続けることも忘れないでください。

国語

国語は，出題文の種類，解答形式をまず確認しましょう。論理的な文章と文学的な文章のどちらが中心となっているか，あるいは，どちらも同じ比重で出題されているか，韻文(和歌・短歌・俳句・詩・漢詩)は出題されているか，独立問題として古文の出題はあるか，といった，文章の種類を確認し，学習の方向性を決めましょう。また，解答形式は，記号選択のみか，記述解答はどの程度あるか，記述は書き抜き程度か，要約や説明はあるか，といった点を確認し，記述力重視の傾向にある場合は，文章力に磨きをかけることを意識するとよいでしょう。さらに，知識問題はどの程度出題されているか，語句(ことわざ・慣用句など)，文法，文学史など，特に出題頻度の高い分野はないか，といったことを確認しましょう。出題頻度の高い分野については，集中的に学習することが必要です。読解問題の出題傾向については，脱語補充問題が多い，書き抜きで解答する言い換えの問題が多い，自分の言葉で説明する問題が多い，選択肢がよく練られている，といった傾向を把握したうえで，これらを意識して取り組むと解答力を高めることができます。「漢字」「語句・文法」「文学史」「現代文の読解問題」「古文」「韻文」と，出題ジャンルを分類して取り組むとよいでしょう。毎年出題されているジャンルがあるとわかった場合は，必ず正解できる力をつけられるよう意識して取り組み，得点力を高めましょう。

数学

出題傾向の分析と合格への対策

●出題傾向と内容

本年度の出題数は，基礎問題は13題，応用問題は12題，推薦は17題でほぼ例年通りであった。

出題内容は，基礎問題は，式の計算，因数分解，式の値，確率，図形と関数・グラフの融合問題，平方根の大小，角度，平面・空間図形の計量問題の基礎的な問題が13問，応用問題は，[1]は図形と関数・グラフの融合問題，[2]は平面図形の証明と計量問題，[3]は図形とグラフ，規則性の融合問題，[4]は空間図形の計量問題，推薦は，[1]は全分野から基礎的な問題，[2]は図形と関数・グラフの融合問題，[3]は関数に関する問題であった。

✓学習のポイント

教科書の例題を理解して，基礎をしっかり身につけよう。その上で，標準問題集を使って，応用力をつけていこう。

●2025年度の予想と対策

来年度も，出題数，難易度にそれほど大きな変化はないだろう。

基礎問題は，教科書の章末問題レベルの問題が出題される。正確に敏速に解答を導きだせるようにしておこう。

応用問題，推薦では，図形と関数・グラフの融合問題，作図や証明問題，動点の問題，図形の計量問題などが出題される。教科書にのっている定理の証明を勉強しておくとよいだろう。

図形と関数・グラフの融合問題と空間図形の問題は難問も含まれているので，できるだけ標準レベル以上の問題集にもあたっておきたい。最後に，時間配分を考えながら，過去問をやってみることが重要である。

▼年度別出題内容分類表 ……

※基礎問題をA，応用問題をB，推薦をCとする。

出題内容			2020年	2021年	2022年	2023年	2024年
数と式		数の性質	B				
		数・式の計算	A	A	A	AC	AC
		因数分解	A	A	A	AC	AC
		平方根	B			C	AC
方程式・不等式		一次方程式	A		A	C	C
		二次方程式	B	A	A	A	
		不等式					
		方程式・不等式の応用				A	
関数		一次関数	AB	A	AB	ABC	ABC
		二乗に比例する関数	AB	AB	AB	ABC	ABC
		比例関数	A		B		C
		関数とグラフ	B	B	AB	ABC	ABC
		グラフの作成			B		
図形	平面図形	角度	A	A	A	AC	AC
		合同・相似	AB	B		A	B
		三平方の定理		B	AB	BC	A
		円の性質	AB	B	A	C	ABC
	空間図形	合同・相似	AB		A	BC	B
		三平方の定理	AB	B		B	B
		切断	AB	A	AB	B	B
	計量	長さ	AB	B	AB	AB	AB
		面積	B	AB	AB	ABC	ABC
		体積	A	AB	A	ABC	BC
	証明		B	B	B	BC	B
	作図					A	A
	動点		B	B	B	B	
統計		場合の数					
		確率	A	A	A	AC	AC
		統計・標本調査	A	A	A	AC	C
融合問題		図形と関数・グラフ	B		AB	ABC	ABC
		図形と確率					
		関数・グラフと確率					
		その他					B
その他							

芝浦工業大学附属高等学校

英語

出題傾向の分析と 合格への対策

●出題傾向と内容

本年度は，放送問題3題，長文読解問題2題，条件英作文問題2題の大問計7題という構成であった。例年と比べて，大問数や出題レベルに大きな変化はなかった。

放送問題のレベルは標準的で，絵の内容に合う英文を選ぶ問題，対話文問題，英文を聴き質問に答える問題が例年出題されているので，過去問を解いて傾向をつかんでおこう。

長文読解問題は分量の多い英文を正確に読んで，内容を把握する問題が例年出題されている。

条件英作文問題のレベルも標準的で，絵に描かれている内容を英語で書く問題，英文の問いについて英語で答える問題が例年出題されている。過去問を解いて傾向をつかんでおこう。

✔学習のポイント

まとまった量の長文をより速く，より正確に読み取る練習を重ねておこう。また，英作文は，標準的なレベルの英文は確実に書けるようにしておきたい。

●2025年度の予想と対策

来年度も本年度と比べ，小問数の増減はあっても，大きな傾向の変化はないと予想される。

標準的なレベルの問題がほとんどなので，教科書を中心とした学習が効果的である。

放送問題は，CDやインターネット等を活用して，英語の音を聞くことに慣れておこう。

長文読解問題に関しては，特に技術や工業分野をテーマにした英文が出題されると予想される。英問英答形式で内容理解を問うものになるだろう。正確な情報を素早く読み取る力を養っておこう。

条件英作文に関しては，基本的な熟語は暗記して，標準的なレベルの英文を正確・確実に書けるようにしておこう。

▼年度別出題内容分類表 ……

	出題内容	2020年	2021年	2022年	2023年	2024年
話し方・聞き方	単語の発音					
	アクセント					
	くぎり・強勢・抑揚					
	聞き取り・書き取り	○	○	○	○	○
語い	単語・熟語・慣用句					
	同意語・反意語					
	同音異義語					
読解	英文和訳（記述・選択）					
	内容吟味	○	○	○	○	○
	要旨把握					
	語句解釈					
	語句補充・選択					
	段落・文整序					
	指示語					
	会話文					
文法・作文	和文英訳					
	語句補充・選択					
	語句整序					
	正誤問題					
	言い換え・書き換え					
	英問英答	○	○	○	○	○
	自由・条件英作文	○	○	○	○	○
文法事項	間接疑問文					
	進行形	○	○	○	○	○
	助動詞			○		○
	付加疑問文					
	感嘆文					
	不定詞	○	○	○	○	○
	分詞・動名詞				○	
	比較		○		○	○
	受動態					
	現在完了					○
	前置詞		○			
	接続詞	○		○	○	
	関係代名詞					○

芝浦工業大学附属高等学校

国語 出題傾向の分析と合格への対策

●出題傾向と内容

本年度は，論説文と小説，作文・漢字の出題であった。

論説文は，文脈把握を中心にして，筆者の主張を的確に読み取る力，それを簡潔にまとめる力が試される内容であった。

小説は，場面や心情，表現の特徴を問う問題が中心であった。短い時間内で，読み取るべきポイントを的確にとらえることが必要である。

論説文・小説ともに，漢字の読み書きの問題と，品詞の識別などの文法事項の問題が出題されている。

過去にあった古文の読解問題がなく，論説文を読んで作文を書く問題が出題されている。自分で考える力，文章をまとめる力が試される内容であった。

学習のポイント

漢字の問題数が比較的多く，中学校範囲の漢字が書きでも出題される。読解問題とともに、確実に得点できるようにしたい。

●2025年度の予想と対策

古文の読解はなかったが，今後も古文読解は復活する可能性がある。

論説文の読解問題では，語句の意味ととらえた上で，文脈を追い，筆者の主張を読み取ることが必要。コラムやいろいろな文章に触れ，話題に関する予備知識をつけておこう。

論説文，小説ともに，長い文章を限られた時間内で解く練習を重ねておく必要がある。

読解問題では解答を記述でまとめる問題が毎年複数問出ている。作文問題も含め，文を簡潔にまとめる力をつけておきたい。

▼年度別出題内容分類表 ……

出題内容			2020年	2021年	2022年	2023年	2024年
内容の分類	読解	主題・表題		○	○	○	○
		大意・要旨	○	○	○	○	○
		情景・心情	○	○	○	○	○
		内容吟味	○	○	○	○	○
		文脈把握	○	○	○	○	○
		段落・文章構成					○
		指示語の問題					○
		接続語の問題	○	○	○		
		脱文・脱語補充	○	○	○	○	○
	漢字・語句	漢字の読み書き	○	○	○	○	○
		筆順・画数・部首					
		語句の意味					
		同義語・対義語					
		熟語					
		ことわざ・慣用句			○		
	表現	短文作成					
		作文(自由・課題)	○	○	○		○
		その他					
	文法	文と文節			○		
		品詞・用法	○	○	○	○	○
		仮名遣い	○				
		敬語・その他					
	古文の口語訳						
	表現技法						
	文学史						
問題文の種類	散文	論説文・説明文	○	○	○	○	○
		記録文・報告文					
		小説・物語・伝記	○	○	○	○	○
		随筆・紀行・日記					
	韻文	詩					
		和歌(短歌)					
		俳句・川柳					
	古文						
	漢文・漢詩						

芝浦工業大学附属高等学校

2024年度　合否の鍵はこの問題だ!!

(一般)

数　学　2 (2)，(3)

(2)　AB＝2から，AE＝AF＝EF＝FC＝1　　FG＝xとすると，(1)より，DE＝x　　△ADF∽△GCFより，DF：CF＝AF：GF，$(x+1):1=1:x$，$x(x+1)=1$，$x^2+x-1=0$，

$x=\dfrac{-1\pm\sqrt{1^2-4\times1\times(-1)}}{2\times1}=\dfrac{-1\pm\sqrt{5}}{2}$，$x>0$より，

$x=\dfrac{-1+\sqrt{5}}{2}$　　よって，EF：FG＝$1:\dfrac{-1+\sqrt{5}}{2}$

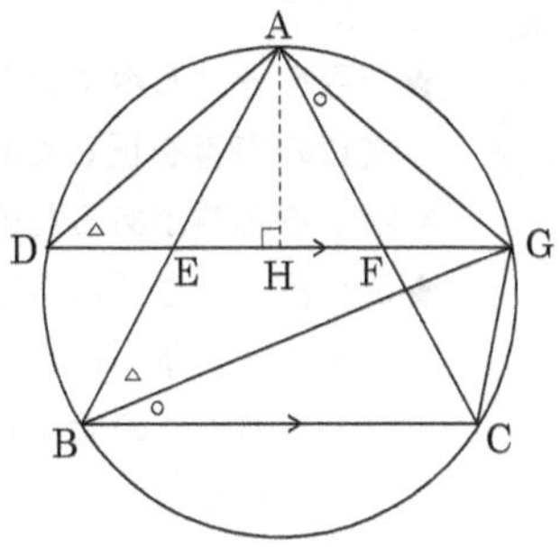

(3)　(2)より，DG$=1+\dfrac{-1+\sqrt{5}}{2}\times2=1-1+\sqrt{5}=\sqrt{5}$

点AからEFへ垂線AHをひくと，△AEFは一辺の長さが1の正三角形だから，AH$=1\times\dfrac{\sqrt{3}}{2}=\dfrac{\sqrt{3}}{2}$　　よって，△ADG$=\dfrac{1}{2}\times\sqrt{5}\times\dfrac{\sqrt{3}}{2}=\dfrac{\sqrt{15}}{4}$

◎　(2)は(1)を利用して，FG＝DE＝xとすることがポイントである。(3)は△AEFが正三角形であることから，△ADGの高さを求めよう。

英　語　7

7は英作文問題である。質問のレベル，また答えとして要求されている英文のレベルも標準的である。これまでの英作文の練習でこの内容の質問と答え，同じ内容ではなくても，似たような内容での英作文練習をしてきた人も多いと思われる。この経験があるか否かで，素早く適切な内容で正確な英文を作成できるか否かを分けるので，最終問題で配点も高いと予想されるこの問題が合否を分けると推測される。英作文の練習に丁寧に取り組んできたかが試される。

英語の疑問文に対する答え方で気をつけるポイント

・疑問詞に注意。How，Why，Where，Who，What，Whenが使われる場合はそれぞれの疑問詞の意味に応じて具体的な内容を答えること。
　2では，内容をそのまま書くのでも良いし，It is becauseで始めて文を作ってもよい。

・質問文で使われている時制や助動詞，動詞はそのまま使って答えるとよい。
　ここでは3でこのポイントを応用してみよう。
　Where <u>would you recommend</u> ～?　→　I <u>would recommend</u> ～.

・英文を作る場合，まず<主語＋動詞>の形を整えること。
　日本語と異なり，英語は主語がないと文が成り立たないので気をつけよう。また時制にも十分注意しよう。「英文で答えなさい」という指示なので，単語や簡単な語句での答えは不正解となるので<主語＋動詞>の文の形で答えること。

・最後に，大文字小文字(固有名詞の大文字に注意)，スペルミス，ピリオド抜けといったケアレスミスには十分に気をつけること。ケアレスミスでの減点も重なると大きな減点になるので注意しよう。

国　語　二 問二，四

二　問二

★合否を分けるポイント(この設問がなぜ合否を分けるのか？)

　文章の内容を正しく読み取った上で，選択肢の文の細かい部分と照らし合わせながら検討し，正誤を判断する必要があるため。

★こう答えると「合格できない」!

(×)イ　→文章中において，三四郎は大学に入ることが誇らしいが，「男」が「『するとこれから大学へ這入るのですね』と如何にも平凡であるかの如くに聞いた」とあり，「三四郎は聊か物足りなかった」とある。この部分が選択肢の文に合致している。

(×)ウ　→文章中に「三四郎はこのはあ，そりゃを聞くたびに妙になる。……同情もない男に違ない。然しそのうちの何方だか見当が付かないのでこの男に対する態度も極めて不明瞭であった」とある。この内容が選択肢の文に合致している。

(×)エ　→文章中に「この男に対する態度も極めて不明瞭であった」「どうも見当が付かないから，相手になるのを已めて黙ってしまった」とある。この内容が選択肢の文に合致している。

★これで「合格」!

(○)ア　→文章中に「男」について，「向うが大いに偉いか，……そうでなければ大学に全く縁故も同情もない男に違ない」とはあるが，その直後に「然しそのうちの何方だか見当が付かない」とあるので，選択肢の文の，「男」が大学と縁がない，という内容は当てはまらない。

四

★合否を分けるポイント(この設問がなぜ合否を分けるのか？)

　読解問題のほかに，漢字などの知識問題を確実に得点する必要があるため。

★こう答えると「合格できない」!

(×)1：貯臓　→「臓」は部首が「にくづき」であり，体内にある諸器官，という意味をもつ。「蔵」は，物を中に納めておく，という意味をもつ。

(×)4：換気　→「換気」は，空気を入れかえること。「喚起」は，呼び起こすこと。

★これで「合格」!

(○)1：貯蔵　4：喚起

2024年度

★★★★★★★★★★★★★★★★★★★★★★★★

入　試　問　題

2024年度

芝浦工業大学附属高等学校入試問題（推薦）

【数　学】（60分）　＜満点：100点＞

【注意】　1．定規，コンパスを使用しても構いませんが，分度器を使用してはいけません。
　　　　　2．円周率が必要な場合は，すべてπで計算してください。

[1]　あとの問いに答えなさい。

⑴　$\dfrac{4x-5y}{3}+\dfrac{7x+8y}{6}-2x$を計算しなさい。

⑵　$3(x^2-x-6)-2(x^2-2x-8)+x+2$を因数分解しなさい。

⑶　$x=\sqrt{5}+\sqrt{3}$，$y=\sqrt{5}-\sqrt{3}$のとき，$x^2+3xy+y^2$の値を求めなさい。

⑷　方程式$\dfrac{1}{12}(x-4)=\dfrac{1}{3}\left\{2(x+1)-\dfrac{1}{4}x\right\}$を解きなさい。

⑸　連立方程式$\begin{cases}2x+3(y+1)=7\\-3(x+y)-y=-4\end{cases}$を解きなさい。

⑹　関数$y=ax^2$のグラフが点（-3，12）を通るとき，aの値を求めなさい。

⑺　関数$y=-3x^2$において，xの変域が$-1\leqq x\leqq 3$のとき，この関数の最大値と最小値を求めなさい。また，そのときのxの値を求めなさい。

⑻　さいころを３個同時に投げるとき，出た目の数の積が偶数になる確率を求めなさい。

⑼　△ABCの辺ABを３：２に内分する点をD，辺BCを４：３に内分する点をE，辺CAを２：１に内分する点をFとする。△ABCの面積が105㎠のとき，△DEFの面積を求めなさい。

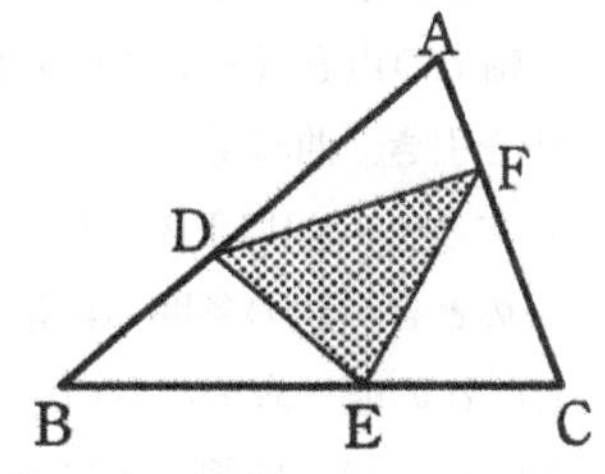

⑽　下の図において，∠xの大きさを求めなさい。

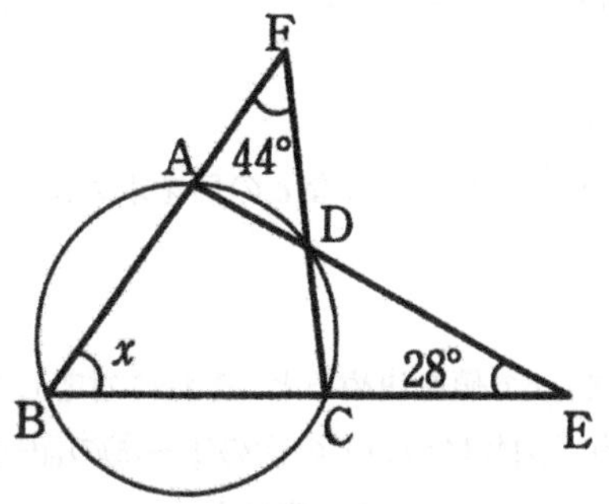

⑾　右の図は，ある男子クラスのハンドボール投げの記録をヒストグラムに表したものである。記録が18m未満の人数は全体の何％か求めなさい。ヒストグラムの各階級の区間は左側の数値を含み，右側の数値を含まない。

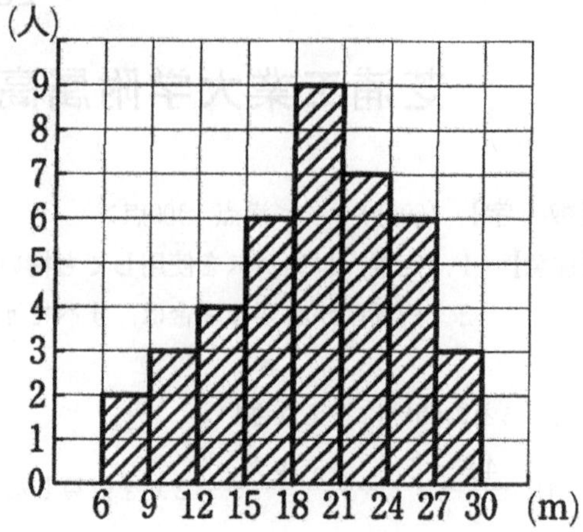

⑿　一辺の長さが４㎝の立方体ABCD－EFGHの辺AD，BC，EF，GHの中点をそれぞれＩ，Ｊ，Ｋ，Ｌとするとき，Ｉ，Ｊ，Ｋ，Ｌを頂点とする四面体の体積を求めなさい。

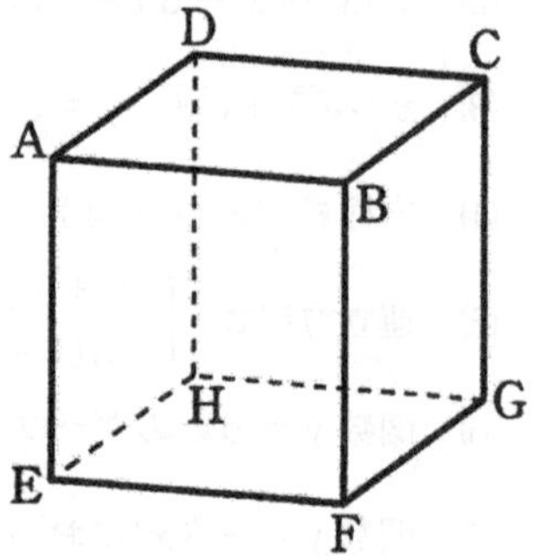

2　右の図において，曲線①，②はそれぞれ関数 $y=2x^2$，$y=ax^2$ のグラフである。
x 軸上の点P（-3，0）を通り，y 軸に平行な直線を引き，曲線①，②との交点をそれぞれA，Bとすると，AP：PB＝３：１である。
このとき，次の各問いに答えなさい。

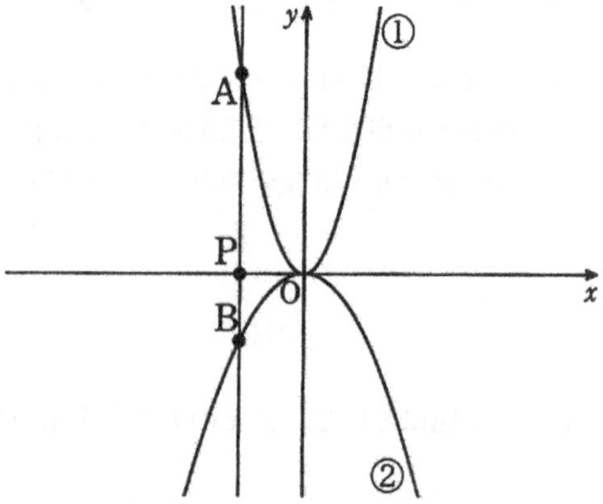

⑴　a の値を求めなさい。

⑵　点Cは，曲線①上にあり x 座標が c である。点Dは，曲線②上にあり x 座標が d である。△APCの面積が△BPDの面積の６倍になるとき，d を c の式で表しなさい。
ただし，$c>3$，$d>0$ とする。

⑶　⑵のとき，直線CDの傾きが $\frac{38}{3}$ となるような c の値を求めよ。また，そのときの△APCの面積を求めよ。

3　⑴　２つの変数 x, y があって，x の値を決めると，それに対応して y の値がただ１つ決まるとき，y は x の関数であるという。関数についての次の①～⑤の記述のうち，正しいものをすべて選びなさい。ただし，a，b，c，r，π は正の定数とする。

（この問題は答えのみでよい。）

① $E=mc^2$のとき，Eはmの関数である。

② $x^2+y^2=1$のとき，yはxの関数である。

③ $y=ax+b$のとき，yはxの関数である。

④ $y^2=ax$のとき，yはxの関数である。

⑤ $S=\frac{Ar^2}{360}\pi$のとき，AはSの関数である。

⑵ 身近な事がらのうち，yはxの関数であるような２つの変量x，yのペアの例を２つ考えなさい。それぞれのペアについてx，yが表すものを説明し，xとyの関係式を作り，式の意味を言葉で説明しなさい。

【小論文】（60分）　＜満点：50点＞

【注意】 1　解答は横書きで記入してください。

2　指示がない限り，句読点や記号などは１字として数えます。また，算用数字やアルファベットは１マスに２字入れても構いません。例 20 23 年　on ly　）

1　次の文章と資料を読んで，後の問いに答えなさい。

（資料１，２は５ページに資料３，４は６ページにあります。）

内閣府が2019年，13～29歳の男女１万人に実施した「子供・若者の意識に関する調査」のデータを元に有識者が分析した結果によると，①不登校経験者のうち，ひきこもり経験もあったのは48.2%。不登校経験がない人の場合は5.8%にとどまった。通学や就労をしていない「ニート」の経験は，不登校経験なしでは9.1%だったのに対し，不登校経験ありでは37.3%だった。

不登校の「その後」について研究している元養護教諭の尾崎典子・香川大助教は「人と接する経験が不足し，学歴も十分に積み上がらないことで就労に二の足を踏むケースがある」と話す。尾崎助教が調査の一環で聞き取りをした不登校経験者の若者の一人は，小学校から中学にかけて不登校で，高校には入学したものの，数日で行けなくなって退学した。人と会うのが怖く，中学卒業という学歴に引け目を感じてひきこもり状態になっているという。

背景には環境面の課題があるという。小中学校では，保健室登校や別室登校，教育支援センターといった子どもに合った環境がある一方，全日制高校に進学した場合，「欠席数の上限があるため中退につながり，学校とのつながりが切れて支援が届きにくい状況になりがちだ」という。

高校や大学を中退･卒業するなどしてニートの状態にある人には，全国に177施設ある厚生労働省委託の支援機関「地域若者サポートステーション」が就業体験や職場実習などを提供している。会話への苦手意識を克服するためのプログラムもあり，希望すれば家庭訪問支援も利用できる。

自治体が設置する子ども・若者総合相談センターは，学校に通っているかどうかにかかわらず，心の問題や将来への不安など様々なことが相談できる。専用ダイヤルやLINEなどで受け付けている。

ただ，いずれも県内に１カ所しかない地域があり，知名度向上も課題だ。尾崎助教は，こうした支援機関の情報は不登校家庭に十分に浸透しておらず，そこに足を向けられるだけの気力がない子も多いとしたうえで「地元の自治体や中退前に通っていた高校が，中退後の支援への『つなぎ役』を果たす必要がある」と指摘する。また，保護者については，「地域のフリースクール，親の会，友人からでもいい。支援につながる情報を少しでも得る努力をしてほしい」と話す。

出典：「履歴書の学歴欄 書く手が止まった」『朝日新聞』2023年12月12日 朝刊 p23

資料1　最初に行きづらいと感じ始めたきっかけ【中学校】

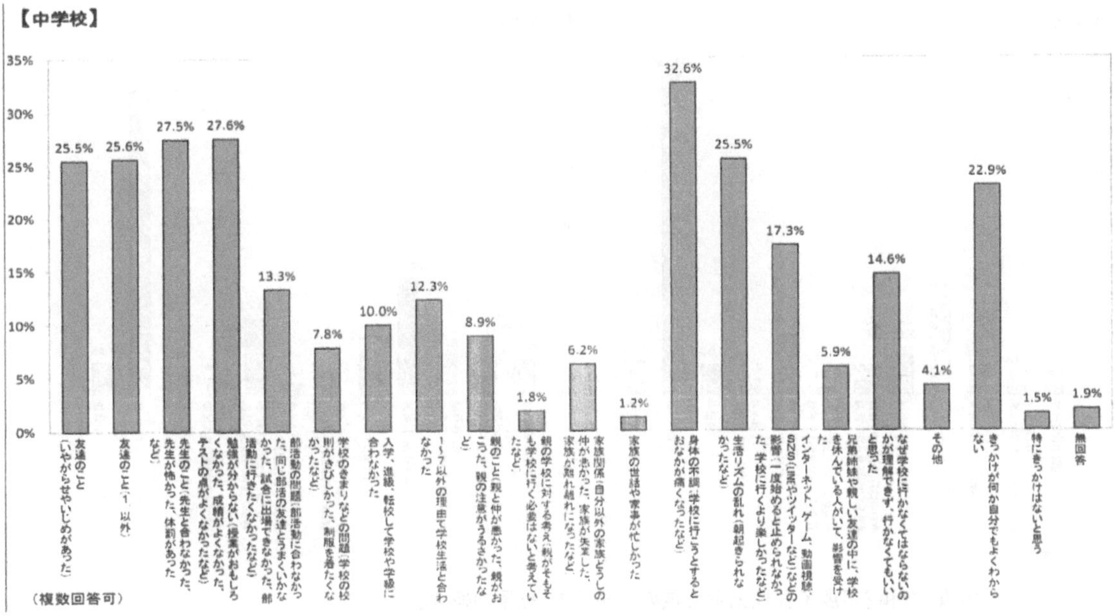

出典：文部科学省「令和2年度不登校児童生徒の実態調査 結果の概要」
（https://www.mext.go.jp/content/20211006-mxt_jidou02-000018318-2.pdf）

資料2 相談しやすい方法

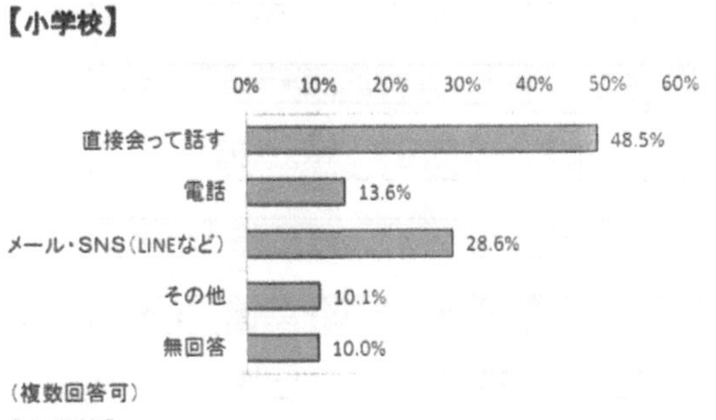

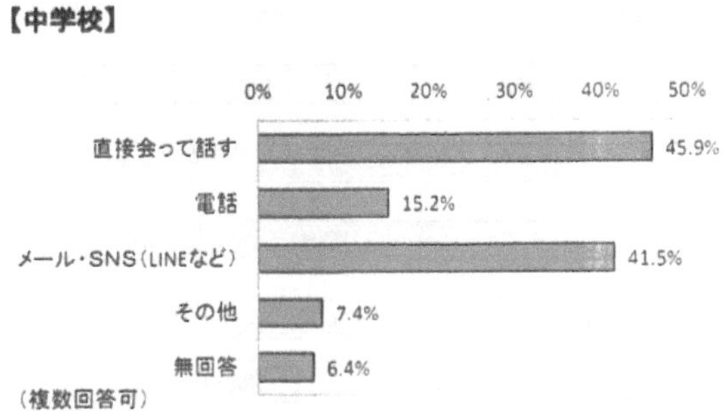

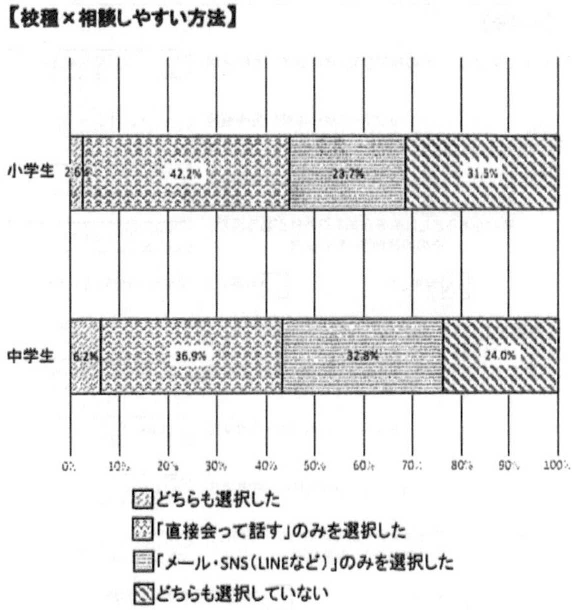

出典：文部科学省「令和2年度不登校児童生徒の実態調査 結果の概要」　※一部見やすくするための工夫を施した
（https://www.mext.go.jp/content/20211006-mxt_jidou02-000018318-2.pdf）

資料3　学校に戻りやすいと思う対応

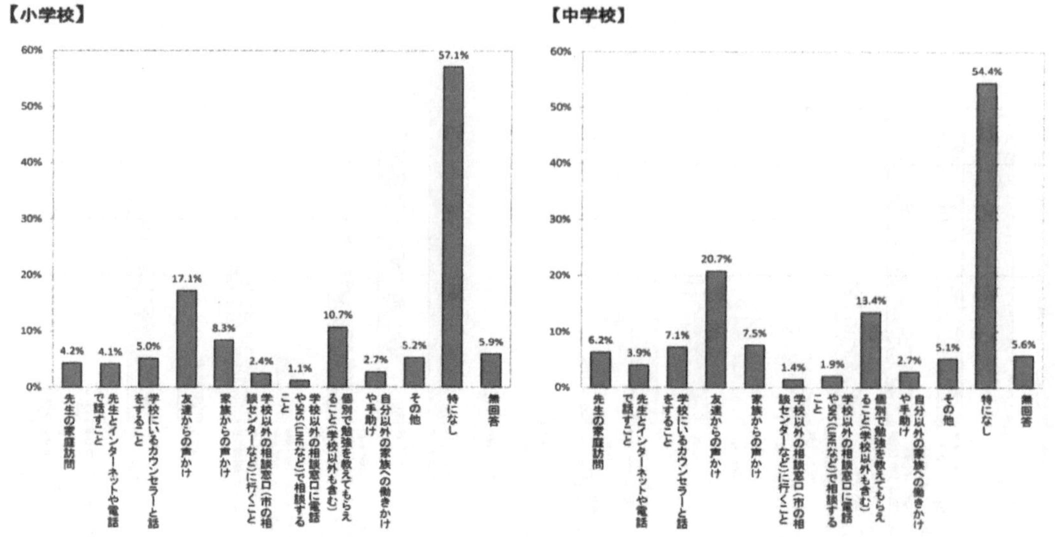

（複数回答可）

出典：文部科学省「令和2年度不登校児童生徒の実態調査 結果の概要」
（https://www.mext.go.jp/content/20211006-mxt_jidou02-000018318-2.pdf）

資料4 支援機関等の利用状況

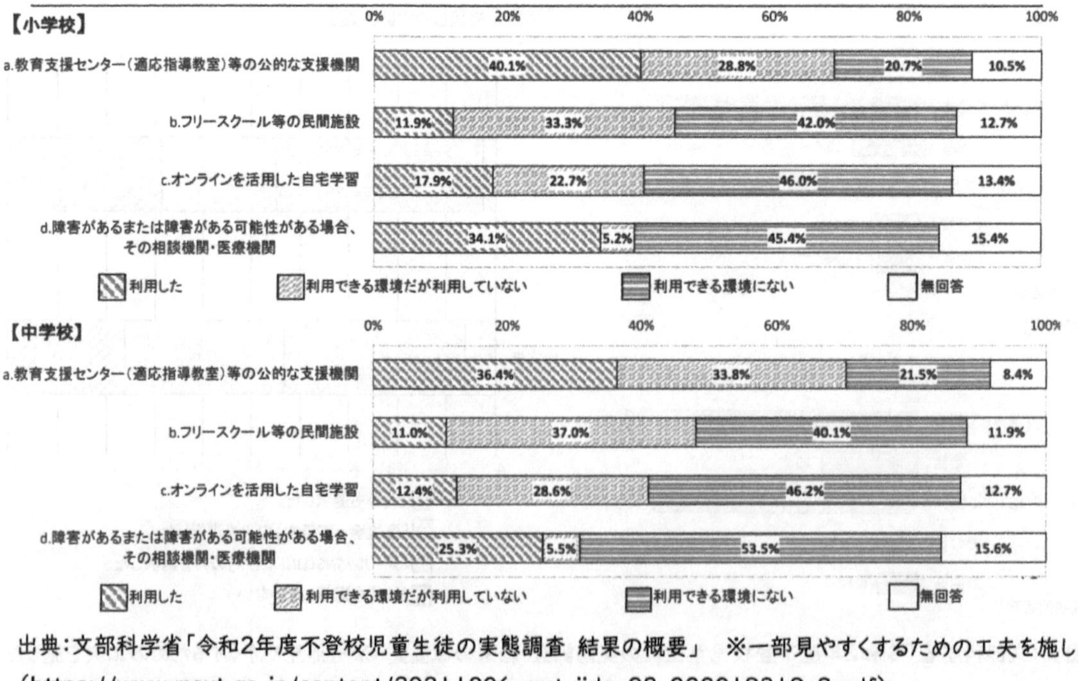

出典：文部科学省「令和2年度不登校児童生徒の実態調査 結果の概要」　※一部見やすくするための工夫を施した
（https://www.mext.go.jp/content/20211006-mxt_jidou02-000018318-2.pdf）

問１　――線①「不登校経験者」が抱える困難としてどのようなものが挙げられていますか。そのような困難が生じてしまう原因も含めて80字程度で説明しなさい。

問２　資料１～４から読み取れることとして，適切なものを次の中からすべて選び，記号で答えなさい。

ア　50％を超える回答者が「友達に関すること」を，最初に学校に行きづらいと感じ始めたきっかけとして挙げている。

イ　相談しやすい方法として，小学生・中学生ともに「直接会って話す」方法がもっとも高いが，中学生になると「メール・ＳＮＳ」による方法を挙げる生徒が増えている。

ウ　学校に戻りやすい対応として，小学校・中学校ともに，友だちからの声かけが最も多く挙げられており，次いで個別で勉強を教えてもらえることが多く挙げられている。

エ　どの支援形態に関しても，中学校の方が支援を利用できる環境にある不登校児の割合が多いが，実際に利用している不登校児の割合は小学校の方が多い。

問３　もしあなたが，不登校経験者に対する支援をする機関の職員だとしたら，どのような支援を企画しますか。以下の①～④の条件にしたがって，あなたの考えを論じなさい。

条件①　その支援機関が行う支援を２つ挙げ，その支援を設けた理由を説明すること。

②　本文，資料１～４を踏まえること。

③　600字以上，800字以内で論じること。

④　原稿用紙のルールに従うこと。また，必要に応じて段落をつくってもよい。

MEMO

大切なことはメモしておこうネ！

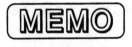

2024年度

芝浦工業大学附属高等学校入試問題（一般）

【数　学】基礎（30分）　＜満点：100点＞

【注意】 1．定規，コンパスを使用しても構いませんが，分度器を使用してはいけません。
　　　　2．円周率が必要な場合は，すべてπで計算してください。

1　$\dfrac{a-3b}{3}-\dfrac{5a-2b}{6}+\dfrac{5}{2}a$を計算しなさい。

2　$x^2y-4y+x^2-4$を因数分解しなさい。

3　$x+y=-1$，$x^2y+xy^2-xy+3x+3y-9=0$のとき，x^2+y^2の値を求めなさい。

4　大小2つのさいころを投げるとき，出た目の数の積が，素数になる確率を求めなさい。

5　座標平面上に4点A(1, 3)，B(1, 1)，C(5, 1)，D(5, 3) を頂点とする長方形ABCDがある。原点を通り長方形ＡＢＣＤの面積を２等分する直線の式を求めなさい。

6　ある斜面を球が転がり始めてからx秒間に転がる距離をymとすると，yはxの２乗に比例する。球は，転がり始めて４秒間で24m転がった。このとき，球が転がり始めて３秒後から７秒後までの間の平均の速さを求めなさい。

7　右の図のように，放物線$y=\dfrac{1}{2}x^2$と点P$\left(1, \dfrac{1}{2}\right)$，点Q(0, 6) があり，点Rは放物線上を動く。
四角形OPQRが，OP // RQの台形になるとき，台形OPQRの面積を求めなさい。

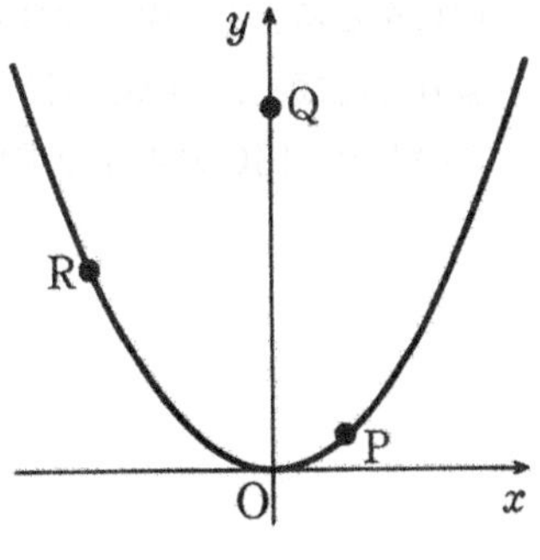

8　a，bは自然数で，$2<\sqrt{a}<3$であり，$ab-a=32$である。このとき，a，bの値を求めなさい。

9　右の図で，△ABCはAB＝BCの二等辺三角形である。また，D，E，Fはそれぞれ辺AB，BC，AC上の点であり，△DEFは正三角形で，DF // BCである。
∠DBE＝34°のとき，∠EFCの大きさを求めなさい。

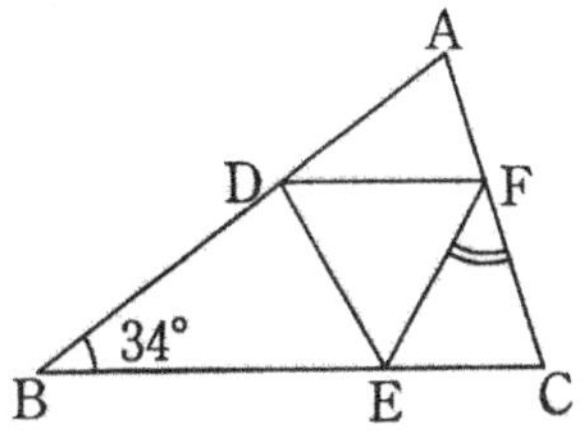

10　△ABCにおいて，AD：DB＝５：３，AE：EC＝２：３とする。△ABCの面積が104㎝^{2}のとき，△DCEの面積を求めなさい。

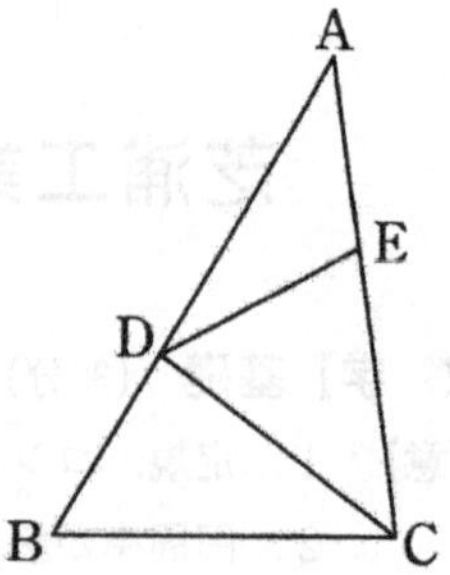

11　右の図は，立方体の各辺の中点P，Q，Rを通る平面で立方体の一部分を切り取った立体Xの見取り図です。解答用紙の図が，立体Xの展開図となるように，切り取る部分を斜線で示しなさい。

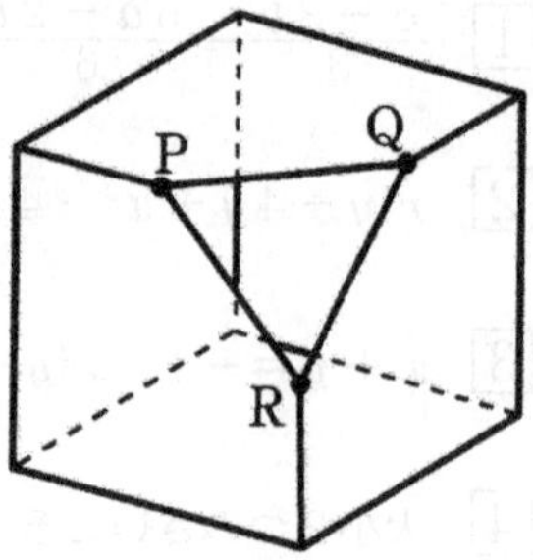

12　右の図のように，母線の長さが10㎝の円すいを平面上ですべらないように転がしたところ，ちょうど５回転してもとの位置に戻った。このとき，円すいの表面積を求めなさい。

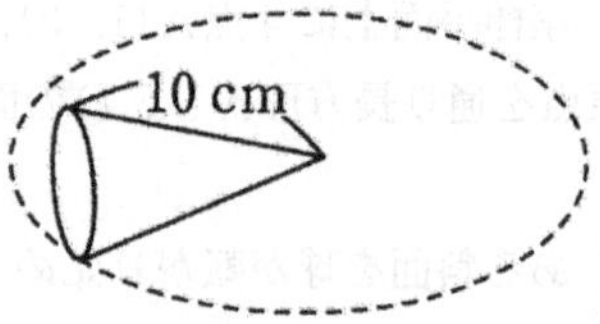

13　右の図のように，線分ABを直径とする円Oの円周上に点Cをとる。△ABCにおいて，辺BCの長さは辺ABの長さより４㎝短く，辺ACの長さは辺ABの長さより８㎝短い。このとき，円Oの半径を求めなさい。

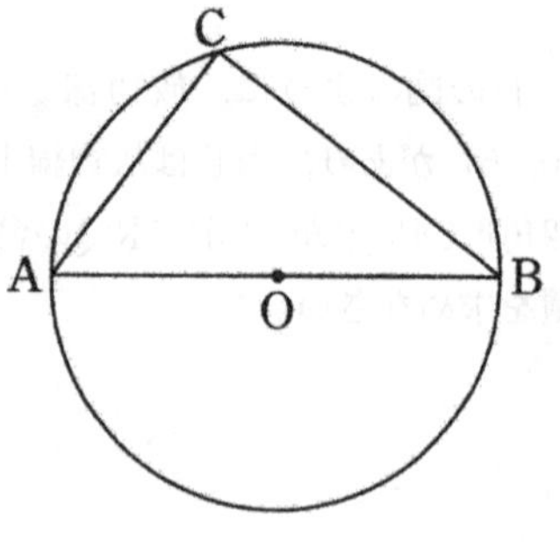

【数　学】応用　(50分)　　＜満点：100点＞

【注意】　1．定規，コンパスを使用しても構いませんが，分度器を使用してはいけません。
　　　　　2．円周率が必要な場合は，すべてπで計算してください。

1　右のグラフのように，放物線$y = x^2$上の点Aにおける放物線の接線をℓとする。点Aのx座標をt ($t < 0$)とすると接線ℓの傾きは$2t$となる。また，放物線上に点Aと異なる点Bをとり，点Bのx座標を3とする。このとき，次の各問いに答えなさい。

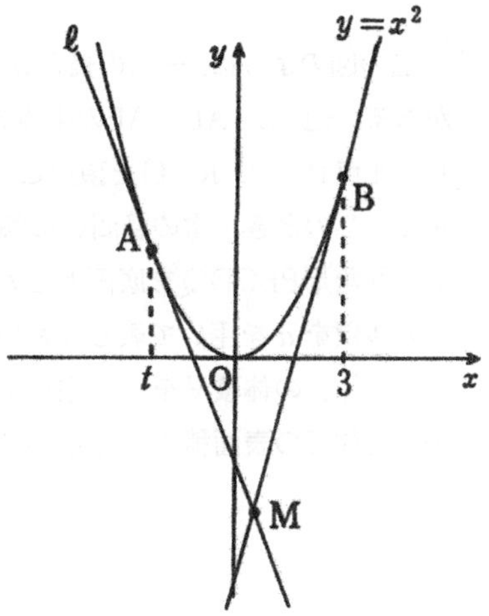

⑴　接線ℓの式をtを用いて表しなさい。

⑵　点Bにおける放物線$y = x^2$の接線の方程式は$y = 6x - 9$である。このとき，直線ℓと点Bにおける放物線の接線との交点をMとするとき，点Mの座標をtを用いて表しなさい。

⑶　△AMBの面積をtを用いて表しなさい。

2　右の図のように，円に内接する正三角形ABCがある。辺AB，ACの中点をそれぞれE，Fとし，直線EFと円の交点を点D，Gとする。このとき，次の各問いに答えなさい。

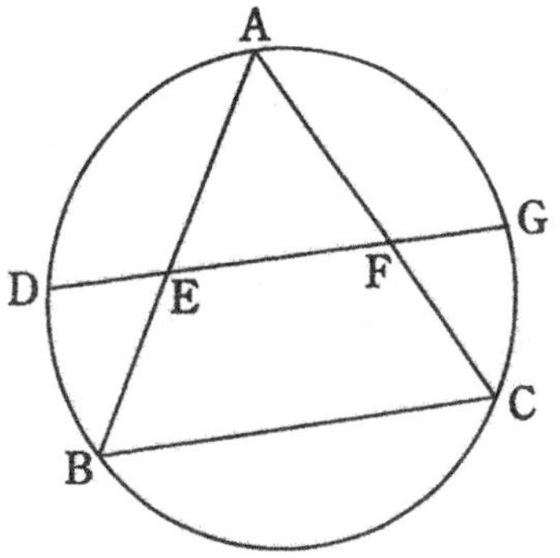

⑴　△ADGが二等辺三角形であることを証明しなさい。

⑵　△ADF∽△GCFを利用して，AB＝2のとき，EF：FGを求めなさい。

⑶　⑵のとき，△ADGの面積を求めなさい。

3　右のグラフのように，座標平面上に原点Oから始まる渦巻（うずまき）線がある。渦巻線と座標軸との交点は，Oに近い方から次のように定める。

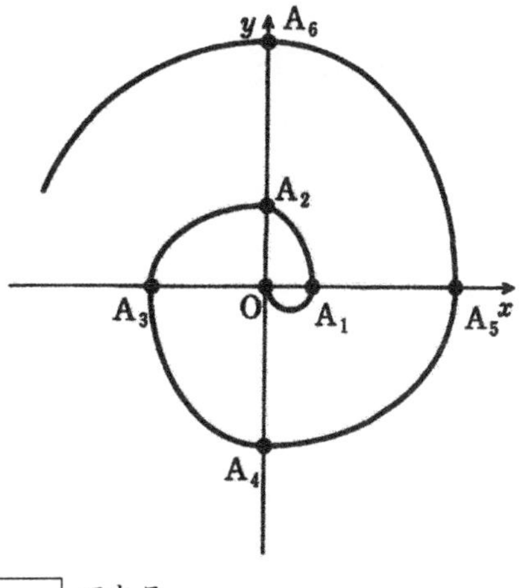

　x軸の正の方向に，A_1，A_5，A_9，……
　y軸の正の方向に，A_2，A_6，A_{10}，……
　x軸の負の方向に，A_3，A_7，A_{11}，……
　y軸の負の方向に，A_4，A_8，A_{12}，……

このとき，線分OA_kの長さはkとする。例えば，$OA_5 = 5$である。あとの各問いに答えなさい。

⑴　次の空欄をうめなさい。なお，⑴は答えのみでよい。

　㋐　点A_{2024}の座標は［　　　］である。

　㋑　3点A_{14}，A_{15}，A_{16}を頂点とする三角形の面積は［　　　］である。

⑵　k を正の整数とし，３点A_k，A_{k+1}，A_{k+2}を頂点とする三角形の面積をS_kとする。例えば，⑴(イ)の面積はS_{14}である。このとき，次の(ア)，(イ)を求めなさい。

(ア)　$S_{k+1}-S_k=35$となる k の値を求めよ。

(イ)　２つの正の整数 a，b に対して，$S_a-S_b=48$となる（a，b）の組を求めよ。

4　右の図のように，一辺の長さ a の立方体ABCD−EFGHがある。辺AB，AD，AEの中点をそれぞれP，Q，Rとし，４点P，Q，R，Gを頂点とする三角すいを立体Xとする。このとき，次の各問いに答えなさい。

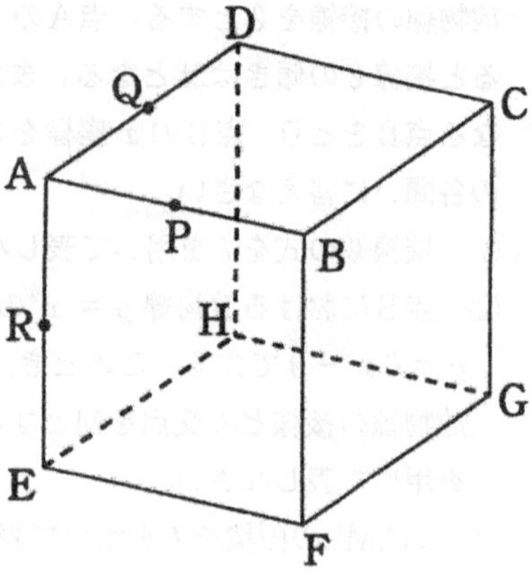

⑴　五角形PBCDQを底面とした五角すいG−PBCDQの体積を a を用いて表しなさい。

⑵　立体Xの体積Vを a を用いて表しなさい。

⑶　立体Xの表面積を a を用いて表しなさい。

【英　語】（60分）　＜満点：100点＞　※リスニングテストの音声は学校HPにアクセスの上，音声データをダウンロードしてご利用ください。

1　放送を聴き，絵の内容に合う英文を選び，記号（A～D）で答えなさい。英文は印刷されていません。英文は1度放送されます。

No. 1

No. 2

No. 3

No. 4

No. 5

2　No.1からNo.5の対話文を聴き，最後の応答として最も適当なものを選び，記号（A～C）で答えなさい。英文は印刷されていません。英文は1度放送されます。

3　No.1からNo.3の英文を聴き，その内容に関する質問の答えとして最も適当なものを選び，記号（A～D）で答えなさい。英文は2度放送されます。

No.1　What is RoboCup?

(A) It's a robot competition that started in the mid-1990s.

(B) It's a competition founded in 1990 for university professors.

(C) It's a robot vs human competition held on a yearly basis.

(D) It's a project for professional soccer players to improve their own skills.

No.2　What is good about PBL?

(A) The PBL students stop worrying about school life.

(B) The PBL students can improve their critical thinking.

(C) The PBL students can improve their test scores compared to other students.

(D) The PBL students can teach themselves anything they want.

No.3 What is one of the good points of ChatGPT?

(A) Producing quick and correct responses.

(B) Answering any kind of question on earth.

(C) Trying to help people in any way possible.

(D) Being available to anyone, anytime and anywhere.

4 次の英文を読み，その内容に関する質問の答えとして最も適当なものを選び，記号（A～D）で答えなさい。

The Importance of Biodiversity

⇦ ⇨ https://www.sittimes.com/story/news/opinion...

THE SHIBAURA TIMES **-OPINION-**

The Importance of Biodiversity

Monday, January 29, 2024

Have you ever heard of the term "biodiversity"? According to the Oxford Learner's Dictionary, it refers to the existence of many different kinds of plants and animals that together create a balanced environment. However, we are facing biodiversity loss due to human activities, which could lead to serious problems. The reality is that if a species goes away, it can change the whole balance of nature.

There is one example that shows this concern. A long time ago, Japanese wolves hunted deer, and this contributed to maintaining the deer population. Unfortunately, however, with the extinction of the Japanese wolves, the number of deer drastically increased. The deer then came into the places where people lived and consumed a lot of crops. According to the government's estimate, the crop damage was 6.1 million yen in 2021.

Research shows that the following three factors are harmful to biodiversity:

1. Environmental changes: Rising temperatures negatively affect species directly and indirectly.
2. Construction: This leads to habitat loss for animals and plants.
3. Foreign species: When animals that are kept as pets escape from their owners, they often threaten native species.

One single factor or a combination of factors could lead to biodiversity loss. For instance, ※Japanese eels are facing an extinction crisis due to the combination of two factors: environmental changes and construction. We are now suffering from a flood problem because the earth is warming and it causes rivers to rise. To solve this issue, we need to strengthen ※riverbanks and build dams. However, as a result of these issues, Japanese eels are losing their places to live, which may lead to the crisis of dying out. Unfortunately, 3,597 species are now categorized as endangered by the Japanese government. It is said even the loss of just one species can be destructive to the ecosystem.

The Japanese government is taking action to address these issues by creating national parks, controlling the population of certain species, and making laws. The government also collaborates with zoos and aquariums to protect endangered species. However, these actions are not enough to fully protect the environment and are not effective in the long run. The real problem lies in our mindset. Many of us don't take environmental problems seriously, and fail to recognize the issues that are actually happening. We should think seriously about these issues and find ways to solve them.

One's own actions might be a small step, but if everyone acts, the steps will be huge. This is the only way to realize a sustainable world.

※ Japanese eels : ウナギ　riverbanks : 川の土手

1. Why did the number of deer increase?
 (A) The animals that ate deer died out.
 (B) People protected deer.
 (C) Crops that deer ate were widely grown in Japan.
 (D) Deer were good at adapting to environmental changes.

2. Which of the following is most likely NOT a factor that harms biodiversity?
 (A) Man-made structures.
 (B) Climate change.
 (C) Species from other countries.
 (D) A balanced environment.

3. How have Japanese eels become an endangered species?
 (A) Fishermen catch and sell Japanese eels to make money.
 (B) They have lost their homes because of changes in nature and construction.
 (C) They cannot live in the river anymore because the water level has been rising.
 (D) The destruction of the ecosystem has made it difficult for Japanese eels to find food.

4. Why are the Japanese government's actions toward protecting biodiversity most likely NOT sufficient?
 (A) The actions rely only on zoos and aquariums.
 (B) More time is needed to address the issues.
 (C) They produce only short-term effects.
 (D) There are not enough workers to do the actions.

5．According to the passage, how can we protect biodiversity?

(A) The government should create laws requiring people to take action.

(B) The government should recognize the problem.

(C) We should urge the government to act more seriously.

(D) We must understand the issues and respond accordingly.

5　以下は，Webニュースと，それに対する生徒達のコメントである。その内容に関する質問の答えとして，最も適当なものを選び，記号（A～D）で答えなさい。

SIT Health Care and Science

Home	Sign In	Subscribe	Search

Lack of Sleep in Japan

July 17th, 2023　　　　15 Comments

By Hanako Itabashi

Are you satisfied with your daily sleep? A famous medical device maker from the Netherlands surveyed sleep satisfaction in thirteen countries in 2021. The survey showed that about 55% of adults around the world were satisfied with their sleep. However, it was only 29% in Japan. Many Japanese people are suffering from lack of sleep and it leads to health problems like ※diabetes and mental disease.

According to a report on average sleep time conducted by an Australian company in 2023, Japanese people sleep 6.5 hours on average. Japan ranked lowest out of the twelve countries randomly chosen in the study. In addition, a survey conducted by the OECD in 2021 showed that Japanese women get the least amount of sleep among women in 33 countries, including developed countries such as China and the U.S. This issue comes from the idea that housework and childcare are a woman's duty that has been existing for several decades. Many Japanese women work now, but the idea still remains, so they have many responsibilities at home.

Lack of sleep in Japan is a big problem not only for adults, but also for children. It is usual for teenagers to do things all night long. Some teenagers study until late at night, and others spend time playing video games and watching YouTube videos. Therefore, students often sleep during classes. They also can't concentrate well, and may lose their ※appetite.

To improve this situation, some media and medical institutions have started to give warnings about the consequences of sleep shortage in the past few years, and also give information on how people can improve their bad sleep habits. For example, one Japanese healthcare article says that there are several points to keep in mind in the morning, afternoon, and evening to improve sleep habits. In the morning, people should try to eat a good breakfast and get some sunlight. In the afternoon, people should do some light exercise. In the evening, people should avoid eating dinner and using their smartphones right before going to bed. All of these things are necessary for people to sleep better and maintain an appropriate body clock. Changing your habits right now is difficult, but you should reconsider your sleep habits and take small steps for your health.

※ diabetes：糖尿病　appetite：食欲

Shibaura Students Group chat

Taro

I learned about the issue of lack of sleep in Japan for the first time. When I first read this article, I was really surprised because I usually sleep only 5 hours every night. I felt it was enough, but I sometimes slept during classes and was scolded by teachers. Maybe, I need to rethink my sleeping habits. I will try to go to bed earlier tonight.

Nana

I didn't know about the facts in this article before. I want media and medical institutions to continue giving warnings about the consequences of ※sleep deprivation. I think that many of us don't notice that we are sleep-deprived, so we need more opportunities to become aware of the problem.

Ryo

I have read similar news about this topic before, but I could understand again that sleep is really important for our health. After I read this article, I researched how much humans sleep during their lifetime. On a website, I read that humans usually spend about a third of their lives sleeping. I think Japanese people need to care more about sleep.

Maki

I already knew about this problem because my father told me about it last year. Currently, I use a smartphone app for good sleep. My family and I use an app called "Sleep Watcher". In this app, the AI records and analyzes the user's daily sleep. I can learn about my sleep habits and sleep quality for free! There are many other apps like Sleep Watcher, so I recommend them to everyone.

Sakura

I know this issue has been a hot topic in recent years. I'm really suffering from lack of sleep. Yesterday, I watched YouTube videos until late at night. I sometimes stay up late on Sundays because I don't want the weekend to end. However, I'll try to wake up earlier from now on to enjoy doing my favorite things.

※ sleep deprivation：睡眠不足

1．According to the article, what is happening in Japan?

(A) About half of Japanese people are satisfied with their daily sleep.
(B) Many Japanese children can't sleep because they need to study.
(C) Lack of sleep is a serious problem for Japanese people and their health.
(D) About 29% of Japanese people are doing something all night long.

2．Which of the following sentences about the article is correct?

(A) The OECD conducted a survey about sleep time in thirteen countries.
(B) Students who can't sleep well continue to study without eating.
(C) Some medical institutions recommend using apps for good sleep.
(D) Easy physical activities are important for us to sleep well.

3．Why was Taro surprised?

(A) Because his average sleep time is less than that of other Japanese people.
(B) Because he didn't know that some Japanese children sleep during classes.
(C) Because he was shocked by the fact that the old idea for women still exists.
(D) Because he noticed he might have a mental problem while reading the article.

4．What did Sakura say in the students' chat?

(A) She watched videos until late at night yesterday, so she was late for school.
(B) She tends to stay up late on Sundays to study and do her homework.
(C) She didn't care about her sleep habits before she read the article.
(D) She will try to change her habits to have a proper life.

5．Which of the following sentences about the students' chat is **NOT correct**?

(A) Nana thought that we need more opportunities to learn about the problem.
(B) Several students disagreed with the article based on facts from other sources.
(C) Ryo researched online and found that we spend about a third of our lives sleeping.
(D) Some students didn't know of the problem before but others already did.

6　以下の絵は現在行われていることを表している。それぞれの絵の内容について一文で書きなさい。

1．

2．

3．

7　以下の問いについて，英文を書いて答えなさい。設問３については主張とその理由を１つ，設問４は主張とその理由を２つ述べなさい。

1．How do you usually spend your weekends?
2．Why do you think many foreign tourists visit Japan?
3．Where would you recommend visiting in your hometown?　Why?
4．Would you like to work overseas in the future?　Why?　Why not?

てあなたの意見を述べなさい。ただし、次の条件に従うこと。

A 「スポーツ界で感想戦が行われないのは、」に続く形で、一八〇字以上、二二〇字以内で書くこと。ただし、「スポーツ界で感想戦が行われないのは、」は文字数に含めません。

B 出だしの一マスは空けないで書くこと。また、改行もしないこと。

四 ――線のカタカナを漢字に直し、漢字は読みをひらがなで答えなさい。

1 非常食を倉庫にチョゾウする。

2 将来は社会にコウケンする仕事に就きたい。

3 彼女は彼に向かって叫びたいショウドウを抑えた。

4 横断歩道での事故が多く注意カンキをおこなった。

5 創業者の像を見上げてエリを正した。

6 彼の意見には誰も異議をトナえなかった。

7 彼は友達の申し出をコバんだ。

8 月曜日は私が炊事当番だ。

9 敵陣から脱出を企てる。

10 夏の強い日差しを遮る。

藤井聡太《そうた》・新名人の誕生である。史上最年少であり、七冠という偉業の達成でもある。私たちはいま、歴史に刻まれるべき、藤井時代を見ているのだと痛感する。

きのうの対局後の※感想戦が、何とも印象深かった。互いに自らの一手一手を考え直しながら「桂《けい》は考えてなかった」「歩を打つとか」「あっそうか」。熱戦の直後とは思えぬ、穏やかなやりとりが30分以上も続いた。極限まで考え抜き、無言の対話を続けた2人だからこそ、わかり合える世界があるのだろう。

「①感想戦は敗者のためにある」。新名人の好きな言葉だという。勝者は喜びを露《あら》わにせず、未見の最善手を追求する。敗者は悔しさをぐっとこらえ、失敗からの学びを次につなげようとする。それは将棋というゲームの深みである。

昔は3時間に及ぶ感想戦もよくあったというから驚く。昭和の名人、升田《ますだ》幸三は鬼手を胸中に秘めて局後の検討を楽しんだ。十五世名人の大山康晴は、感想戦では「どんなことでもいえる」と言い放っていたとか。

新名人はタイトルの奪取に緩むことなく、さらなる高みを目指す。いったいどこまで強くなるのか。②「捧げ物」を受け取る神様も、さぞ楽しみに違いない。

（「天声人語」朝日新聞 二〇二三年六月二日朝刊）

※ 感想戦……囲碁、将棋、チェス、麻雀《マージャン》などのゲームにおいて、対局終了後に、開始から終局まで、またはその一部を再現し、対局中の指し手の善悪や、その局面における最善手などを検討すること。

問一 ――線①「感想戦は敗者のためにある」とはどういうことを言おうとしていますか。適切なものを次の中から一つ選び、記号で答えなさい。

ア 感想戦は、敗者が自分の敗因を知ることで、勝者への敬意を抱く機会となる場であること。

イ 感想戦は、敗者が客観的に自分の敗因を見つめ直し、次への糧とする機会となる場であること。

ウ 感想戦は、勝者が敗者に敗因を気づかせ、敗者の成長する機会を与える場であること。

エ 感想戦は、勝者が敗者の良い面を探し認めて、敗者に再戦の機会を与える場であること。

問二 ――線②「『捧げ物』を受け取る神様も、さぞ楽しみに違いない」とありますが、その理由として適切なものを次の中かな一つ選び、記号で答えなさい。

ア 藤井聡太新名人に代わる新たな名人位を目指して棋士たちが切磋《せっさ》琢磨《たくま》しているから。

イ 藤井聡太新名人が、史上最年少で七冠という歴史に刻まれるべき偉業を達成したから。

ウ 将棋の名人たちは感想戦を好み、その高め合う姿を見ることを神様は好んでいるから。

エ 藤井聡太新名人が、タイトル奪取に緩まず、さらなる高みを目指し続けているから。

問三 問題文のように将棋では対戦後に感想戦が行われますが、将棋と同じように対戦相手との勝敗を競うスポーツの世界では、対戦後に相手との感想戦が行われることはほとんどないそうです。

なぜスポーツ界では感想戦が行われないのか、あなたの考えを説明しなさい。また、スポーツ界に感想戦を取り入れることの是非につい

問一 ══線ア～エの中から、他とは性質の異なるものを一つ選び、記号で答えなさい。

問二 ――線①「『ええ』と云う二字で挨拶を片付けた」とありますが、この時の三四郎についての説明として適切でないものを次の中から一つ選び、記号で答えなさい。

ア 大学と縁がないのに偉そうにしている男のことを軽蔑している。

イ 大学に入ることを評価してもらえず、やや不満を感じている。

ウ 男の言葉が曖昧で、何を考えているか読み取ることができない。

エ 男に対してどのような態度で接したら良いか分からずにいる。

問三 ――線②「こんな人間に出逢うとは思いも寄らなかった」とありますが、「こんな人間」とは、どのような人間のことですか。二十字程度で答えなさい。

問四 ――線③「真実に熊本を出た様な心持がした」とは、どういうことですか。説明として適切なものを次の中から一つ選び、記号で答えなさい。

ア 日本の古い考え方に囚われるのではなく、西洋から入ってきた最新の知識を得ることが大事だと思うようになったということ。

イ 狭い範囲の人間関係に縛られるのではなく、自ら行動を起こして交友関係を広げていこうと考えるようになったということ。

ウ 自分の周りだけを見るのではなく、自分とは異なる環境に生きる人たちのことまで考慮できるようになったということ。

エ 周りの人の考えに従うのではなく、先入観を持たずに広い視野で世界を見て考えることの重要性に気づいたということ。

問五 ――線④「不愉快でたまらない」とありますが、それはなぜですか。理由を五十字以上六十字以内で説明しなさい。

問六 ――線⑤「それにも拘らず繰返して二返読んだ」とありますが、それはなぜですか。理由の説明として適切なものを次の中から一つ選び、記号で答えなさい。

ア 初めて都会に出て誰とも関わることができず、孤独に打ちひしがれている状況で、手紙の中の母が慰めてくれるように感じられたから。

イ 都会の現実に関わることができず、憂鬱になっている三四郎にとって、熊本の母の世界は、何となく不安が和らぐ場所だったから。

ウ 最初に読んだ時には、古くさい内容に思われたが、よく考えてみたら、そこにこそ人間として本当に大切なことがあると気づいたから。

エ 高校を卒業するまで楽しく過ごした熊本での生活が懐かしく思い出され、自分のことを心配する母の優しさが身にしみたから。

問七 この文章を二つに分けるとしたら、どこからが後半になりますか。後半の初めの五字を書き抜きなさい。

問八 この小説の作者は、『吾輩《わがはい》は猫である』・『坊ちゃん』などを書いた人物です。作者名を漢字で答えなさい。

三 次の文章を読んで、後の問いに答えなさい。

名人戦で勝てるのは、名人になるべき者だけである。名人とは「将棋界全体が選んだ、将棋の神様への捧《ささ》げ物」（河口俊彦《としひこ》八段）であるのだから――。そんな不可思議な名言がいくつも存在するぐらい、将棋界における名人のタイトルは特別な意味を持つものらしい。

降りたりするので驚いた。次に丸の内で驚いた。尤も驚いたのは、何処まで行っても東京が無くならないと云う事であった。しかも何処をどう歩いても、材木が放り出してある、石が積んである、新しい家が往来から二三間《けん》引込んでいる、古い蔵が半分取崩されて心細く前の方に残っている。凡《すべ》ての物が破壊されつつある様に見える。そうして凡ての物が又同時に建設されつつある様に見える。大変な動き方である。

三四郎は全く驚いた。要するに普通の田舎者が始めて都の真中に立って驚くと同じ程度に、又同じ性質に於《おい》て大いに驚いてしまった。今までの学問はこの驚きを予防する上に於て、売薬程の効能もなかった。三四郎の自信はこの驚きと共に四割方減却した。④不愉快でたまらない。

この劇烈な活動そのものが取りも直さず現実世界だとすると、自分が今日《こんにち》までの生活は現実世界に※2毫《ごう》も接触していない事になる。※3洞《ほら》が峠《とうげ》で昼寝をしたと同然である。それでは今日限り昼寝をやめて、活動の割前が払えるかと云うと、それは困難である。自分は今活動の中心に立っている。けれども自分はただ自分の左右前後に起る活動を見なければならない地位に置き易《か》えられたと云うまでで、学生としての生活は以前と変る訳はない。世界はかように動揺する。自分はこの動揺を見ている。けれどもそれに加わる事は出来ない。自分の世界と、現実の世界は一つ平面に並んでおりながら、どこも接触していない。そうして現実の世界は、かように動揺して、自分を置き去りにして行ってしまう。甚だ不安である。

三四郎は東京の真中に立って電車と、汽車と、白い着物を着た人と、黒い着物を着た人との活動を見て、こう感じた。けれども学生生活の裏面に横たわる思想界の活動には毫も気が付かなかった。――明治の思想は西洋の歴史にあらわれた三百年の活動を四十年で繰返している。

三四郎が動く東京の真中に閉じ込められて、一人で鬱《ふさ》ぎ込んでいるうちに、国元の母から手紙が来た。東京で受取った最初のものである。見ると色々書いてある。まず今年は豊作で目出度いと云う所から始まって、身体を大事にしなくっては不可ないと云う注意があって、東京のものはみんな利口で人が悪いから用心しろと書いて、学資は毎月月末に届く様にするから安心しろとあって、勝田の政さんの従弟《いとこ》に当る人が大学校を卒業して、理科大学とかに出ているそうだから、尋ねて行って、万事よろしく頼むがいいで結んである。肝心の名前を忘れたと見えて、欄外と云う様な処に野々宮宗八《ののみやそうはち》どのとかいてあった。この欄外にはその外二三件ある。作《さく》の青馬《あお》が急病で死んだんで、作は大弱りでいる。三輪田のお光さんが鮎《あゆ》をくれたけれども東京へ送ると途中で腐ってしまうから、家内《うち》で食べてしまった。等《とう》である。

三四郎はこの手紙を見て、何だか古ぼけた昔から届いた様な気がした。母には済まないが、こんなものを読んでいる暇はないとまで考えた。⑤それにも拘《かかわ》らず繰返して二返《へん》読んだ。要するに自分がもし現実世界と接触しているならば、今のところ母より外にないのだろう。その母は古い人で古い田舎に居《お》る。――三四郎は母の云い付け通り野々宮宗八を尋ねる事にした。

（『三四郎』一部改変）

※1　贔屓の引倒し……ひいきすることによって、かえってその相手を不利に導くこと。
2　毫も……少しも。
3　洞が峠で昼寝をした……情勢をうかがうことすらしていないということ。洞が峠は、京都府と大阪府の境にある峠。

なければ大学に全く縁故も同情もない男に違ない。然《しか》しそのうちの何方《どっち》だか見当が付かないのでこの男に対する態度も極めて不明瞭であった。

浜松で二人とも申し合せた様に弁当を食った。食ってしまっても汽車は容易に出ない。窓から見ると、西洋人が四五人列車の前を往《い》ったり来たりしている。そのうちの一組は夫婦と見えて、暑いのに手を組み合せている。女は上下《うえした》とも真白な着物で、大変美しい。三四郎は一生懸命に見惚《みと》れていた。これでは威張るのも尤《もっと》もだと思った。自分が西洋へ行って、こんな人の中に這入ったら定めし肩身の狭い事だろうとまで考えた。窓の前を通る時二人の話を熱心に聞いてみたが些《ちっ》イとも分らない。熊本の教師とはまるで発音が違う様だ。

ところへ例の男が首を後《うしろ》から出して、

「まだ出そうもないのですかね」と言いながら、今行《ゆ》き過ぎた、西洋の夫婦を一寸《ちょいと》見て、

「ああ美しい」と小声に云って、すぐに生欠伸《なまあくび》をした。三四郎は自分が如何にも田舎ものらしいのに気が着いて、早速首を引き込めて、着座した。男もつづいて席に返った。そうして、

「どうも西洋人は美くしいですね」と云った。

三四郎は別段の答も出ないので只《ただ》はあと受けて笑っていた。すると髭《ひげ》の男は、

「御互《おたがい》は憐《あわ》れだなあ」と云い出した。「こんな顔をして、こんなに弱っていては、いくら日露戦争に勝って、一等国になっても駄目ですね。尤も建物を見ても、庭園を見ても、いずれも顔相応の所だが、——あなたは東京が始めてなら、まだ富士山を見た事がないでしょう。今に見えるから御覧なさい。あれが日本一の名物だ。あれより外《ほか》に自慢するものは何もない。ところがその富士山は天然自然に昔からあったものなんだから仕方がない。我々が拵《こしら》えたものじゃない」と云って又にやにや笑っている。三四郎は日露戦争以後②こんな人間に出逢《であ》うとは思いも寄らなかった。どうも日本人じゃない様な気がする。

「然しこれからは日本も段々発展するでしょう」と弁護した。すると、かの男は、すましたもので、

「亡《ほろ》びるね」と云った。——熊本でこんなことを口に出せば、すぐ擲《なぐ》られる。わるくすると国賊取扱《とりあつかい》にされる。三四郎は頭の中の何処の隅にもこう云う思想を入れる余裕はない様な空気の裡《うち》で生長した。だからことによると自分の年齢《とし》の若いのに乗じて、他《ひと》を愚弄《ぐろう》するのではなかろうかウとも考えた。男は例の如くにやにや笑っている。その癖言葉つきはどこまでも落付いている。どうも見当が付かないから、相手になるのを已《や》めて黙ってしまった。すると男が、こう云った。

「熊本より東京は広い。東京より日本は広い。日本より……」で一寸《ちょっと》切ったが、三四郎の顔を見ると耳を傾けている。

「日本より頭の中の方が広いでしょう」と云った。「囚《とら》われちゃ駄目だ。いくら日本の為を思ったって※1贔屓《ひいき》の引倒しになるばかりだ」

この言葉を聞いた時、三四郎は③真実に熊本を出た様な心持がした。同時に熊本に居た時の自分は非常に卑怯《ひきょう》であったと悟った。

その晩三四郎は東京に着いた。髭の男は分れる時まで名前を明かさなかった。三四郎は東京へ着きさえすれば、この位の男は到る処《ところ》に居るものと信じて、別に姓名を尋ねようエともしなかった。

三四郎が東京で驚いたものは沢山ある。第一電車のちんちん鳴るので驚いた。それからそのちんちん鳴る間に、非常に多くの人間が乗ったり

努力として適切なものを次の中から二つ選び、記号で答えなさい。

ア　ＡＩの問題を修正していくために、技術やデータを人々と共有し、問題を発見次第、迅速に修正するという努力。

イ　ＡＩには必ずバイアスがかかっているため、そのバイアスを排除する方法を身につけるという努力。

ウ　ＡＩへのリテラシーを、大人になってからではなくまだ子どものうちから高めるという努力。

エ　長い期間で定着した偏見に満ちた呼び方や考え方を、時間がかかっても改善していくという努力。

オ　ＡＩの情報処理能力への認識を深め、多種多様な専門家や市民の意見を聞き取るという努力。

問七　この文章の特徴について説明した文として適切なものを次の中から一つ選び、記号で答えなさい。

ア　ＡＩモデルや人間が持つバイアスなどについて、ＡＩの開発以前と対比して警鐘を鳴らしている。

イ　機械学習の方法や機械学習の問題点などについて、具体例を用いて説明している。

ウ　ＡＩ研究の歴史や今後のＡＩの発展などについて、順序立てて解説している。

エ　ＡＩの問題点やその解決方法などについて、人間社会の問題を中心に論点を整理している。

二　次の文章を読んで、後の問いに答えなさい。（文章中に、現代の一般的な表記とは異なる箇所があります。）

小川三四郎は、熊本の高等学校を卒業し、東京の大学に入ることになった。上京する際に、列車でたまたま乗り合わせた男と話をしている。時は明治時代である。

やがて男は、

「東京は何処《どこ》へ」と聞き出した。

「実は始めてで様子が善く分らんのですが……差し当り国の寄宿舎へでも行こうかと思っています」と云《い》う。

「じゃ熊本はもう……」

「今度卒業したのです」

「はあ、そりゃ」と云ったが御目出たいアとも結構だとも付けなかった。ただ「するとこれから大学へ這入《はい》るのですね」と如何《いか》にも平凡であるかの如くに聞いた。

三四郎は聊《いささ》か物足りなかった。その代り、

①「ええ」と云う二字で挨拶を片付けた。

「科は？」と又聞かれる。

「一部です」

「法科ですか」

「いいえ文科です」

「はあ、そりゃ」と又云った。三四郎はこのはあ、そりゃを聞くたびに妙になる。向うが大いに偉いか、大いに人を踏み倒しているか、そうでら、一見すると良いことのように思われますが、③ここに問題はないでしょうか。導き出された結果は、あくまでも予想であることを覚えておいてください。

　実際に米国では、再び罪を犯す可能性を判定するシステムが開発されました。犯罪の履歴や年齢、学歴、職歴、生活レベル、地域との関係、薬物使用履歴、宗教、家族の犯罪歴を入力すると、犯罪に関するこれまでの膨大なデータから、結論を導き出します。つまり一度罪を犯すと、未来の犯罪者予備軍として認知されてしまうというわけです。このシステムを、私たちの日常生活に活かすことに何か問題はないでしょうか。またこうした情報を誰がどのように扱うかで、さらなる問題が出てきます。そこに示されているのは、あくまで可能性であって、実際の罪ではありません。こうした技術やシステムのありようについて、じっくり考える必要があると私は考えます。

（中略）

　データに偏りがあったり、誤っアたものが含まれていたりすることから起こるＡＩのバイアスの問題を修正していくためには、そこで使われている技術やデータを公開していく、正解率を公開していく、そして問題が見つかれば開発者はそれを迅速に修正していくなどの対策が必要です。

　それだけではありません。私たち人間の過去の歴史には、人を差別したり、偏見に満ちイた呼び方や考え方が多くありましウた。それらを時間がかかっても改善しなくてはなりません。バイアスのかかっエた過去の膨大なデータをそのまま学習させれば、大きな誤った結果を導いてしまうことになるからです。これはＡＩの技術者だけの問題ではなく、私たち一人ひとりが、そしてみんなで技術やデータの信頼性と透明性を高めていく、④たゆまぬ努力が必要なのです。

（美馬のゆり『ＡＩの時代を生きる』）

問一　——線①「機械学習という手法」とありますが、機械学習が行われる以前の機械は、データをどのように処理していたと考えられますか。適切なものを次の中から一つ選び、記号で答えなさい。

ア　人間に与えられた大量のデータを元に、機械自身が判断基準を作ることでデータを処理していた。

イ　人間に与えられた事実と規則に一致しない場合、機械は類似したデータであっても違うものとして処理していた。

ウ　人間が機械に偏りや誤りのあるデータを与えても、機械がそれを修正し適切なデータとして処理していた。

エ　人間が正解と不正解を判断したデータを機械に与え、機械は自ら見つけた特徴をもとにデータを処理していた。

問二　[Ａ] に当てはまる語句を本文中から七字で書き抜きなさい。

問三　——線②「こういった方略」とありますが、その指示内容を本文中から三十五字以上四十字以内で抜き出し、初めと終わりの三字を答えなさい。

問四　——線③「ここに問題はないでしょうか」とありますが、筆者がこのように述べる理由を、本文中の語句を用いて、五十字以上六十字以内で答えなさい。

問五　‖線ア～エの「た」の中で、他とは性質が異なるものを一つ選び、記号で答えなさい。

問六　——線④「たゆまぬ努力が必要なのです」とありますが、必要な真から特徴を抽出し、新たな写真が出てきた時にそれがあなたかどうかを判断するものです。つまり、データを解析し、ＡＩモデルを作り、答えを導き出します。

　実際に動きながら、結果を判断し、ＡＩモデルがどんどん変化していく機械学習もあります。正しい結果が出れば「ご褒美《ほうび》」が与えられ、間違っていたら「罰」が与えられる。それによってモデルを更新していき、また実行する、ということを繰り返し行っていくことで、学習し、かしこくなっていきます。例えば、ゲームＡＩでは、正解、不正解は勝ち負けとして結果が現れるため、コンピュータ自身が判断でき、学んでいくことができます。人間が一生かけても経験できない回数のゲームを、コンピュータ同士なら一晩で経験することができるので、強いＡＩプレーヤーに成長することが可能になります。

　このように学習する機械は、画像を認識、判断することだけでなく、自動運転で車を動かしたり、ドローンを制御したり、どんな商品が売れそうかを予測したり、顧客が欲しそうなものを勧めたりという形で、私たちの生活の中に入ってきています。チャットボットや翻訳システムは、人間の言葉を理解し対話できているように見えますが、これは入力された音声やテキストから、キーワードや文章を拾い出し、過去のデータの中から、類似のものを見つけて、人間に対応しているに過ぎません。言葉の意味を説明できる仕組みになっているわけではないことを覚えておいてください。

学び方に問題はあるか

自分でどんどんかしこくなっていく機械が現実にできあがっていくのはすばらしいことですが、ここで問題も出てきます。私たち人間は良いことだけを学んでいるわけではありません。ちょっとズルをして上手くいったら、またそれをしたくなってしまう。勉強をサボっても期末試験でたまたまうまくいくなら、次の時も最低限のことしかしない、なんていう経験はありませんか？

　機械学習は、ズルをする、サボる、ということはしませんが、誤った結果を導いてしまうことがあります。膨大なデータをもとに学習していくので、そのもととなるデータに偏りや誤りがあったらどうでしょう。例えば、良いリーダーを予想する問題を考えます。二一世紀になって、国家のリーダーに女性がとても増えてきました。国際機関や産業界にも増えてきました。でも過去のリーダーのデータを読み込んで、将来どういう人がふさわしいかを予想させると、過去には男性が多いことから、「男性の方がふさわしい」というような結果を導いてしまうことがあります。

　これはバイアスと呼ばれています。バイアスは、斜め、傾向、偏向、先入観を意味します。私たち自身も「バイアス」を持っています。例えば外国人と聞いてあなたはどんな姿を思い浮かべますか？　白人で、金髪で、英語を話す背の高い人というイメージを持つ人が多いのではないでしょうか。政治家や研究者、会社の社長と聞いて、男性を思い浮かべませんか。保育士、看護師、介護従事者、と聞いた時、そこに女性を思い浮かべる人の方が多いかもしれません。

　ＡＩを使って、ある地域に暮らす人たち一人ひとりが、どれぐらい犯罪を犯しやすい人物かが予想できたとします。それは社会にとって、ありがたいことでしょうか。犯罪を未然に防ぐことにつながるわけですか

【国 語】（六〇分）〈満点：一〇〇点〉

【注意】 指示がない限り、句読点や記号などは一字として数えます。

[一] 次の文章を読んで、後の問いに答えなさい。

機械をかしこくする仕組み

現在のＡＩ研究の飛躍的発展を支えているのは①機械学習という手法です。人間が子どもから大人になっていく過程で、多くのことを学んでかしこくなっていくように、コンピュータが自ら学んでかしこくなっていくようにするという戦略です。ある一定のデータから機械が学習することによって、精度を上げていきます。

機械学習では、大量のデータからの学習を繰り返していくことで、その結果を法則化していきます。ここでできてくる法則のまとまりをＡＩモデルということもあります。この反復学習で、対象となるモノの特徴をつかんでいきます。事実と規則をあらかじめ人間が与えるのとは大きく異なり、機械学習の場合、データが多ければ多いほど学習が進み、作られるＡＩモデルの精度が上がっていきます。そしてこのモデルを新たなデータに対して、判断する基準となっていきます。

この機械学習には、「[Ａ]」がある学習と、そうでない学習があります。前者の場合、最初に既に正解か不正解かを人間が判断した大量のデータを整理して、コンピュータに与えます。例えば、この画像は猫です、と教えます。この学習の目的は、データに与える猫や犬などのラベル（標識）を特定するための特徴を特定して、そこから新しいデータで似たようなものが出てきた時に、それを適用できるようなＡＩモデル（学習によって見出された特徴や法則）を構築させることです。実際に、Ｆａｃｅｂｏｏｋが何万枚もの写真から、あなたに似ているものを見つけたとき、「これはあなたですか？」と聞いてきて、「はいそうです」「いいえちがいます」といって、あなたがその判断の正誤を教えることになります。その結果を受けて、あなたの写真がもつ人の特徴のモデルを修正していきます。

これに対し後者は、ラベルづけや分類されたお手本のデータは存在しません。膨大なデータを解析して、隠れたパターンを探し出したり、分類したりすることを目標としています。これはあくまでも機械側が一つ一つのデータの類似度を解釈し、分類するもので、その集合がどんな意味を持っているかを機械が理解しているわけではありません。人間が考えたラベルや分類よりも認識精度が高くなった一方で、なぜそのようになったかの根拠が見えなくなるという欠点もあります。例えば、オンラインショッピングで、同じ種類の商品を検索したり、実際に購入している人を見つけてグループ化し、その人たちに、「この商品を買った人は、こんなものも買っています。」とおススメするのは、この仕組みを使っています。

②こういった方略が可能になったのは、コンピュータの処理速度が向上するとともに、大量のデジタルデータが集められるようになったことがあります。二一世紀に入り特に進んだのは、画像や動画として与えられたデータを認識して判断したり、人間の言葉を理解し対話できるようになったり、車やモノを自律的に動かしたりできる技術です。

機械学習では、過去や既知の大量のデータの中から法則性を見出すよう学習し、そこから未知のことや未来のことを予測していきます。過去の気象データから、台風や竜巻、雹《ひょう》の発生を予測したり、あなたの顔写

推薦

2024年度

解答と解説

《2024年度の配点は解答欄に掲載してあります。》

＜数学解答＞

1 (1) $\frac{3x-2y}{6}$ (2) $x(x+2)$ (3) 22 (4) $x=-2$ (5) $x=-4$, $y=4$

(6) $a=\frac{4}{3}$ (7) 最大値 $0(x=0)$ 最小値 $-27(x=3)$ (8) $\frac{7}{8}$

(9) 30cm^2 (10) 54度 (11) 37.5% (12) $\frac{32}{3}\text{cm}^3$

2 (1) $a=-\frac{2}{3}$ (2) $d=\frac{c-3}{2}$ (3) $c=5$, $\triangle\text{APC}=72$

3 (1) ①, ③, ⑤ (2) 解説参照

○推定配点○

1 各5点×12 2 (1) 6点 (2) 8点 (3) 各5点×2

3 (1) 6点 (2) 各5点×2 計100点

＜数学解説＞

1 (式の計算, 因数分解, 式の値, 1次方程式, 連立方程式, 関数, 確率, 平面図形の計量問題, 統計, 空間図形の計量問題)

基本 (1) $\frac{4x-5y}{3}+\frac{7x+8y}{6}-2x=\frac{2(4x-5y)+(7x+8y)-12x}{6}=\frac{8x-10y+7x+8y-12x}{6}=\frac{3x-2y}{6}$

(2) $3(x^2-x-6)-2(x^2-2x-8)+x+2=3(x+2)(x-3)-2(x+2)(x-4)+(x+2)=\{3(x-3)-2(x-4)+1\}(x+2)=(3x-9-2x+8+1)(x+2)=x(x+2)$

(3) $x+y=(\sqrt{5}+\sqrt{3})+(\sqrt{5}-\sqrt{3})=2\sqrt{5}$, $xy=(\sqrt{5}+\sqrt{3})(\sqrt{5}-\sqrt{3})=5-3=2$ $x^2+3xy+y^2=(x+y)^2+xy=(2\sqrt{5})^2+2=20+2=22$

基本 (4) $\frac{1}{12}(x-4)=\frac{1}{3}\left\{2(x+1)-\frac{1}{4}x\right\}$ 両辺を12倍して, $x-4=4\left\{2(x+1)-\frac{1}{4}x\right\}$, $x-4=8x+8-x$, $6x=-12$, $x=-2$

基本 (5) $2x+3(y+1)=7$, $2x+3y+3=7$, $2x+3y=4$…① $-3(x+y)-y=-4$, $-3x-3y-y=-4$, $3x+4y=4$…② ②×3−①×4から, $x=-4$ ①に$x=-4$を代入して, $2\times(-4)+3y=4$, $-8+3y=4$, $3y=12$, $y=4$

基本 (6) $y=ax^2$に$(-3,\ 12)$を代入して, $12=a\times(-3)^2$, $9a=12$, $a=\frac{12}{9}=\frac{4}{3}$

基本 (7) $y=-3x^2$…① xの変域に0を含んでいるので, ①は$x=0$のとき, 最大値0をとる。−1と3で, 3の方が絶対値が大きいので, ①は$x=3$のとき, 最小値をとるから, ①に$x=3$を代入して, $y=-3\times3^2=-27$より, 最小値は−27

(8) 3個のさいころの目の出かたは, $6\times6\times6=216$(通り) そのうち, 出た目の数の積が奇数になるのは, 3個とも奇数の目が出る場合だから, $3\times3\times3=27$(通り) よって, 出た目の数の積が偶数になる確率は, $1-\frac{3\times3\times3}{6\times6\times6}=1-\frac{1}{8}=\frac{7}{8}$

(9) $\triangle\text{ADF}=\frac{3}{5}\times\frac{1}{3}\triangle\text{ABC}=\frac{1}{5}\triangle\text{ABC}$, $\triangle\text{DBE}=\frac{2}{5}\times\frac{4}{7}\triangle\text{ABC}=\frac{8}{35}\triangle\text{ABC}$, $\triangle\text{FEC}=\frac{3}{7}\times\frac{2}{3}\triangle\text{ABC}$

$=\frac{2}{7}\triangle\mathrm{ABC}$　$\triangle\mathrm{DEF}=\triangle\mathrm{ABC}-\triangle\mathrm{ADF}-\triangle\mathrm{DBE}-\triangle\mathrm{FEC}=\left(1-\frac{1}{5}-\frac{8}{35}-\frac{2}{7}\right)\triangle\mathrm{ABC}=\frac{10}{35}\times 105=30(\mathrm{cm}^2)$

基本　(10)　$\triangle$FBCにおいて，内角と外角の関係から，$\angle\mathrm{FCE}=x+44°$　円に内接する四角形の定理から，$\angle\mathrm{CDE}=\angle\mathrm{ABC}=x$　$\triangle$DCEにおいて，内角の和の関係から，$x+44°+x+28°=180°$　$2x=180°-72°=108°$，$x=108°\div 2=54°$

基本　(11)　データの個数は，$2+3+4+6+9+7+6+3=40$　そのうち，記録が18m未満の人数は，$2+3+4+6=15$　よって，$\frac{15}{40}\times 100=37.5(\%)$

重要　(12)　IJの中点をMとすると，求める体積は，三角錐I－MKLの体積と三角錐J－MKLの体積の和になる。$\triangle\mathrm{MKL}=\frac{1}{2}\times 4\times 4=8$，$\mathrm{IM}=\mathrm{JM}=4\div 2=2$　よって，求める体積は，$\frac{1}{3}\times 8\times 2\times 2=\frac{32}{3}(\mathrm{cm}^3)$

[2]　(図形と関数・グラフの融合問題)

基本　(1)　①の式に$x=-3$を代入すると，$y=2\times(-3)^2=18$　よって，A$(-3,\ 18)$　AP：PB＝3：1，図から$a<0$より，点Bのy座標は，-6　よって，B$(-3,\ -6)$　$y=ax^2$に点Bの座標を代入して，$-6=a\times(-3)^2$，$9a=-6$，$a=-\frac{2}{3}$

(2)　$\triangle\mathrm{APC}=\frac{1}{2}\times 18\times\{c-(-3)\}=9(c+3)$，$\triangle\mathrm{BPD}=\frac{1}{2}\times 6\times\{d-(-3)\}=3(d+3)$　条件より，$3(d+3)\times 6=9(c+3)$，$18d+54=9c+27$，$18d=9c-27$，$2d=c-3$，$d=\frac{c-3}{2}$

重要　(3)　(2)より，C$(c,\ 2c^2)$，D$\left\{\frac{c-3}{2},\ -\frac{2}{3}\left(\frac{c-3}{2}\right)^2\right\}$　直線CDの傾きは，$\left\{2c^2+\frac{2}{3}\left(\frac{c-3}{2}\right)^2\right\}\div\left(c-\frac{c-3}{2}\right)=\left(2c^2+\frac{2}{3}\times\frac{c^2-6c+9}{4}\right)\div\frac{2c-c+3}{2}=\left(2c^2+\frac{c^2-6c+9}{6}\right)\div\frac{c+3}{2}=\frac{12c^2+c^2-6c+9}{6}\times\frac{2}{c+3}=\frac{13c^2-6c+9}{3c+9}$　$\frac{13c^2-6c+9}{3c+9}=\frac{38}{3}$から，$39c^2-18c+27=114c+342$，$39c^2-132c-315=0$，$13c^2-44c-105=0$，$(13c+21)(c-5)=0$，$c=-\frac{21}{13}$，5　$c>3$から，$c=5$
$\triangle\mathrm{APC}=9(5+3)=72$

[3]　(関数)

基本　(1)　①　mの値を決めると，それに対応してEの値がただ1つに決まるので，Eはmの関数である。

②　$y^2=1-x^2$，$y=\pm\sqrt{1-x^2}$　xの値を決めると，それに対応してyの値はただ1つに決まらないので，yはxの関数であるといえない。

③　xの値を決めると，それに対応してyの値がただ1つに決まるので，yはxの関数である。

④　$y^2=ax$，$y=\pm\sqrt{ax}$　xの値を決めると，それに対応してyの値はただ1つに決まらないので，yはxの関数であるといえない。

⑤　$\mathrm{S}=\frac{\mathrm{A}r^2}{360}\pi$，$\mathrm{A}=\frac{360\mathrm{S}}{\pi r^2}$　Sの値を決めると，それに対応してAの値がただ1つに決まるので，AはSの関数である。

(2)　解答例①　12時00分からの経過時間をx分，浴槽に入った水の体積を$y\mathrm{m}^3$とする。$y=20x$とすると，この式は毎分$20\mathrm{m}^3$の水が出る水道から浴槽に水を入れたときの12時x分における浴槽内にある水の量が$y\mathrm{m}^3$であることを表している。

解答例②　パーティーの参加人数をx人，一人あたりの参加費用をy円とする。$y=\frac{100000}{x}$とすると，この式はパーティーの開催費用100,000円を参加者x人全員で均等に負担するとき，一人あたりの金額がy円であることを表している。

★ワンポイントアドバイス★

1(12)で，このパターンの四面体は合同な三角錐2つに切断できることに気づくことがポイントである。よく出題される立方体に内接する正四面体の体積の求め方と合わせて覚えておこう。

一般

2024年度

解 答 と 解 説

《2024年度の配点は解答欄に掲載してあります。》

＜数学解答 基礎＞

[1] $2a-\frac{2b}{3}$　[2] $(x+2)(x-2)(y+1)$　[3] 13　[4] $\frac{1}{6}$　[5] $y=\frac{2}{3}x$

[6] 毎秒15m　[7] 12　[8] $a=8$, $b=5$　[9] 47度　[10] 39cm²

[11] 解説参照　[12] 24π cm²　[13] 10cm

○推定配点○

[1]～[4] 各7点×4　[5]～[13] 各8点×9　計100点

＜数学解説 基礎＞

基本 [1] (式の計算)

$\frac{a-3b}{3}-\frac{5a-2b}{6}+\frac{5}{2}a=\frac{2(a-3b)-(5a-2b)+15a}{6}=\frac{2a-6b-5a+2b+15a}{6}=\frac{12a-4b}{6}=2a-\frac{2b}{3}$

基本 [2] (因数分解)

$x^2y-4y+x^2-4=y(x^2-4)+(x^2-4)=(x^2-4)(y+1)=(x+2)(x-2)(y+1)$

[3] (式の値)

$x^2y+xy^2-xy+3x+3y-9=xy(x+y)-xy+3(x+y)-9=xy\times(-1)-xy+3\times(-1)-9=-2xy-12$　$-2xy-12=0$から，$2xy=-12$，$xy=-6$　$x^2+y^2=(x+y)^2-2xy=(-1)^2-2\times(-6)=1+12=13$

基本 [4] (確率)

大小2つのさいころの目の出かたは全部で，6×6=36(通り)　そのうち，出た目の積が素数になる場合は，(大，小)=(1，2)，(1，3)，(1，5)，(2，1)，(3，1)，(5，1)の6通り　よって，求める確率は，$\frac{6}{36}=\frac{1}{6}$

[5] (図形と関数・グラフの融合問題－面積)

長方形の2本の対角線の交点をPとすると，直線OPは，長方形の面積を二等分する。点Pは線分BDの中点だから，$\frac{1+5}{2}=3$，$\frac{1+3}{2}=2$より，P(3，2)　よって，直線OPの式は，$y=\frac{2}{3}x$

[6] (2乗に比例する関数の変化の割合)

$y=ax^2$に(4，24)を代入すると，$24=a\times4^2$，$16a=24$，$a=\frac{24}{16}=\frac{3}{2}$　よって，$y=\frac{3}{2}x^2$　$\left(\frac{3}{2}\times7^2-\frac{3}{2}\times3^2\right)\div(7-3)=\frac{3}{2}\times(49-9)\div4=\frac{3}{2}\times40\times\frac{1}{4}=15$　したがって，毎秒15m

[7] (図形と関数・グラフの融合問題)

$y=\frac{1}{2}x^2$…①　直線OPの式は，$y=\frac{1}{2}x$　OP//RQから，直線RQの式は，$y=\frac{1}{2}x+6$…②　①と②からyを消去すると，$\frac{1}{2}x^2=\frac{1}{2}x+6$，$x^2=x+12$，$x^2-x-12=0$，$(x+3)(x-4)=0$　$x=-3$，4　よって，点Rのx座標は-3　したがって，(台形OPQR)=△OPQ+△ORQ=$\frac{1}{2}\times6\times$

$1+\frac{1}{2}\times6\times3=3+9=12$

8　(平方根の大小)

$2<\sqrt{a}<3$から，$2^2<a<3^2$，$4<a<9$…①　$ab-a=32$，$a(b-1)=32$　aもbも自然数で，①からaは5から8の整数だから，$a=8$，$b-1=4$，$b=5$

9　(角度)

△BACは二等辺三角形だから，∠BCA＝(180°－34°)÷2＝73°　△DEFは正三角形だから，∠DFE＝60°　DF//BCより錯角は等しいから，∠FEC＝∠DFE＝60°　△EFCの内角の和の関係から，∠EFC＝180°－(73°＋60°)＝180°－133°＝47°

10　(平面図形の計量問題－面積)

$\triangle DCE=\frac{3}{5}\triangle DCA=\frac{3}{5}\times\frac{5}{8}\triangle ABC=\frac{3}{8}\triangle ABC=\frac{3}{8}\times104=39(cm^2)$

11　(空間図形の問題－立方体の展開図，作図)

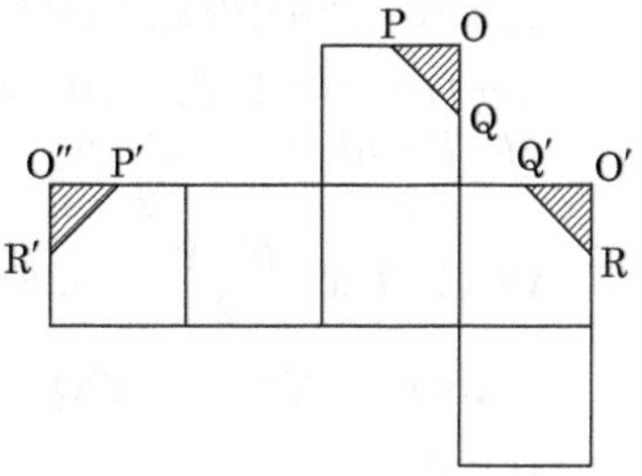

右の図のように点Oを定めると，点Oと重なる点はO′，O″となる。点Pと重なる点はP′，点Qと重なる点はQ′とし，点Rの位置を決める。最後に3つの直角二等辺三角形に斜線を引く。

12　(空間図形の計量問題－円すいの表面積)

円すいの底面の円の半径をrとすると，$2\pi r\times5=2\pi\times10$，$r=2$　よって，求める円錐の表面積は，$\pi\times2^2+\pi\times10^2\times\frac{2\pi\times2}{2\pi\times10}=4\pi+20\pi=24\pi(cm^2)$

13　(平面図形の計量問題－円の性質，三平方の定理)

∠ACBは半円の弧の円周角だから，∠ACB＝90°　ABの長さを$x$cmとすると，$BC=x-4$，$AC=x-8$　△ABCにおいて三平方の定理を用いると，$(x-4)^2+(x-8)^2=x^2$，$x^2-8x+16+x^2-16x+64-x^2=0$，$x^2-24x+80=0$，$(x-4)(x-20)=0$，$x=4$，$20$　$x>8$から，$x=20$　よって，求める円Oの半径は，20÷2＝10(cm)

★ワンポイントアドバイス★

6で，関数$y=ax^2$について，xの値がpからqまで増加するときの変化の割合は，$a(p+q)$で表されることを利用すると，$\frac{3}{2}\times(3+7)=15$より，毎秒15m

＜数学解答 応用＞

1　(1)　$y=2tx-t^2$　(2)　$M\left(\frac{t+3}{2},\ 3t\right)$　(3)　$\triangle AMB=-\frac{(t-3)^3}{4}$

2　(1)　解説参照　(2)　EF：FG＝$1:\frac{-1+\sqrt{5}}{2}$　(3)　$\triangle ADG=\frac{\sqrt{15}}{4}$

3　(1)　ア　(0，－2024)　イ　225　(2)　ア　$k=16$　イ　$(a,\ b)=(12,\ 10),(7,\ 3)$

4　(1)　$\frac{7}{24}a^3$　(2)　$V=\frac{5}{48}a^3$　(3)　$\left(\frac{\sqrt{3}+3\sqrt{17}}{8}\right)a^2$

○推定配点○

1　各8点×3　2　各8点×3　3　(1)　各4点×2　(2)　ア　8点　イ　10点

4　(1)　各8点×2　(2)　10点　計100点

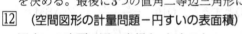

＜数学解説 応用＞

1 (図形と関数・グラフの融合問題)

基本 (1) A(t, t^2) ただし，$t<0$ 直線ℓの式を$y=2tx+b$として点Aの座標を代入すると，$t^2=2t^2+b$，$b=t^2-2t^2=-t^2$ よって，直線ℓの式は，$y=2tx-t^2$

基本 (2) $y=2tx-t^2$…① $y=6x-9$…② ①と②からyを消去すると，$2tx-t^2=6x-9$，$2tx-6x=t^2-9$，$2(t-3)x=(t+3)(t-3)$，$t\neq 3$より，$2x=t+3$，$x=\frac{t+3}{2}$ ②に$x=\frac{t+3}{2}$を代入して，$y=6\times\frac{t+3}{2}-9=3(t+3)-9=3t$ よって，M$\left(\frac{t+3}{2},\ 3t\right)$

重要 (3) 直線ABの傾きは，$\frac{9-t^2}{3-t}=\frac{(3+t)(3-t)}{3-t}=3+t$，直線ABの式を$y=(3+t)x+c$として，点Bの座標を代入すると，$9=(3+t)\times 3+c$，$c=-3t$ よって，直線ABの式は，$y=(3+t)x-3t$ 直線ABとy軸との交点をPとすると，P(0, $-3t$) 点Mを通り，直線ABに平行な直線を$y=(3+t)x+d$として，点Mの座標を代入すると，$3t=(3+t)\times\frac{t+3}{2}+d$，$d=3t-\frac{(t+3)^2}{2}=\frac{6t-t^2-6t-9}{2}=\frac{-t^2-9}{2}=-\frac{t^2+9}{2}$ よって，点Mを通り，直線ABに平行な直線の式は，$y=(3+t)x-\frac{t^2+9}{2}$ この直線とy軸との交点をQとすると，Q$\left(0,\ -\frac{t^2+9}{2}\right)$ △ABM=△ABQ=△APQ+△BPQ=$\frac{1}{2}\times\left\{-3t-\left(-\frac{t^2+9}{2}\right)\right\}\times(3-t)=\frac{1}{2}\times\frac{-6t+t^2+9}{2}\times(3-t)=\frac{(t-3)^2}{4}\times\{-(t-3)\}=-\frac{(t-3)^3}{4}$

2 (平面図形の証明問題と計量問題−円の性質，中点連結の定理，三角形の相似，面積)

(1) (証明) △ABCにおいて中点連結の定理から，EF//BC よって，∠AEF=∠AFE=60° $\overset{\frown}{\mathrm{CG}}$の円周角から，∠CBG=∠CAG…① 内角と外角の定理から，∠AGF=60°−∠CAG…② ∠ABG=60°−∠CBG…③ $\overset{\frown}{\mathrm{AG}}$の円周角から，∠ADE=∠ABG…④ ①，②，③，④より，∠AGF=∠ADE よって，△ADGは二等辺三角形である。

重要 (2) AB=2から，AE=AF=EF=FC=1 FG=xとすると，(1)より，DE=x △ADF∽△GCFより，DF：CF=AF：GF，$(x+1)：1=1：x$，$x(x+1)=1$，$x^2+x-1=0$，$x=\frac{-1\pm\sqrt{1^2-4\times 1\times(-1)}}{2\times 1}=\frac{-1\pm\sqrt{5}}{2}$，$x>0$より，$x=\frac{-1+\sqrt{5}}{2}$ よって，EF：FG=1：$\frac{-1+\sqrt{5}}{2}$

(3) (2)より，DG=$1+\frac{-1+\sqrt{5}}{2}\times 2=1-1+\sqrt{5}=\sqrt{5}$ 点AからEFへ垂線AHをひくと，△AEFは一辺の長さが1の正三角形だから，AH=$1\times\frac{\sqrt{3}}{2}=\frac{\sqrt{3}}{2}$ よって，△ADG=$\frac{1}{2}\times\sqrt{5}\times\frac{\sqrt{3}}{2}=\frac{\sqrt{15}}{4}$

3 (図形とグラフ，規則性の融合問題)

基本 (1) (ア) 2024÷4=506より2024は4で割り切れるので，A_{2024}の座標は，(0, −2024)

(イ) 14÷4=3あまり2より，A_{14}の座標は(0, 14)，A_{15}の座標は(−15, 0)，A_{16}の座標は(0, −16) $A_{14}A_{16}=14-(-16)=30$ $A_{15}O=15$ よって，求める面積は，$\frac{1}{2}\times 30\times 15=225$

重要 (2) (ア) $S_k=\frac{1}{2}\times\{k+(k+2)\}\times(k+1)=\frac{1}{2}\times 2(k+1)^2=(k+1)^2$ $S_{k+1}=\{(k+1)+1\}^2=(k+2)^2$ $S_{k+1}-S_k=(k+2)^2-(k+1)^2=k^2+4k+4-k^2-2k-1=2k+3$ $2k+3=35$より，$2k=32$，$k=16$

(イ) $S_a-S_b=(a+1)^2-(b+1)^2=a^2+2a+1-b^2-2b-1=a^2-b^2+2a-2b=(a+b)(a-b)+2(a-b)=(a-b)(a+b+2)$ 積が48になる組み合わせは，$(a-b,\ a+b+2)=(1,$

48), (2, 24), (3, 16), (4, 12), (6, 8)であり, a, bが正の整数となる組み合わせは, (2, 24), (4, 12)である。$a-b=2$, $a+b+2=24$を連立して解いて, $a=12$, $b=10$　$a-b=4$, $a+b+2=12$を連立して解いて, $a=7$, $b=3$　よって, $(a, b)=(12, 10)$, $(7, 3)$

[4] **(空間図形の計量問題－体積, 切断, 三平方の定理, 表面積)**

基本 (1) $\frac{1}{3}\times\left(a^2-\frac{1}{2}\times\frac{a}{2}\times\frac{a}{2}\right)\times a=\frac{1}{3}\times\frac{7}{8}a^2\times a=\frac{7}{24}a^3$

(2) 正三角すいA－PQRの体積は, $\frac{1}{3}\times\frac{1}{2}\times\frac{a}{2}\times\frac{a}{2}\times\frac{a}{2}=\frac{1}{48}a^3$　求める体積Vは, 立方体ABCD－EFGHの体積から, 3つの五角すいG－PBCDQ, G－PBFER, G－QDHERと三角すいA－PQRの体積をひいたものである。3つの五角すいの体積は等しいことから, $V=a^3-\frac{7}{24}a^3\times 3-\frac{1}{48}a^3=\left(1-\frac{7}{8}-\frac{1}{48}\right)a^3=\frac{5}{48}a^3$

重要 (3) $\triangle PQR=\frac{1}{2}\times\frac{\sqrt{2}}{2}a\times\frac{\sqrt{2}}{2}a\times\frac{\sqrt{3}}{2}=\frac{\sqrt{3}}{8}a^2$　二等辺三角形GPQで, $QG=PG=\sqrt{(\sqrt{2}a)^2+\left(\frac{a}{2}\right)^2}=\sqrt{\frac{9a^2}{4}}=\frac{3}{2}a$　高さをhとすると, $h=\sqrt{\left(\frac{3}{2}a\right)^2-\left(\frac{\sqrt{2}}{4}a\right)^2}=\sqrt{\frac{9}{4}a^2-\frac{1}{8}a^2}=\sqrt{\frac{17}{8}a^2}=\frac{\sqrt{34}}{4}a$

よって, $\triangle PQG=\frac{1}{2}\times\frac{\sqrt{2}}{2}a\times\frac{\sqrt{34}}{4}a=\frac{\sqrt{17}}{8}a^2$　$\triangle PQG\equiv\triangle QRG\equiv\triangle PRG$より, Xの表面積は, $\frac{\sqrt{3}}{8}a^2+\frac{\sqrt{17}}{8}a^2\times 3=\left(\frac{\sqrt{3}+3\sqrt{17}}{8}\right)a^2$

★ワンポイントアドバイス★

[1](3)のような図形上の三角形の面積は, 頂点を通り底辺に平行な直線を引き, 等積移動を利用して求めよう。

＜英語解答＞

[1] 1 D　2 C　3 A　4 B　5 B

[2] 1 C　2 B　3 A　4 C　5 A

[3] 1 A　2 B　3 D

[4] 1 A　2 D　3 B　4 C　5 D

[5] 1 C　2 D　3 A　4 D　5 B

[6] 1 A man is carrying a box.　2 People are talking.　3 A woman is walking her dog.

[7] 1 I play tennis with my friends.　2 Japanese culture has many interesting points.　3 I would recommend Toyosu Market. It is the perfect place to experience fresh seafood.　4 I would like to work overseas. We can learn about different cultures. Through this experience, we can broaden our horizons. I want to introduce the best thing about Japan. By doing so, I want to have people in foreign countries become interested in Japan.

○推定配点○

[1]～[6]　各3点×26　[7]　1～3　各5点×3　4　7点　計100点

<英語解説>

1 (リスニング)

No. 1 (A) The girl is putting a rice ball in the basket.
(B) The girl is dribbling during her football practice.
(C) The girl is running around in circles.
(D) The girl is practicing her basketball dribbles.

No. 2 (A) The boy is dancing with a robot in the contest.
(B) The robot is talking to the boys in the room.
(C) The boy is operating the robot with the controller.
(D) The boys are picking a fight with the robot.

No. 3 (A) He is keeping cool from the summer heat.
(B) He is checking his own temperature.
(C) He is turning off the air conditioner.
(D) He is acting like a cool guy.

No. 4 (A) Four of the children are enjoying online English lessons.
(B) Two of the children are taking part in an esports competition.
(C) Some children are sharing a meal with the two boys.
(D) Some children are talking online to each other.

No. 5 (A) She is repairing the wall.
(B) She is doing some sport rock climbing.
(C) She is working on math exercises.
(D) She is looking for a treasure map.

No.1 (A)「その女の子はかごの中におにぎりを入れている」 (B)「その女の子はサッカーの練習中にドリブルをしている」 (C)「その女の子はぐるぐる走り回っている」 (D)「その女の子はバスケットボールのドリブルを練習している」

No.2 (A)「その少年は大会でロボットと一緒に踊っている」 (B)「そのロボットは部屋の中の少年たちに話しかけている」 (C)「その少年はコントローラーでそのロボットを操作している」 (D)「その少年たちはロボットにケンカを売っている」

No.3 (A)「彼は夏の暑さから涼を取っている」 (B)「彼は自分の体温を測っている」 (C)「彼はエアコンの電源を切っている」 (D)「彼はかっこいい奴を演じている」

No.4 (A)「4人の子どもたちは英語のオンラインレッスンを受けている」 (B)「2人の子どもたちはeスポーツの大会に参加している」 (C)「何人かの子どもたちは2人の少年たちと食事を分け合っている」 (D)「何人かの子どもたちは互いにオンラインで話している」

No.5 (A)「彼女は壁を直している」 (B)「彼女はスポーツロッククライミングをしている」 (C)「彼女は数学の演習に取り組んでいる」 (D)「彼女は宝の地図を探している」

2 (リスニング)

No. 1 A: It's really hot in here, isn't it?
B: Yes, it is. Rather uncomfortable.
A: Do you mind opening the window?
(A) Yes, I do. It's really hot and uncomfortable.
(B) Sure, let's get out of here.
(C) Of course not. It's really hot and uncomfortable.

No. 2 A: I really love Japanese rice cracker.
B: You had a lot at the cafeteria yesterday.
A: I had too much, I think.
B: How many did you eat?
(A) More than you can take.
(B) I ate eight of them.
(C) I didn't need any more.

No. 3 A: I'm going to the Shibaura Bank. Can I ask you, how do I get there?
B: Sure. Go down the street and turn right at the first traffic light. You can see it at the end of the street.
A: Let me make sure. Turn right at the traffic light.
(A) Right. You can't miss it.
(B) Yes, right now. Thank you.
(C) Go on until you see the light.

No. 4 A: Thank you for calling Shibaura Dental Clinic.
B: This is Ken Sato speaking. I'd like to change the time of my appointment this week.
A: All right, Mr. Sato. When is the most convenient time for you?
(A) No way to cancel the appointment.
(B) Sure, any appointment is convenient for me.
(C) Let me see. How about 2:00 pm on Thursday?

No. 5 A: Everyone thinks of changing the world, but no one changes themselves.
B: I think so too.
A: Or rather, small actions lead to great results.
(A) Right. Think globally and act locally.
(B) Right. Change your mind to change mine.
(C) You're saying, "Global" is better than "local"?

No.1 A：ここは本当に暑いよね？／B：うん。かなり不快だわ。／A：窓を開けてもいい？
(A)「いや。とても暑くて不快だわ」(B)「もちろん。ここから出よう」(C)「もちろんいいわよ。本当に暑くて不快だわ」

No.2 A：私は日本のおせんべいが大好き。／B：昨日カフェテリアでたくさん食べていたね。／A：食べすぎたと思う。／B：何枚食べたの？
(A)「あなたが取ったよりもたくさん」(B)「そのうちの8枚食べた」(C)「もうそれ以上は必要なかった」

No.3 A：芝浦銀行に行くところです。どうやって行くのか聞いてもいいですか？／B：もちろん。この道をまっすぐ行って1つ目の信号を右に曲がります。その道の突き当りに見えます。／A：確認させてください。1つ目の信号を右に曲がるのですね。
(A)「そうです。見逃すことはないと思います」(B)「はい，今すぐに。ありがとう」
(C)「光が見えるまで行ってください」

No.4 A：芝浦歯医者です。／B：サトウケンです。今週の予約の変更をお願いします。／A：サトウさん，かしこまりました。いつがよろしいですか？

(A) 「予約はキャンセルできません」 (B) 「もちろん，いつの予約でも大丈夫です」
(C) 「えぇと，木曜日の午後2時はどうですか？」

No.5 A：誰もが皆世界を変えることを考えるが，誰も自分自身を変えることはしない。／B：私もそう思う。／A：むしろ，小さな行動が大きな結果につながる。

(A) 「その通り。世界的に考え，近くで行動する」 (B) 「その通り。私の考えを変えるためにあなたの考えを変えてください」 (C) 「『世界』は『地元』より良いと言っているのですね」

3 (リスニング)

No. 1 RoboCup has been a robotics competition held every year since 1996 by university professors. Its goal is to develop robotics and AI research through a challenging soccer game. The competition is held only between robots. The project aims for self-operating humanoid robot players to win against the human World Cup champions by the mid-21st century, following FIFA rules.

Question: What is RoboCup?

(A) It's a robot competition that started in the mid-1990s.
(B) It's a competition founded in 1990 for university professors.
(C) It's a robot vs human competition held on a yearly basis.
(D) It's a project for professional soccer players to improve their own skills.

No. 2 Hello, everyone. Today I'm going to talk about PBL, which stands for Project-Based Learning. Project-Based Learning or PBL is an educational approach for students to do some projects actively by using their knowledge, skills, and abilities. Naturally, there are some merits and demerits in PBL.

Merits: Work on real-world problems instead of just reading books. Think logically and critically to solve those problems.

Demerits: It takes time to finish a project. It's not easy to judge students' performance.

Question: What is good about PBL?

(A) The PBL students stop worrying about school life.
(B) The PBL students can improve their critical thinking.
(C) The PBL students can improve their test scores compared to other students.
(D) The PBL students can teach themselves anything they want.

No. 3 Ladies and gentlemen, we're going to talk about ChatGPT. ChatGPT has some good points. It has a lot of information available on many topics. ChatGPT makes human-like responses naturally. It can be used 24/7 all the time, helping anyone anytime anywhere. However, there are some limits to ChatGPT doesn't always understand data perfectly, which will cause people to accept information by mistake. ChatGPT cannot check information by itself, which is done by humans only.

Question: What is one of the good points of ChatGPT?

(A) Producing quick and correct responses.

(B) Answering any kind of question on earth.
(C) Trying to help people in any way possible.
(D) Being available to anyone, anytime and anywhere.

No.1 ロボカップは大学教授によって1996年から毎年開催されているロボット工学の大会である。その目標はサッカーの試合に挑戦することによるロボット工学とAI研究の発展である。その大会はロボットでのみ開催される。その企画は,FIFAのルールに基づいて人間そっくりの自動ロボット選手が21世紀半ばの人間によるワールドカップの勝者に勝つことを目的としている。

Q:ロボカップとは何ですか?

(A)「それは1990年代半ばに始まったロボットの大会である」 (B)「それは大学教授のために設立された大会である」 (C)「それは年一回ベースで開催されるロボット対人間の大会である」 (D)「それはプロのサッカー選手たちが自分たちの技能を向上させるための企画である」

No.2 みなさんこんにちは。今日はPBLについてお話ししようと思います。これはプロジェクト・ベイスド・ラーニングの略です。プロジェクト・ベースド・ラーニングまたはPBLは生徒たちが自分たちの知識,技能,能力を使い積極的に課題をするための教育学習法です。当然のことながら,PBLには良い点と悪い点があります。

良い点 本を読むだけでなく,実社会での作業。それらの問題を解決するために論理的,批判的に考える。

悪い点 課題を完成させるのに時間がかかる。生徒たちの成績判断が難しい。

Q:PBLの良い所は何ですか?

(A)「PBLの生徒たちは学校生活での心配をしなくなる」 (B)「PBLの生徒たちは批判的思考を向上できる」 (C)「PBLの生徒たちは他の生徒たちに比べてテストの点数を伸ばせる」 (D)「PBLの生徒たちは自分たちが欲することを何でも独学できる」

No.3 ご列席の皆さま,チャットGPTについてお話ししようと思います。チャットGPTには良い点がいくつかあります。多くの話題に関するたくさんの情報を入手できます。チャットGPTは人間のように自然な応答をします。年中無休でいつでも,どこででも,誰でも助けてくれます。しかしながら,チャットGPTにも限界があります。チャットGPTはデータをいつも完璧に理解するわけではないので,人々が間違って情報を受け取ってしまうこともあるのです。チャットGPTは自分で情報をチェックすることはできません。それは人間だけができることなのです。

Q:チャットGPTの良い点の1つは何ですか?

(A)「素早く正確な応答を作り出す」 (B)「地球上のどんな質問にも答える」 (C)「可能な限りあらゆる方法で人々を助ける」 (D)「誰にも,いつでも,どこででも利用可能」

重要 4 (長文読解問題・論説文:内容把握)

(全訳) 芝浦タイムズ ― オピニオン ―

生物多様性の重要性

2024年 1月29日 月曜日

「生物多様性」という用語を聞いたことはあるだろうか? オックスフォード学習辞典によると,バランスの取れた環境を共に作り出す多種多様な植物や動物の存在,と示されている。しかしながら,人間の行動が原因で私たちは生物多様性の損失に直面しており,これは深刻な問題につながる可能性がある。それは,もしある生物種がいなくなってしまったら,それが自然バランスの全体を変えてしまうという現実である。

この懸案事項を示す1つの例がある。昔,ニホンオオカミが鹿を捕獲していたことが鹿の頭数を維持することに貢献していた。しかしながら不幸なことにニホンオオカミの絶滅に伴い鹿の頭数は劇的に増加した。そして鹿は人間の住む場所に侵入し多くの作物を食い荒らした。政府の見積もりによると2021年の作物損害は6100万円だった。

調査によると以下の3つの要因が生物多様性に害がある：

1　環境変化：気温上昇は直接的，間接的に生物種に悪影響を与える

2　建設：動物や植物の生息地の損失につながる

3　外来種：ペットとして飼われていた動物が飼い主のもとから逃げた時，それらがしばしば在来種をおびやかす

1つの要因あるいは複数の要因の組み合わせが生物多様性の損失につながる。例えば，日本ウナギは2つの要因の組み合わせで絶滅の危機に瀕している：環境の変化と建設だ。私たちは今，地球が温暖化して川の水位が上がったため洪水問題を抱えている。この問題を解決するために川の土手を建設しダムを建設する必要がある。しかしながらこれらの問題の結果，日本ウナギは住みかを失いこれが死滅することにつながるかもしれないのだ。不幸なことに3,597種が日本政府によって絶滅危惧種に分類されている。たった1種の損失でさえ生態系に破壊をもたらし得ると言われている。

日本政府は国立公園を作り，特定種の数を調整し，法律を制定することでこの問題に対処するための活動をしている。また政府は絶滅危惧種を保護するために動物園や水族館と協力している。しかしながらこれらの行動で完全に環境を保護することはできない上に，長い目で見ると効果的ではない。問題の本質は私たちの意識にある。私たちの多くは環境問題を真剣にとらえておらず，実際に起こっている問題を理解することを怠っている。私たちはこれらの問題を真剣に考え，解決する方法を見つけるべきだ。

一人一人の活動は小さいかもしれないが，もし皆が活動すればそれは巨大な一歩となる。これが持続可能な世界を理解する唯一の方法である。

1 「なぜ鹿の数が増えたのですか？」

(A) 「鹿を食べていた動物が死滅した」(○)　第2段落第2，3文に一致。　(B) 「人々が鹿を保護した」　(C) 「鹿が食べた作物は日本で広く栽培されていた」　(D) 「鹿は環境の変化に適応するのが得意だった」

2 「生物多様性を害する要因に一番なりそうにないものは以下のどれですか？」

(A) 「人が作った建築物」　(B) 「気候の変化」　(C) 「他国からの種」　(D) 「バランスの取れた環境」(○)　第1段落第2文参照。生物多様性とはバランスの取れた環境を作り出す動植物のこと。

3 「日本ウナギはどのようにして絶滅危惧種になったのですか？」

(A) 「金儲けのために漁師が日本ウナギを獲る」　(B) 「自然の変化と建設により住みかを失った」(○)　最後から3段落目第2文コロン(：)以下に一致。　(C) 「水位が上がってきたのでもう川に住めない」　(D) 「生態系の破壊が日本ウナギが餌を見つけるのを困難にした」

4 「生物多様性の保護に向けての日本政府の活動がおそらく十分ではないのはなぜですか？」

(A) 「その行動は動物園と水族館にだけ頼っている」　(B) 「その問題を解決するにはもっとたくさんの時間が必要だ」　(C) 「短期的な効果しか生み出せない」(○)　最後から2段落目第3文に一致。(D) 「その行動を起こすには十分な働き手がいない」

5 「本文によると，どのようにしたら生物多様性を保護できますか？」

(A) 「政府は人々が行動を起こすよう要求する法律を作るべき」　(B) 「政府はその問題を理解するべき」　(C) 「私たちは政府がもっと真剣に活動するよう促すべきだ」　(D) 「私たちは問題を理解しそれに応じて対処するべきだ」(○)　最後から2段落目最終文に一致。

重要 5 (長文読解問題・論説文・メール文：内容把握)

(全訳)

SIT健康と科学

日本の睡眠不足について

2023年7月17日　　15コメント

イタバシハナコ

あなたは日々の睡眠に満足していますか? 2021年にオランダの有名な医療機器メーカーが13か国を対象に睡眠の満足度を調査した。調査では世界の55%の大人は睡眠に満足していることがわかった。しかしながら，日本ではたった29%だった。多くの日本人が睡眠不足を抱えており，それが糖尿病や精神疾患のような健康問題につながるのである。

2023年オーストラリアの企業が行った平均睡眠時間の報告によると，日本人は平均で6.5時間寝ていた。研究でランダムに選ばれた12か国の中で日本は最下位だった。加えて，2021年OECDが行った調査では，日本人女性は中国やアメリカといった先進国を含む33か国の女性の中で最少量の睡眠しかとっていなかった。この問題は何十年もの間，家事と育児は女性の務めだという考えに起因する。今では多くの日本人女性が働いているがこの考えがまだ残っているので，家でも多くの負担があるのだ。

日本の睡眠不足は大人だけではなく子どもたちにも大きな問題となっている。10代の子どもたちが一晩中何かをしているのは普通のことなのだ。夜遅くまで勉強している10代の子たちもおり，その他の子どもたちもゲームをしたりYouTubeを観たりしているのだ。したがって，生徒たちはよく授業中に寝ている。彼らは集中することもできず食欲も落ちることもある。

この状況を改善するために メディアと医療機関は過去数年間睡眠時間が短い結果について警告をし，どうしたら悪い睡眠習慣を改善できるかについての情報も出している。たとえば，ある日本の健康管理の記事に， 睡眠習慣を改善するために朝，昼，夜に覚えておきたいいくつかのポイントが紹介されていた。朝は良い朝食を食べ日光に当たる。昼は軽い運動をする。夜は寝る直前の夕食とスマートホンの使用を避ける。これらすべてのことはよく寝て適正な体内時計を維持するのに必要なことなのだ。今すぐにあなたの習慣を変えるのは難しいが，あなたの睡眠習慣を考え直しあなたの健康のために小さな一歩を踏み出すべだ。

芝浦生徒グループチャット

タロウ 「僕は日本の睡眠不足問題について初めて学んだ。この記事を最初に読んだ時，僕は毎晩たいてい5時間しか寝ないので本当に驚いた。これで十分だと感じていたが，時々授業中に寝てしまい先生に叱られている。自分の睡眠習慣を考え直す必要があるかもしれない。今夜は早く寝るよう努力しようと思う。」

ナナ 「この記事にある事実を以前は知らなかった。睡眠不足の結果に関する警告をメディアや医療機関に出し続けて欲しい。私たちの多くは自分たちが睡眠不足であることに気づいていないと思うので，この問題に気づくためのより多くの機会が必要だ。」

リョウ 「僕は以前にこの話題についての似たようなニュースを読んだことがあるが，睡眠は我々の健康に本当に大切だと言うことを再度理解することができた。この記事を読んでから，人間は人生でどのくらいの時間眠るかを調べた。ウェブサイトで，人間はたいてい人生の約3分の1は眠って過ごしていると読んだ。日本人は睡眠についてもっと気を使う必要があると思う。」

マキ 「私はこの問題については昨年父が伝えてくれていたので既に知っていた。現在，私は良い睡眠のためのスマートホンアプリを使っている。私の家族と私は「スリープウォッチャー」と呼ばれるアプリを使い，AIが使用者の日々の睡眠を記録し分析してくれる。私は自分の睡眠習慣と睡眠の質を無料で学べるのだ！　他にもスリープウォッチャーのようなたくさんのアプリがあるので皆にそれらを勧めたい。」

サクラ　「私はこの問題が最近ホットな話題になっていたことを知っている。私は睡眠不足にとても悩まされている。昨日私は夜遅くまでYouTubeを観ていた。週末が終わって欲しくないので，日曜日には時々夜遅くまで起きている。しかしながら，これからは自分の好きなことを楽しむためにもっと早く起きるよう努力しようと思う。」

1「この記事によると，日本では何が起こっていますか？」
(A)「日本人の約半分は日々の睡眠に満足している」　(B)「日本人の子どもたちの多くは勉強する必要があるために眠れない」　(C)「睡眠不足は日本人と彼らの健康にとって深刻な問題である」(○)　第一段落最終文に一致。　(D)「日本人の約29％は一晩中何かをしている」

2「この記事について正しいのは以下の文のどれですか？」
(A)「OECDは13か国を対象に睡眠時間の調査を行った」　(B)「よく眠れない生徒たちは食べずに勉強し続けている」　(C)「良い睡眠のためにアプリを使用することを勧めている医療機関がある」　(D)「簡単な運動は私たちがよく眠るために大切である」(○)　最終段落第4文に一致。physical activities「身体活動」＝exercise「運動」

3「なぜタロウは驚いたのですか」
(A)「なぜなら彼の平均睡眠時間は他の日本人よりも少なかったから」(○)　本文第2段落最初の文参照。日本人の平均睡眠時間は6.5時間。タロウのコメント第2文で彼の睡眠時間は5時間とある。　(B)「なぜなら彼は授業中に寝ている日本人の子どもたちがいることを知らなった」
(C)「なぜなら彼は女性に対する古い考え方がまだ存在していることにショックを受けた」
(D)「なぜなら彼はその記事を読んでいる時に自分に精神的な問題があるかもしれないことに気づいたから」

4「サクラは生徒チャットに何と言いましたか？」
(A)「彼女は昨夜遅くまでビデオを観ていたので学校に遅刻した」　(B)「彼女は勉強と宿題をするために日曜日は遅くまで起きている傾向にある」　(C)「彼女はその記事を読む前は睡眠習慣を気にしなった」　(D)「彼女は規則正しい生活をするために彼女の習慣を変える努力をするつもりだ」(○)　サクラのコメント最終文に一致。

5「生徒チャットについて正しくないのは以下の文のどれですか？」
(A)「ナナはその問題について学ぶ機会がもっと必要だと思った」ナナのコメントの最終文に一致。　(B)「何人かの生徒はほかのソースからの事実に基づいた記事に反対した」(○)　そのような記述はない。　(C)「リョウはオンラインで調べたところ，私たちは人生の3分の1を寝て過ごしていることを見つけた」リョウのコメント第2文に一致。　(D)「その問題について以前は知らない生徒がいたが，他の生徒たちは既に知っていた」タロウ，ナナは知らなかったが，リョウ，マキ，サクラは知っていたので一致。

基本 6　(英作文：現在進行形)

現在行われていることについて述べるので，いずれも現在進行形<be動詞 ＋ …ing>の形で答えること。

1 (例)　A man is carrying a box.「男性が箱を運んでいる」 man と box に冠詞aを付けることを忘れずに。

2 (例)　People are talking.「人々は話している」 動詞は talk を使う。people は複数扱いのため are talking とすること。speak は一方的に話す時に使うので不可。 この絵のように会話をしている時には talk を使う。

3 （例） A woman is walking her dog. 「女性が犬の散歩をしている」 walk a dog で「犬の散歩をする」の意味。

7 （英作文）

基本 1 「あなたは普段週末をどのように過ごしていますか？」 （例） I play tennis with my friends.「友達とテニスをしています」 / I usually read books in the library.「私はたいてい図書館で本を読んでいます」 など 必ず＜主語＋動詞＞の形で答えること。

重要 2 「なぜ多くの海外からの観光客が日本を訪れるのだと思いますか？」 （例） Japanese culture has many interesting points.「日本文化には興味深い点が多い」 など ただ beautiful, interestingなど漠然とした答えにせず，culture, foodなど具体的に何か一つポイントを上げて答えるとよい。Why で聞かれているので，Because, It is because …という形で始めてもよい。

重要 3 「あなたの地元で訪れるべきおすすめの場所はどこですか？ その理由は？」 （例） I would recommend Toyosu Market. It is the perfect place to experience fresh seafood. 「豊洲市場を勧めたい。そこは新鮮な海鮮類を経験するには完璧な場所だ。」自分がおすすめできるポイントを具体的に書ける場所を選ぶ。would you recommend ～という形で聞かれているので I would recommend…とするとよい。

やや難 4 「将来海外で働きたいですか？ その理由は？ 働きたくない理由は？」 （例） I would like to work overseas. We can learn about different cultures. Through this experience, we can broaden our horizons. I want to introduce the best thing about Japan, By doing so, I want to have people in foreign countries become interested in Japan. など まず，I would like to work ～. I would not like to work～. の一文から始めること。海外で働くことで何を学べるのか，どのようなことを経験できるのか，またそれが何に役立つのか，社会に貢献できるのか，など話を広げて理由につなげるとよい。解答例全訳「私は海外で働きたい。私たちは異なる文化を学ぶことができる。この経験を通して私たちの視野を広げることができる。日本の一番良いものを紹介したい。そうすることで，海外の人たちに日本に興味を持ってもらいたい。」 働きたくない意見を述べる場合，海外で働くことに対して否定的な意見を並べるのではなく，海外に行かずに日本で働くことのメリットを書いてみよう。

★ワンポイントアドバイス★

英文を書く問題が多いのでスペルミス，大文字小文字のミス，ピリオド抜けといったケアレスミスには十分気を付けよう。また英文を作る際にはまず主語が何か，動詞が何かを考え＜主語 ＋ 動詞＞の形を作ろう。時制にも注意しながら英文を完成させよう。

＜国語解答＞

一 問一 イ　問二 お手本のデータ　問三 膨大な(～)ること　問四 (例) 罪を犯す可能性があるだけで実際に罪を犯したわけではないのに，未来の犯罪者予備軍として世間に認知されるから。　問五 ウ　問六 ア・エ　問七 イ

二 問一 イ　問二 ア　問三 (例) 日本人のことをはっきりと否定するような人間。
問四 エ　問五 (例) 都会の活動を目の当たりにして，その変化の激しさに驚き，それまでに学問によって身につけてきた自信が揺らいでしまったから。　問六 イ
問七 三四郎が東　問八 夏目漱石

三 問一 イ　問二 エ　問三 (例) スポーツの試合は再現が不可能だからである。将棋は瞬間の判断でも思考の結果なので再現できるが，スポーツは思考を超えた瞬間的な肉体の反応も多く，試合直後対戦相手に説明するのは難しい。だから私はスポーツ界への感想戦導入に反対する。なぜなら，自分でもわからないことを振り返って説明するのは非効率的だからだ。その分試合後に映像を見直し，自分の行動の意味，相手の意図を徹底的に分析すれば，感想戦に勝るとも劣らない高みを目指すきっかけとなるはずである。

四 1 貯蔵　2 貢献　3 衝動　4 喚起　5 襟　6 唱　7 拒　8 すいじ
9 くわだ　10 さえぎ

○推定配点○

一 問四 9点　他 各3点×7　二 問三・問五 各8点×2　他 各3点×6
三 問一・問二 各3点×2　問三 10点　四 各2点×10　計100点

＜国語解説＞

一 (論説文―内容理解，空欄補充，指示語，助動詞，要旨)

問一 「機械学習」とは，――線①のあとにあるように，「機械が学習することによって，精度を上げていく」ものである。それ以前の，学習しない機械は自ら精度を上げる作業をしないため，イのような状態になると考えられる。

問二 「Ａがある学習」と「そうでない学習」について，続く部分で「前者」「後者」として説明がなされている。「後者」の説明の最初の文に「お手本のデータ」という言葉が見つかる。

問三 ――②は直前の段落の「後者」つまり〝お手本のデータがない機械学習〟のやり方を指している。

やや難 問四 直後の「導き出された結果は，あくまでも予想である」という内容をふまえ，そのあとの段落も参考にして解答をまとめる。

基本 問五 ウは過去，それ以外は存続。

重要 問六 ――線④を含む段落の内容がエに，直前の段落の内容がアに合致している。

問七 この文章では，「例えば，ゲームAIでは……」「例えば外国人と聞いてあなたは……」のように具体例を交えつつ，機械学習の方法や問題点について説明している。

二 (小説―品詞識別，内容理解，心情理解，表現理解，文章の構成，主題)

問一 イは副詞「些とも」の一部。その他は，格助詞「と」＋副助詞「も」である。

問二 「男」が実際に大学と縁がない，という内容は文章中からは読み取れないので，アは適切でない。

問三 「男」は日本という国について，「一等国になっても駄目」だと言い，唯一自慢できる富士山

についても,「我々が拵えたものじゃない」と悪く言っている。

重要 問四 「日本より頭の中の方が広いでしょう」という「男」の言葉を聞いて,三四郎は「熊本に居た時の自分は非常に卑怯であったと思った」とある。三四郎は,他人にとらわれず自分の視野で世界を見ることの重要性に気づいたのである。

やや難 問五 直前の段落に書かれている,東京という都会の変化の激しさの描写と,――線④の直前の「三四郎は全く驚いた。……今までの学問はこの驚きを予防する上に於て,売薬程の効能もなかった。三四郎の自信はこの驚きと共に四割方滅却した」という内容に注目。

問六 直後の「自分がもし現実世界と接触しているならば,今のところ母より外にないのだろう」とあることをふまえて,正しい選択肢を選ぶ。

問七 三四郎が列車で乗り合わせた「男」に関する場面と,三四郎が東京に着いて一人になった場面に分けることができる。

基本 問八 夏目漱石(1867～1916年)は英文学者・小説家。

三 (論説文―内容理解,作文)

問一 直後に「敗者は悔しさをぐっとこらえ,失敗からの学びを次につなげようとする」とあることに注目。

問二 ――線②の直前の二つの文の内容が,エに合致する。

重要 問三 自分の経験や見聞をもとにして,「将棋」と「スポーツ」の違いを考え,それを根拠にして文章をまとめるとよい。

四 (漢字の読み書き)

1 たくわえておくこと。 2 力を尽くすこと。 3 人を行動におもむかせる心の動き。 4 呼び起こすこと。 5 「襟」の部首は「ころもへん」である。 6 「唱える」は,人に先立って主張すること。 7 「拒む」は,応じないこと。 8 食物を煮たきすること。 9 計画すること。 10 間を隔てて見えなくすること。

★ワンポイントアドバイス★

説明的文章と文学的文章は,選択式の問題に細かい読み取りを必要とし,25～60字の記述問題を含む。他に,180字以上の作文が出題されており,文章を時間内で簡潔にまとめる力が求められる。ふだんからの読書が大切である。

MEMO

大切なことはメモしておこうネ！

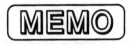

2023年度

★★★★★★★★★★★★★★★★★★★★★★★★

入　試　問　題

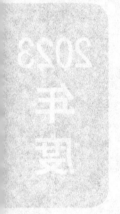

2023年度

芝浦工業大学附属高等学校入試問題（推薦）

【数　学】（60分）　＜満点：100点＞

【注意】　1．定規，コンパスを使用しても構いませんが，分度器を使用してはいけません。
　　　　　2．円周率が必要な場合は，すべてπで計算してください。

1　次の問いに答えなさい。

(1)　$\frac{x+5y}{3}-\frac{x-2y}{4}+\frac{1}{12}y$ を計算しなさい。

(2)　$2(x^2-4)+(x+1)(x+2)$ を因数分解しなさい。

(3)　$a=\sqrt{5}+\sqrt{3}$，$b=\sqrt{5}-\sqrt{3}$のとき，$\frac{2}{a^2+b^2-2ab}$ の値を求めなさい。

(4)　3780にできるだけ小さい自然数aをかけて，ある自然数の2乗にしたい。aの値を求めなさい。

(5)　連立方程式 $\begin{cases} 3x+7y=-5 \\ -2x+6y=-2 \end{cases}$ を解きなさい。

(6)　関数$y=3x^2$と関数$y=4x-1$のグラフの交点のx座標を求めなさい。

(7)　関数$y=-3x^2$において，xの変域が$-1 \leqq x \leqq 2$のとき，yの変域を求めなさい。

(8)　1，2，3，4の4枚のカードがある。この4枚のカードから3枚を選び，1列に並べて3けたの整数つくるとき，その数が奇数となる確率を求めなさい。

(9)　図において，点Gが△ABCの重心であるとき，△ABCの面積は，△DEGの面積の何倍ですか。

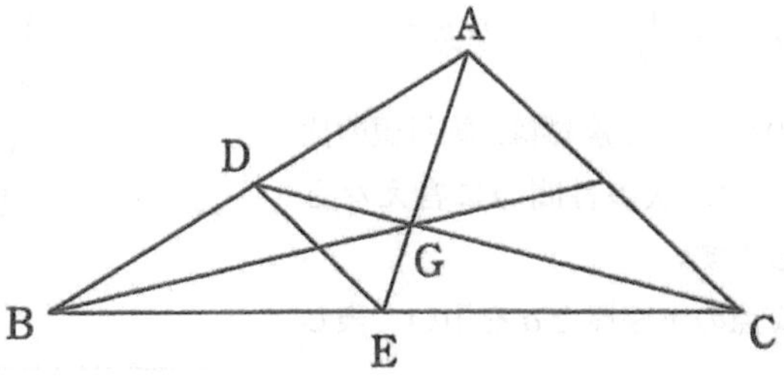

(10)　右の図で，A，B，Cは円O上の点で，DはACとBOの交点である。∠ABD＝66°，∠ADO＝121°のとき，∠OCDの大きさは何度ですか。

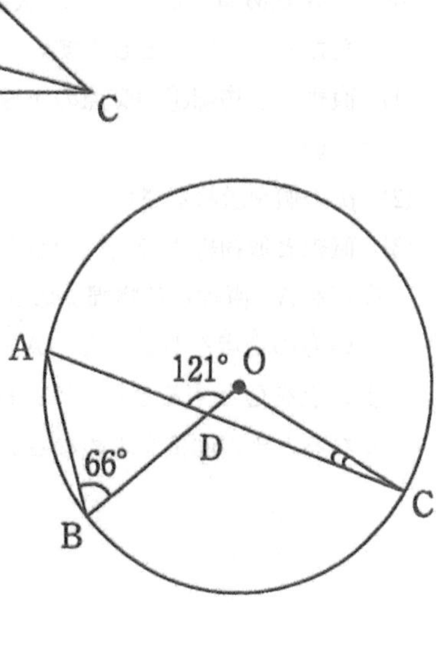

⑾　右の図は，ある中学校の３年生60人の体重を調べてつくったヒストグラムである。50kg以上の生徒は全体の何％ですか。ヒストグラムの各階級の区間は左側の数値を含み，右側の数値を含まない。

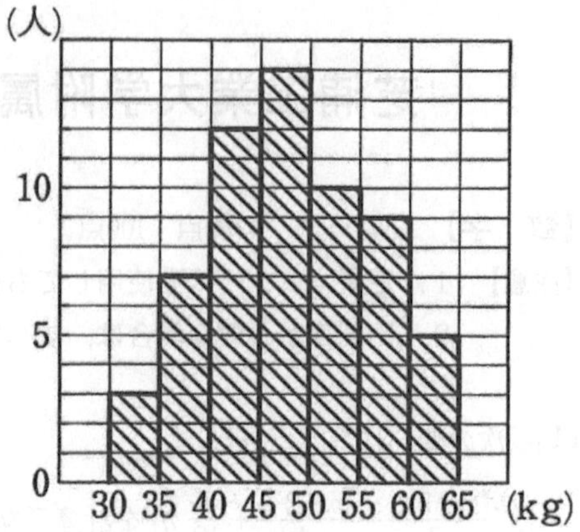

⑿　右の図は，１辺が６㎝の立方体ABCD－EFGHである。Ｊが辺BCの中点であるとき，Ａ，Ｅ，Ｇ，Ｃ，Ｊを頂点とする立体の体積を求めなさい。

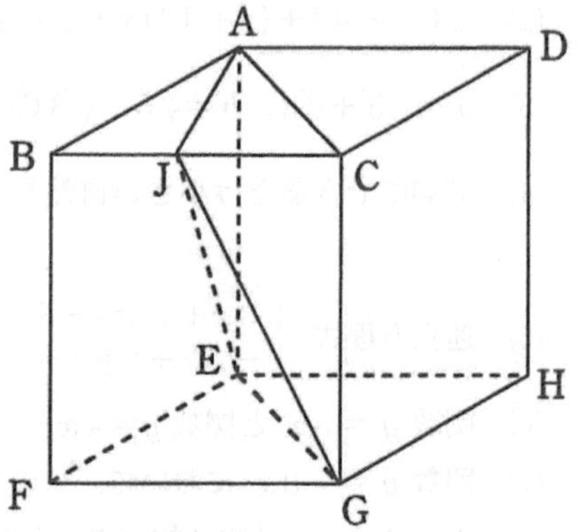

2　右の図のように，直線 $y=2x+3$ と放物線 $y=ax^2$…①，$y=-\dfrac{1}{4a}x^2$…②がある。

直線と放物線①の２つの交点の x 座標は，絶対値の比が１：３である。このとき，次の各問いに答えなさい。ただし，$a>0$ とします。

⑴　直線と放物線①の交点の x 座標を a を用いて表しなさい。

⑵　a の値を求めなさい。

⑶　直線と放物線①の交点のうち x 座標が大きい方の交点をＡ，直線と放物線②の交点のうち x 座標が小さい方の交点をＢとする。ABを直径とする円の周上の点をＣとするとき，△ABCの面積が最も大きくなるときの面積を求めなさい。

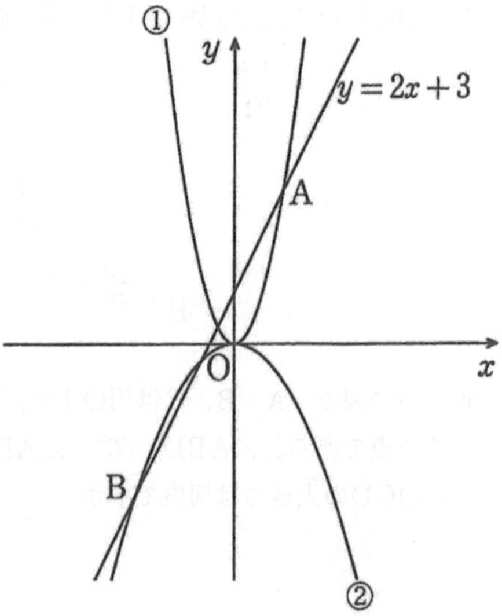

3　右の図において，$a^2 + b^2 = c^2$ が成り立つことを示しなさい。

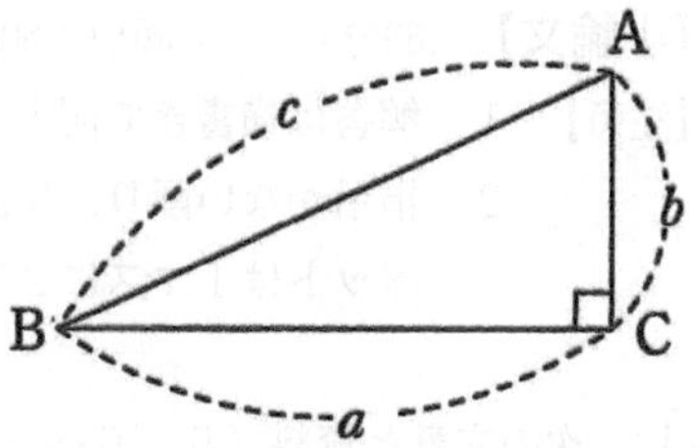

【小論文】（60分）　＜満点：50点＞

【注意】 1　解答は横書きで記入してください。

2　指示がない限り，句読点や記号などは１字として数えます。また，算用数字やアルファベットは１マスに２字入れても構いません。例 | 20 | 22 | 年 | on | ly |

1　次の文章と資料（５・６ページ）を読んで，後の問いに答えなさい。

個々のレベルでは正しいと思われる行動が全体として想定外の不都合な事態を引き起こす現象を，経済用語で「①合成の※誤謬《ごびゅう》」という。景気低迷時に企業が一斉に合理化を加速させた結果，経済全体が悪くなるような例が典型だ。

地球温暖化対策を巡って懸念される「②グリーンフレーション」もこの類いか。脱炭素化の取り組みを表す「グリーン」と，物価上昇を示す「インフレーション」を合わせた造語だ。

各国は二酸化炭素（CO_2）を多く排出する石炭火力発電を減らしている。一方，新型コロナウイルス禍からの経済回復により電力需要は急増した。

天候に発電量が左右される太陽光や風力など再生可能エネルギーだけでは賄い切れない。多くの国がCO_2排出量の少ない天然ガスの調達に殺到した結果，価格が跳ね上がった。その余波で原油や石炭も高騰した。

投資家は化石燃料開発への資金提供を敬遠しており，ガスなどの生産は容易に増えそうにない。電気は誰にとっても不可欠なライフラインだ。グリーンフレーションが拡大・長期化すれば，生活や企業活動に深刻な打撃を及ぼすだけに看過できない。

昨年11月の国連気候変動枠組み条約第26回締約国会議（COP26）では，産業革命前からの気温上昇を1.5度に抑える目標が共有された。今年は脱炭素社会に移行する道筋をどう描くかが課題となる。③エネルギー危機という「合成の誤謬」を起こさないように，国や企業，消費者がこぞって知恵を絞る必要がある。

出典：毎日新聞「余録」2022/1/4　東京朝刊

※誤謬－まちがえること。まちがい。

問１　――線①「合成の誤謬」とありますが，――線②「グリーンフレーション」ではどのような「合成の誤謬」が起きていると筆者は考えていますか。100字程度で説明しなさい。

問２　資料１～４から読み取れることとして適切なものを次の中からすべて選び，記号で答えなさい。

ア　国土の大きさに比例して一次エネルギー消費量が大きくなっている。

イ　日本では年間発電電力量に占める新エネルギーの割合が増加しているが，2015年以降原子力発電の割合も増加している。

ウ　企業や事業所，運輸，家庭の最終エネルギー消費量の2005～2020年における減少の割合はほぼ同じである。

エ　2030年には，太陽光発電のほうが石油火力発電よりも発電コストが大きく下回っていると予想される。

問３　――線③「エネルギー危機～必要がある」とありますが，脱炭素社会に移行するなか「合成の誤謬」を起こさないために日本はどうすればよいとあなたは考えますか。提示されている資料を踏まえて600字以上，800字以内で論じなさい。ただし，対策を複数挙げるのではなく，１つに絞って論じること。

資料１　主要国の一次エネルギー構成

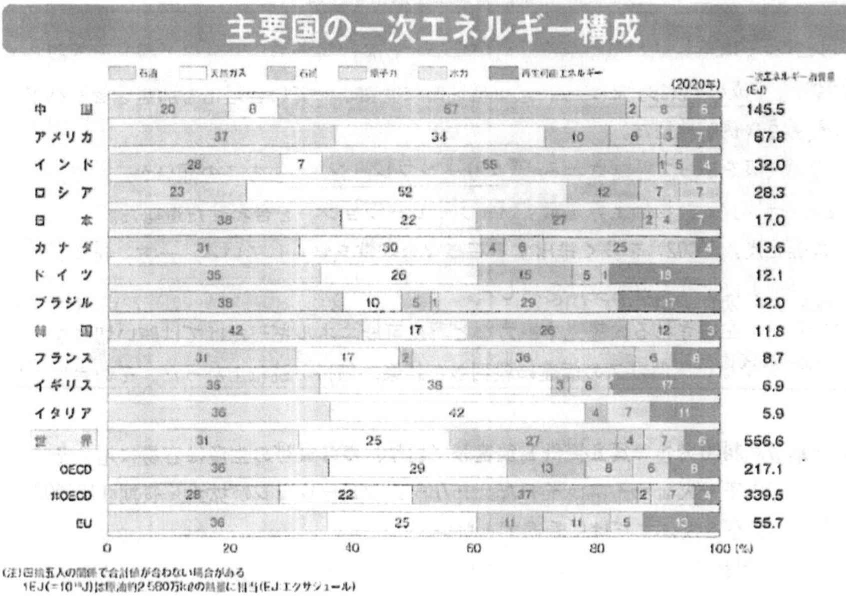

出典：エネ百科「【1-1-8】 主要国の一次エネルギー構成」(https://www.ene100.jp/zumen/1-1-8)

※「一次エネルギー」とは、自然界から得られた変換加工しないエネルギーのこと。一次エネルギーを変換加工して作られた電気や灯油、都市ガスなどを二次エネルギーという。

資料２　日本の電源別発受電電力量の推移

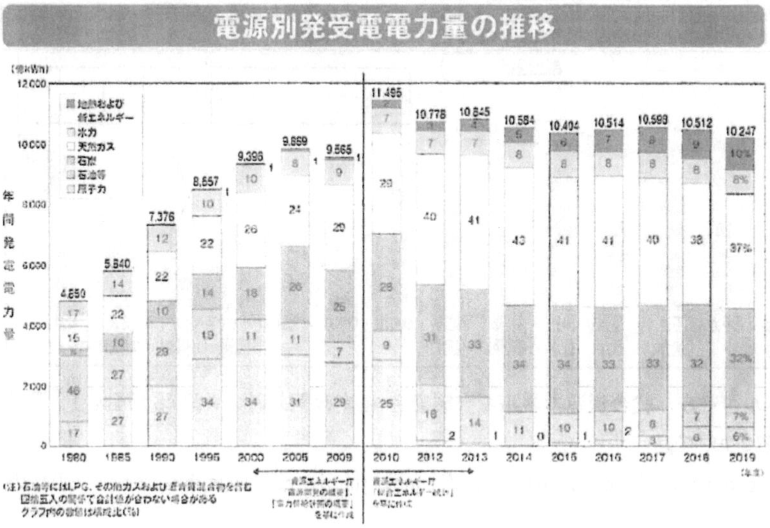

出典：エネ百科「【1-2-7】 電源別発受電電力量の推移」(https://www.ene100.jp/zumen/1-2-7)

資料３　日本の部門別最終エネルギー消費

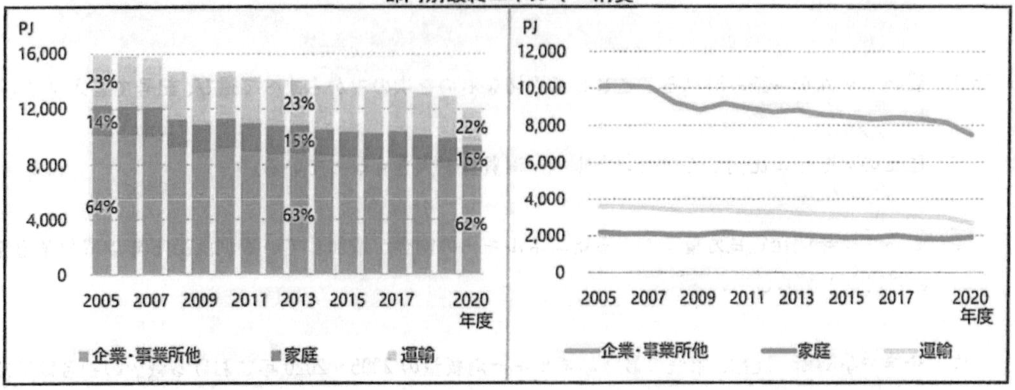

出典：経済産業省「2020 年度エネルギー需給実績（速報）参考資料」

（https://www.meti.go.jp/press/2021/11/20211126002/20211126002-1.pdf）

資料４　2030 年の日本の電源別発電コスト試算の結果

電源	石炭火力	LNG火力	原子力	石油火力	陸上風力	洋上風力	太陽光(事業用)	太陽光(住宅)	小水力	中水力	地熱	バイオマス(混焼、5%)	バイオマス(専焼)	ガスコジェネ	石油コジェネ
発電コスト(円/kWh) ※( )は政策経費なしの値	13.6～22.4 (13.5～22.3)	10.7～14.3 (10.6～14.2)	11.7～ (10.2～)	24.9～27.5 (24.8～27.5)	9.9～17.2 (8.3～13.6)	26.1 (18.2)	8.2～11.8 (7.8～11.1)	8.7～14.9 (8.5～14.6)	25.3 (22.0)	10.9 (8.7)	17.4 (10.9)	14.1～22.6 (13.7～22.2)	29.8 (28.1)	9.5～10.8 (9.4～10.8)	21.5～25.6 (21.5～25.6)
設備利用率 稼働年数	70% 40年	70% 40年	70% 40年	30% 40年	25.4% 25年	33.2% 25年	17.2% 25年	13.8% 25年	60% 40年	60% 40年	83% 40年	70% 40年	87% 40年	72.3% 30年	36% 30年

(注1) 表の値は、今回検証で扱った複数の試算値のうち、上限と下限を表示。将来の燃料価格、CO2対策費、太陽光・風力の導入拡大に伴う機器価格低下などをどう見込むかにより、幅を持った試算としている。例えば、太陽光の場合「2030年に、太陽光パネルの世界の価格水準が著しく低下し、かつ、太陽光パネルの国内価格が世界水準に追いつくほど急激に低下するケース」や「太陽光パネルが劣化して発電量が下がるケース」といった野心的な前提を置いた試算値を含む。
(注2) グラフの値は、IEA「World Energy Outlook 2020」(WEO2020) の公表済政策シナリオの値を表示。コジェネは、CIF価格で計算したコスト。

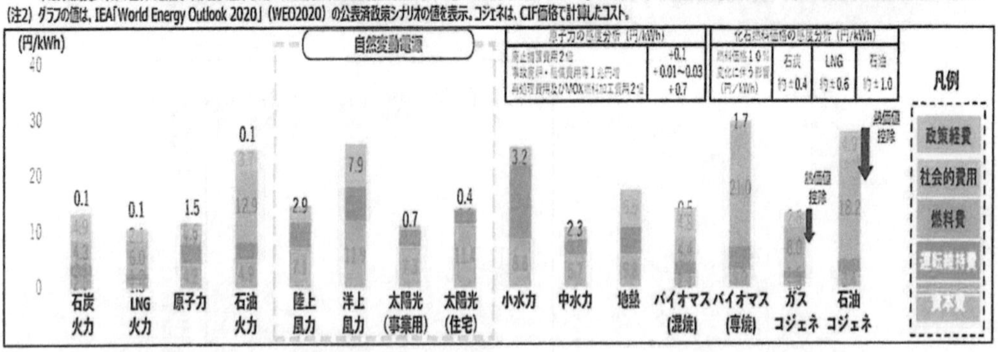

出典：資源エネルギー庁　総合資源エネルギー調査会 基本政策分科会（第 48 回会合）「資料１『発電コスト検証について』」

（https://www.enecho.meti.go.jp/committee/council/basic_policy_subcommittee/2021/048/048_004.pdf）

2023年度

芝浦工業大学附属高等学校入試問題（一般）

【数学】基礎　(30分)　　＜満点：100点＞

【注意】　1．定規，コンパスを使用しても構いませんが，分度器を使用してはいけません。
　　　　　2．円周率が必要な場合は，すべてπで計算してください。

1　$a-\dfrac{a-3b}{2}-\dfrac{2(a+3b)}{5}$ を計算しなさい。

2　$(x^2-9)^2-8x(x^2-9)$ を因数分解しなさい。

3　$a=6$，$b=-\dfrac{1}{3}$のとき，$(a+b)^2-(a-b)^2$ の値を求めなさい。

4　連続する２つの自然数の積が156であるとき，２つの自然数のうち小さい方の数を求めなさい。

5　２直線 $y=-\dfrac{2}{3}x+5$ と $y=x-1$ と y 軸によって囲まれた部分の面積を求めなさい。

6　関数 $y=x^2$について，x の変域が$-2\leqq x\leqq a$のとき，y の変域が$0\leqq y\leqq 2a+3$となるような定数 a の値をすべて求めなさい。

7　原点をOとする。放物線 $y=-\dfrac{1}{3}x^2$と直線ℓの交点をA，Bとし，直線ℓとx軸の交点をCとする。点A，Bのx座標がそれぞれ-6，３であるとき，△OACの面積を求めなさい。

8　大小２個のさいころを同時に投げるとき，出た目が連続する２つの整数となる確率を求めなさい。

9　右の図において，$\angle x$ の大きさを求めなさい。
　ただし，直線ℓ，m は平行で，五角形ABCDEは正五角形とする。

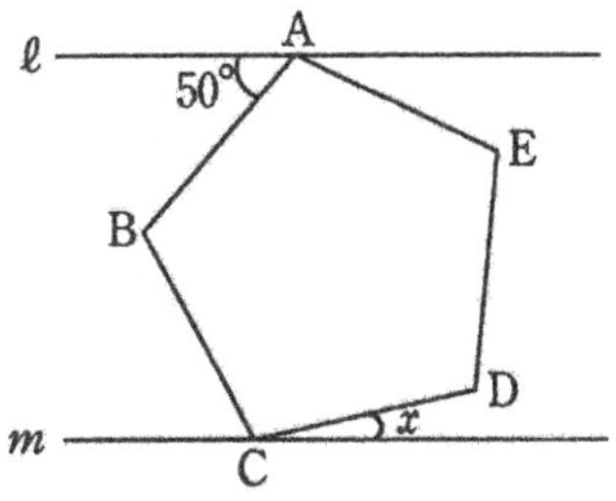

10　右の図のように，平行四辺形ABCDがあり，辺ADを１：２にわける点Eがある。線分ACと線分BEの交点をＦとするとき，点Ｆから辺ＡＤに平行な線を引き，辺ＣＤとの交点をＧとする。BC＝10㎝のとき，線分FGの長さを求めなさい。

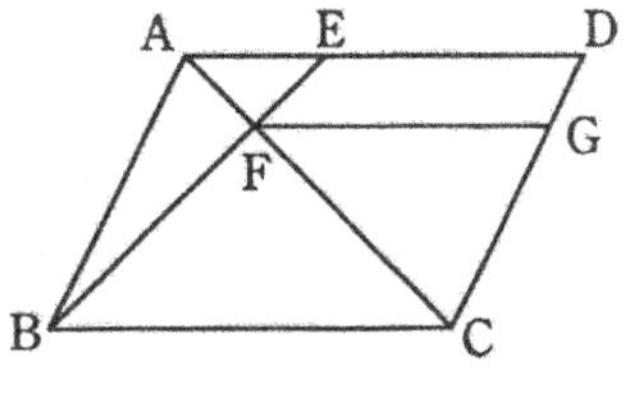

11 右の図のように，立方体の形をした容器ABCD－EFGHが面EFGHを底面として水平なテーブルの上に置いてある。容器には体積の半分の水が入っている。この容器を面AEFBが底面となるように倒した後に，辺BFだけがテーブルと接するように容器を45°傾ける。このとき，水が容器に触れている部分を解答用紙の立方体の展開図に斜線で示しなさい。ただし，容器を傾けても水はこぼれないものとし，容器の厚みは考えないものとする。

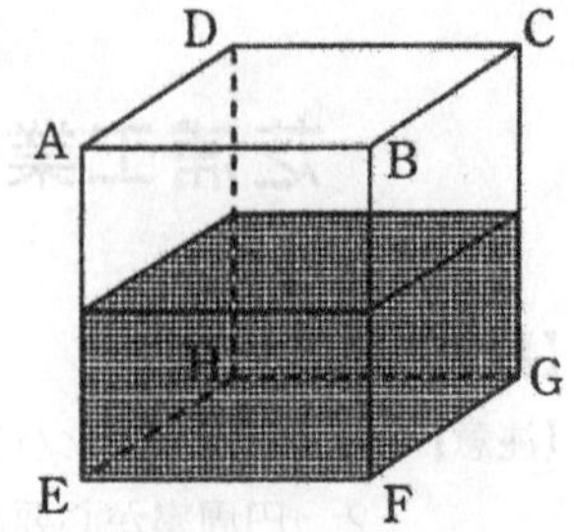

12 右の図形を，直線 ℓ を軸として１回転させてできる立体の体積を求めなさい。

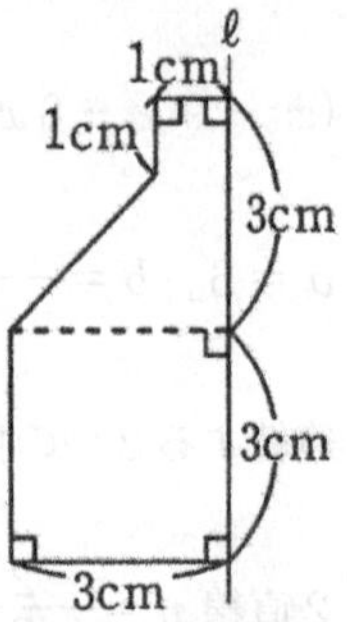

13 右の表は，ある中学校のバスケットボール部員30人の身長をまとめた度数分布表である。身長が170cm以上の部員は全体の何％か求めなさい。

身長(cm)	度数(人)
155 以上 160 未満	3
160 ～ 165	10
165 ～ 170	8
170 ～ 175	6
175 ～ 180	2
180 ～ 185	1
計	30

【数学】応用　（50分）　＜満点：100点＞

1　原点をOとする座標平面上に放物線 $y=\frac{1}{2}x^2$ がある。放物線上の２点P，Rの座標をそれぞれ P $\left(p,\ \frac{1}{2}p^2\right)$，R $\left(-1,\ \frac{1}{2}\right)$ とする。また，y 軸上に点Q（０，３）をとる。点Pが放物線上を動くとき，次の各問いに答えなさい。ただし，$p>0$ とする。

(1)　∠POQ＝∠PQOのとき，点Pの座標を求めなさい。

(2)　△PQRの面積が，四角形OPQRの面積の $\frac{1}{2}$ のとき，点Pの座標を求めなさい。

(3)　四角形OPQRが台形になるとき，点Pの座標をすべて求めなさい。

2　右の図のように，直角三角形ABCと，そのすべての辺に接する半径 r の円Oがある。△ABCの面積をSとして次の各問いに答えなさい。

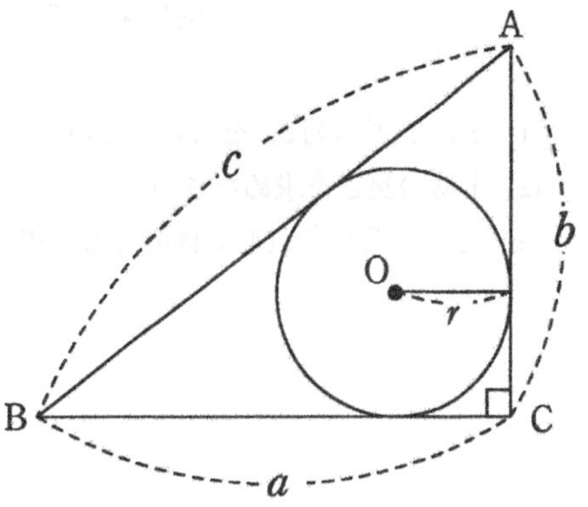

(1)　△ABCの面積Sについて，次の①，②に答えなさい。

①Sを a，b すべてを用いた式で表しなさい。

②Sを r，a，b，c すべてを用いた式で表しなさい。

(2)　c を a，b，r すべてを用いた式で表しなさい。

(3)　(1)，(2)を用いて，三平方の定理 $a^2+b^2=c^2$ を導きなさい。

3　下の図のように，直方体ABCD－EFGHがある。辺AD上を点P，辺AB上を点Q，辺AE上を点Rが頂点Aを同時に出発し，それぞれ一往復だけ動く。３点P，Q，Rの動く速さはそれぞれ，毎秒１cm，毎秒２cm，毎秒 $\frac{1}{2}$ cmである。このとき，３点が動いた時間を t 秒，三角すいR－APQの体積を V とし，次の各問いに答えなさい。

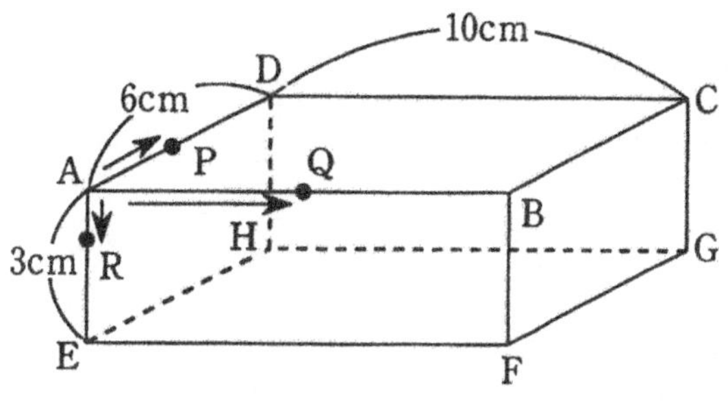

(1)　$0\leqq t\leqq 5$ のとき，Vを t の式で表しなさい。

(2)　$6<t\leqq 10$ のとき，Vを t の式で表しなさい。

(3)　$t=9$ のとき，Vと直方体ABCD－EFGHの体積の比をもっとも簡単な整数で表しなさい。

4　下の図のように，一辺の長さが12㎝の立方体ABCD－EFGHを５つの点A，Ｉ，L，M，Jを通る平面で切断した。AIとEFをそれぞれ延長して交わる点をK，AJとEHをそれぞれ延長して交わる点をNとすると，４点K，L，M，Nは一直線上にある。このとき，次の各問いに答えなさい。

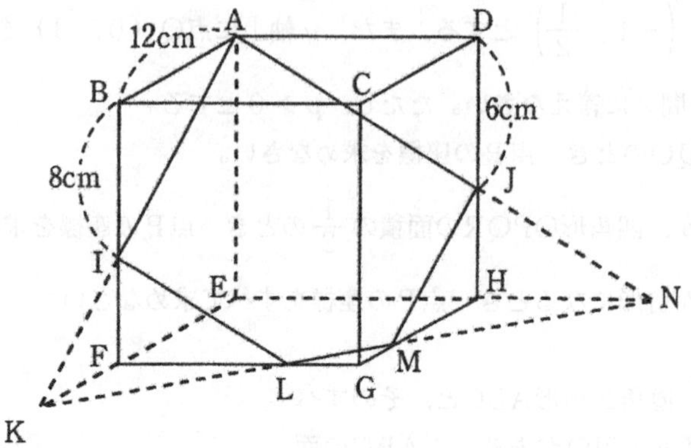

⑴　FKとHNの長さを求めなさい。

⑵　LMの長さを求めなさい。

⑶　２つに分けられた立体のうち，点Ｅを含む立体の体積を求めなさい。

【英　語】（60分）　＜満点：100点＞

※リスニングテストの音声は学校HPにアクセスの上，
音声データをダウンロードしてご利用ください。

1　放送を聴き，絵の内容に合う英文を選び，記号（Ａ～Ｄ）で答えなさい。英文は印刷されていません。英文は１度放送されます。

1.

2.

3.

4.

5.

2　No.1 から No.5 の対話文を聴き，最後の応答として最も適当なものを選び，記号（Ａ～Ｃ）で答えなさい。英文は印刷されていません。英文は１度放送されます。

3　No.1 から No.3 の英文を聴き，その内容に関する質問の答えとして最も適当なものを選び，記号（Ａ～Ｄ）で答えなさい。英文は２度放送されます。

1．On which floor is Ms. Sato going to see her son?
(A) The Entrance Floor.
(B) The Fourth Floor.
(C) The Toy Department Floor.
(D) The Children's Clothes Department Floor.

2．What will be the highest temperature of the day in Tokyo tomorrow?
(A) 30 degrees　(B) 34 degrees　(C) 36 degrees　(D) 38 degrees

3．What can you do in the Cineplex after the movie has started?
(A) Talk to each other during the show.
(B) Use your cell phone in the Cineplex.
(C) Give advance tickets to other people.
(D) Enjoy food and drinks on sale from the refreshment stand.

4 次の英文を読み，その内容に関する質問の答えとして最も適当なものを選び，記号（A～D）で答えなさい。

English as a Global Language

⇦ ⇨ ↻ ⌂ https://www.sittimes.com/story/news/opinion/english...

THE SIT TIMES -OPINION-

English as a Global Language

Monday, January 30, 2023

Do you think English is a global language? I'm sure some of you agree with this. According to *English as a Global Language*, written by Dr. David Crystal, there are some factors that make a language achieve the status of a global language, and it is necessary to have all of these factors. They are categorized into four groups: economics, mass media, education, and technology. The English language meets all the standards in these groups and has become a global language.

English affects the economy positively. Some companies in Japan have introduced English as an official language because they need to use English when they do business. Research shows that English is necessary in around 40% of world trade settings. Therefore, English is already a powerful tool in economic fields, and companies can do business easily. If staff members cannot speak English, they must hire a professional to translate for them. It costs a lot of money and takes time.

English is also useful in the fields of science and education. More than two-thirds of scientists write academic papers in English because most international academic journals, a form of scientific media, only accept papers written in English. University students also need English as an educational tool to learn the latest research and write essays or term papers. Moreover, students who can use English have a big advantage in research. They can write their papers soon after they find something new. On the other hand, if students are not good at English, they may lose chances to study their fields. The only way for them to get information is to wait until someone translates the latest research papers into their own languages.

English also plays an important role on the internet. Around 80% of the world's computer data on the internet is created in English. As many as 75% of emails worldwide are written in English. Microsoft, one of the biggest IT companies, is based in an English-speaking country. Therefore, the information on how its software works is written in English. If we cannot read English, we can only access a small amount of information on limited websites. Therefore, English is an important tool for us to learn new ideas and ways of thinking in a technological society.

English is already a global language and a powerful tool in many fields. Therefore, learning English is necessary. However, some people may feel pressured to study English and have difficulties improving their skills. One of the best ways to solve these problems is to know why we need English and the importance of learning English, as we can never try hard without any reason. Of course, we learn English because it is useful in real-life situations, but most importantly, we should recognize English as a fantastic tool to see things from different points of view.

1. According to Dr. David Crystal, what has made English become a global language?
(A) The fact that English has been mainly used in business.
(B) The fact that English has been mostly used in scientific fields.
(C) The fact that English has been used online globally by researchers.
(D) The fact that English has been used in several fields.

2. Why is English necessary for some businesses in Japan?
(A) Some companies need English when they buy and sell internationally.
(B) Some companies want to make American customers happy.
(C) Some companies can domestically advertise on the internet.
(D) Workers feel more comfortable speaking English for business than Japanese.

3. According to the article, why is it important for university students to improve their English skills?
(A) They can access the latest research.
(B) They can write articles for their school newspaper.
(C) They can study abroad and write their academic papers there.
(D) They have to translate academic papers into English.

4. According to the fourth paragraph, why is English useful on the internet?
(A) We can write about how to use Microsoft's software for business purposes.
(B) We cannot access enough information without English.
(C) Online data is created only in English.
(D) English is a simple language we can easily understand.

5．According to the last paragraph, which of the following is true about the author's view on learning English?
(A) All of us will face difficulties in various situations if we can't speak English.
(B) Having opportunities to think differently is the most important part of learning English.
(C) English learning can change our way of communicating with people who have similar points of view.
(D) We should recognize that we can never communicate with others without English speaking skills.

5 次の社会科の課題（Assignment）と生徒のレポートを読み，その内容に関して，最も適当な解答を選び，記号（A～D）で答えなさい。

Assignment: Deforestation

For many years, deforestation has been one of the biggest environmental problems and is expected to impact our planet more seriously in the future. However, we humans keep deforesting because we need wood for many purposes. Unfortunately, forest areas in the world have been reduced by 4.2 percent, about 4.7 times the size of Japan, between 1990 and 2020.

1．How does deforestation cause problems?

Global warming

Deforestation is one of the causes of global warming. The earth is getting warmer because heat is trapped in the atmosphere by greenhouse gases, including carbon dioxide. Trees and plants in the forests play a significant role in absorbing carbon dioxide. This process prevents the earth from getting warmer.

Wildfires

Global warming also causes wildfires in the mountains. Once a wildfire happens, we will lose a lot of trees, and as a result, we will face more serious global warming. Therefore, we need to stop this harmful cycle.

Habitats and food

Many species face extinction* crises as they lose places to live and cannot find food due to deforestation. According to the Red List*, about 14,000 species in forests are actually in danger of extinction*. One more concern is pandemics. Animals and other species search for food near people's houses because of deforestation. Some of them sometimes bring viruses to humans and cause pandemics.

2．Why do humans cut down trees?

People need more wood because of human population growth. The world's population reached 8.0 billion in November 2022, and the United Nations says the number will reach 10 billion in 2060. So, as the number increases, more wood is needed for building houses, etc. Unfortunately, due to the high demand, people in Asian and African countries illegally cut down trees and sell them to developed countries at low prices.

The popularity of oil from palm trees is also one of the causes of deforestation. Makers want to use palm oil to produce things such as cosmetics and food because it is cheap and easy to use. However, this causes a lot of trouble. One example is elephants and orangutans* living on the island of Borneo. They have lost their habitats as the rainforests on the island have been changed into palm oil farms.

Assignment

In this assignment, you will be asked to search for information about companies or organizations that have problem-solving technologies. You also need to write your own ideas about how to make the situations better.

Deadline

The due date is February 10, 2023.

*extinction 絶滅　the Red List 絶滅の恐れがある野生生物のリスト　orangutans オランウータン

For the deforestation-free future

Name: Saori Tanaka
Date: February 7

In this report, I will introduce two companies that are trying to solve the problems of deforestation.

Monitoring System

HITACHI invented a high-quality monitoring system to protect rainforests from illegal logging*. When a person or a truck comes into a forest, the animals and insects make slightly different sounds from the usual ones. The system catches the sound difference by using AI. With this technology, local police officers can find people who are illegally cutting down trees.

Planting trees with drones

Protecting trees from illegal logging* is not enough to solve the issue of global warming.

Planting new trees is also an important action. BioCarbon Engineering, founded by Lauren Fletcher, a former engineer of NASA, has started an advanced drone-planting system. Staff members from BioCarbon Engineering use six AI drones at the same time when planting seeds of trees on the land. The number of tree seeds the drones can plant a day is one hundred thousand. Therefore, we can save more time and money by using the drones compared to planting tree seeds with human hands.

What I have learned from this assignment

I learned from this assignment that people, especially those who live in Japan, don't feel deforestation is an issue. They think global warming is a big problem, but they don't believe deforestation is serious. This is probably because deforestation mainly occurs in other countries, and Japan still has a lot of forests.

I'm impressed with HITACHI's attitude toward working on the issue. I believe it is important to think about how to solve global issues and act for our bright future.

*illegal logging　違法伐採

1．According to the assignment, what is NOT included in the problems of deforestation?

(A) People may catch a disease from animals.
(B) Humans will bring viruses to animals.
(C) Many kinds of wildlife may disappear.
(D) The earth is getting warmer.

2．What is true about the section, "2. Why do humans cut down trees?", written on the assignment sheet?

(A) The United Nations is concerned about the increase in palm oil production due to population growth.
(B) On the island of Borneo, farmers keep elephants and orangutans to carry palm trees.
(C) The demand for palm oil is low, though we can buy the oil at low prices.
(D) In Africa, people cut down trees illegally to make money.

3．According to Ms. Tanaka's report, how does HITACHI's technology protect forests?

(A) By finding animals that are harmful to forests.
(B) By analyzing the sound that living things make.
(C) By learning how much rainwater that trees need for growing.
(D) By warning people who are illegally planting trees in forests.

4．According to Ms. Tanaka's report, what is NOT included in the advantages of BioCarbon Engineering's technology?

(A) Workers can save time by using its technology.

(B) Workers can reduce costs by using its technology.

(C) Workers can protect their farms from illegal logging with its technology.

(D) The AI system includes drones that can plant seeds.

5．Ms. Tanaka's teacher may think her report is not acceptable because ________

(A) her report focuses on only Japanese companies.

(B) her report doesn't have enough words.

(C) her report doesn't include her own ideas to solve deforestation issues.

(D) she submitted her report three days after the due date.

6 これらの絵は現在行われていることを示している。それぞれ一文で絵の内容について書きなさい。

1.

2.

3.

7 以下の問いについて，英文で書きなさい。3．は主張とその理由を1つ，4．は主張とその理由を2つ述べなさい。

1．What do you usually do after school?

2．What are you good at?

3．Where would you like to live, in the city or the countryside?　Why?

4．Which do you think is better for you, studying alone or in a group?　Why?

ASIMOのような2足歩行ロボットが人々の生活に溶け込むのは、さらに20年後になるのかもしれない。その時、果たしてロボットはどのような姿で私たちの前に現れるのだろうか。

（日経ものづくり／日経クロステック　斉藤壮司）

［日経クロステック2022年4月18日付の記事を再構成］

問一　本文に書かれていることとして適切なものを次の中から一つ選び、記号で答えなさい。

ア　今後「ASIMO」に、開発や研究のために人間の手が加わることはない。

イ　現在、人々の生活を支えるため、汎用的なロボットが日常生活で活躍している。

ウ　二十年後には特定の機能に特化したロボットは、日常生活から姿を消す。

エ　現在のロボットは、想像されていたものとは異なる方向へ進化している。

問二　――線「日常生活に溶け込んで人を支える汎用的なロボット」とありますが、それはどのようなロボットであると考えられますか。あなたの考えを書きなさい。ただし、次の条件に従うこと。

A　二十年後の社会を想像して書くこと。

B　そのロボットがどのように活用されるのかを書くこと。

C　開発されたそのロボットの具体的な機能を書くこと。

D　一八〇字以上、二二〇字以内で書くこと。ただし、出だしの一マスは空けないで書くこと。

四　――線のカタカナを漢字に直し、漢字は読みをひらがなで答えなさい。

1　時代背景をトウエイした良い作品だ。

2　彼は逆らうものにはヨウシャしない。

3　被害者の気持ちにハイリョする。

4　ジュウナン体操をしてけがを防止しよう。

5　乾燥して木材がソった。

6　彼の描いている新作の絵画はホドなく仕上がるそうだ。

7　子どもたちがシタっているのは彼女だ。

8　両者の意見を折衷したような考え方だ。

9　教育旅行は僅か四日間だ。

10　運動の後に流れる汗を拭っている。

問六　――線④「この顔と、あのときの顔と、繋がってる」の説明として適切なものを次の中から一つ選び、記号で答えなさい。

ア　高一のときも中三のときも、ひどい顔をして大泣きしているということ。

イ　嬉し涙と悔し涙の違いはあるものの、どちらも同じ自分だということ。

ウ　中三のときの悔しさがあってこそ、高一で嬉しさを味わえたということ。

エ　感極まって泣いてしまうのは、中学の頃から変わっていないということ。

問七　――線⑤「さっきの写真やけど、おれがもらったらあかんか？」とありますが、高杉は何のために写真をもらおうとしているのですか。適切なものを次の中から一つ選び、記号で答えなさい。

ア　自分がしていることに必死に取り組む気持ちを持つ支えにするため。

イ　赤緒の優勝にあやかって自分も勝てるように、験担《げんかつ》ぎをするため。

ウ　好きな人の写真を持っていることで、自分を奮い立たせるため。

エ　勝利したときの写真を持つことで、自分も負けないようにするため。

三　次の文章を読んで、後の問いに答えなさい。

日本のロボットの歴史に、ひとつの幕が下ろされた。２０２２年３月末、ホンダの人型ロボット「ASIMO（アシモ）」が日本科学未来館（東京・江東）における動作デモンストレーションを終了し、同館からの「卒業」が発表されたのである。ホンダはASIMOの開発を終了していた。

（中略）

一般向けの動作デモは終了したものの、ホンダは同社の研究所内で引き続きASIMOを動かしながら、ロボティクスの関連研究に取り組むとしている。

「２０年もの長きにわたって親しまれたロボットは他に見当たらないのではないか」――。ASIMOの「卒業」について聞くと、あるロボット企業のトップはこう心境を明かした。確かに、途中で何度かの改良が加えられながらとはいえ、ここまで長く活躍した実在のロボットは、他にないかもしれない。

日本を代表するといっても過言ではない2足歩行ロボットの表舞台からの引退は、どこか物寂しさを感じさせる。

（中略）

その軽やかに歩く姿に感銘を覚え、ロボット技術者を目指した人は、少なくなかったはずだ。2足歩行ロボットが人々の日常生活を支える未来がやって来る。そんな期待を抱いた人も多かったのではないだろうか。

ところが今、ロボットはそんな当時の想像とは、異なる方向に進化しているように思える。ASIMOが活躍した２０年の間に普及したのは、日常生活に溶け込んで人を支える汎用的なロボットではなく、ロボット掃除機や警備ロボットのように、特定の機能に特化したロボットたちだ。

（中略）

「今日ありがとな、潤五」
　赤緒にしては珍しく殊勝な声が背中に聞こえた。
「別におれはなんも。功労者は寺川やろ」
　寺川がたまたま情報を得なかったら誰も知らないままはっちは一人で旅立っていた。はっちを見送ることができてよかった。赤緒とはっちの関係が断絶したままにならずに済んだことを、今は心からよかったと思う。
「はっちが一番でっかい夢持ってたんやのぉ」
「ほやな……。おれよりはっちのほうがずっと度胸あるわ」
　あの小さい身体に大きな夢と、それを叶《かな》えるエネルギーと、なににぶつかっても曲がらない信念と、勇気と……いったいどれだけのものが詰まっているのだろう。自分は自分の身体に見合うだけのものを持っているんだろうかと考えさせられる。はっちより四十センチもでかい図体《ずうたい》の中身は、開いてみたらすかすかなんじゃないだろうか。
「なあ……。⑤さっきの写真やけど、おれがもらったらあかんか？」
　前を向いてペダルを漕ぎながら、ちょっと口ごもりつつ切りだした。
「あっ人には絶対見せんし」
「人に見せんって……逆になにするんや」
　※3胡乱《うろん》げに問われて「へっ変なことに使うわけじゃねえっちゅうの」と赤面して弁解する。「はい」と、赤緒が背後から例の写真を差しだしてきた。「いいんか？」と言いつつ片手運転で赤緒の手から写真を引き抜いた。
　ぶつける先のない悔し涙を流すほどの敗北も、全身全霊でよろこばずにいられないほどの勝利も、思えば自分は今まで経験したことがなかった。もともと強い人間がそんなふうに必死になるのは恰好悪《かっこうわる》いという意識がどこかにあった。
　人に見せないのと、自分の内に抱かないのとは別の話なんだろう。もらった写真をおまもりにするつもりで、エナメルバッグのポケットの奥に差し込んだ。

（壁井ユカコ『空への助走』所収「強者の同盟」）

※1　ひっで……「とても」という意味の福井弁。
　2　見せてえん……見せてない。「えん」は「〜ない」という意味の福井弁。
　3　胡乱げ……疑わしげな様子。

問一　＝＝線ア〜エの「で」の中から、接続詞のものを一つ選び、記号で答えなさい。

問二　A 〜 C に入る語として適切なものを次の中から一つずつ選び、それぞれ記号で答えなさい。
ア　おそらく　イ　よもや　ウ　ちょうど
エ　なにより　オ　たしかに

問三　——線①「息を呑んで写真を凝視するだけの赤緒」とありますが、このときの赤緒の心情として最も適切なものを次の中から一つ選び、記号で答えなさい。
ア　苦悩　イ　消沈　ウ　不快　エ　奮起

問四　——線②「あのとき」とは、どのようなことが起きたときのことですか。五十字以内で答えなさい。

問五　——線③「胸にこみあげてくるものを感じながら」とありますが、このときの高杉の心情として適切でないものを次の中から一つ選び、記号で答えなさい。
ア　意外さ　イ　誇らしさ　ウ　感動　エ　反省

手をだらりと下げ、天に向かって雄叫《おたけ》びをあげるかのように口をいっぱいに開き、大粒の涙をぼろぼろと頬につたわせて大泣きしていた。中三の惨敗のときの写真と同じく見る影もないほど不細工な顔で、けれど今度は悔し涙ウではない涙を流していた。

「あっ、誰にも※2見せてえんよ」

①息を呑《の》んで写真を凝視するだけの赤緒にはっちが慌てたように言った。

「ほやけどわたしはこれ、いい写真やと思う。ほんとはみんなに見て欲しい……」

上目遣いに赤緒の顔色を窺いながら、怖々と、けれど頑固に②あのときと同じ主張を繰り返した。

「……ひどい顔やな」

吐き捨てるように赤緒が言った。

「ひっどい顔。最悪」

「いい写真やな」

二人の頭の上から高杉が呟くと赤緒が驚いた顔を向けてきた。はっちもはっとしたように顔をあげた。

③胸にこみあげてくるものを感じながら高杉は写真を見下ろす。知らなかった――メールエで軽くお祝いを言ったときには赤緒からも淡泊な返事が返ってきただけだったから。この写真を見なければ知ることはできなかっただろう――「こんなに、嬉《うれ》しかったんやな……」

あのとき一人きりでコートにぶつけた感情を、自分だけの胸に刻みつけ、不屈の根性で這いあがってきて、摑《つか》み取《と》った一勝だ。

「おまえが一年間向きあってきたもんが、ここに詰まってる。いい写真やと思うぞ。この写真も、中三んときの写真も……」

目を見開いてこちらを見あげている赤緒の顔をちらりと見て、照れ笑いを浮かべつつ。

「仲間として、おれが誇りに思う赤緒梓や」

赤緒が顔を伏せて再び写真に目を落とした。

「……ひっどい顔や。ただの三位やのに、あほみたいに取り乱して」

とまた吐き捨てる。しかし笑うような息を小さく漏らし、

「ほやけど、最っ高に気持ちよかったんやー……。④この顔と、あのときの顔と、繋《つな》がってるんやの……」

あの日のことを思いだして噛《か》みしめるように呟いた。

「ほんっとはっちは頑固やのぉ。さすがに梓も負けたわ。……中学んとき………ごめん」

ぽつりとした声とともに、写真を持った赤緒の指の上に、ぽつりと一つ涙が落ちた。

ずっと不安なまなざしで赤緒を見つめていたはっちが、ほっとしたようにくしゃっと表情を崩した。写真を持ったまま赤緒が両手をはっちの首にまわして抱きしめた。大きな荷物と赤緒のあいだに挟まれた小さいはっちが、泣き笑いの顔で首を振った。

（中略）

ゴールデンウィークに突入し、人口が増えたわけではないのだが普段の休日よりも駅前が賑《にぎ》やかに感じた。五月も間近になった春の空は青く澄みわたっている。授業は休みなので無精して学ランを着てこなかったが今日はワイシャツだけでも十分な暖かさだった。薫る風と、後ろに乗せた一人分の重さを感じながらペダルを漕《こ》ぐ。

た。

数枚の写真だった。

「春季ジュニアのなんやけど」

「春季ジュニアって、こないだのけ？」

高杉のほうが驚いて口を挟んだ。高杉が気にもしていなかった赤緒の試合のスケジュールをはっちはわざわざ調べて会場に足を運んでいたのか。

尋慶女子テニス部の統一感のあるユニフォームに身を包み、サンバイザーをきりりとかぶった赤緒の姿が写真の中に見えた。春先の試合だったからか、焼けてはいるが真夏よりはやや色の薄い脚が淡いクリーム色のスコートから伸びている。

「はっち、撮りに来てたの……？」

赤緒も驚いたように呟《つぶや》き、ひととき逡巡《しゅんじゅん》したものの、高杉の横にでてきて気まずそうな手つきで写真を受け取った。

「勝手に行ってもてごめんなさい……。優勝おめでとう。すごいよ。※1ひっですごいって思ったよ」

鍛えられた両脚をしっかりと開いて人工芝のコートを踏みしめ、集中した顔つきでラケットを構える姿。唇をすぼめて気を吐きながらオーバーヘッドサーブを放つ姿。構えの一つ一つ、プレーの一瞬一瞬で凜々《りり》しい表情を見せる赤緒が、どの写真にも捉えられていた。

手もとで一枚ずつ写真をめくる赤緒の顔をはっちが不安そうに窺《うかが》っている。硬かった赤緒の表情がすこしずつほぐれていき、唇に微笑が浮かぶ。

「やっぱりはっちが撮ってくれる梓が一番美人やなあ……」

なんて、半分自画自賛の呟きがその唇から漏れた。

はっちが赤緒の号泣写真を壁新聞に載せて激怒された一件以来、高杉もひさしぶりにはっちが撮った赤緒の写真を見た。高校生になってから赤緒がテニスをしている姿を見るのは初めてだったが、中学時代以上に力強さと華やかさを備えたそのプレー姿は、間違いなく女王にふさわしかった。やはり赤緒には〝一番〟が似合う。

めくった写真を眺めては一番下に送るという作業を数枚続けたところアで、赤緒がなにかに気づいて一度手をとめた。

「これ……春のと違う。新人戦や。はっち新人戦も来てたんか……？」

そこまでの写真とは［A］違う会場のようだった。［B］四月のやわらかな陽射《ひざ》しとはその角度と強さが明確に違う。夏場のぎらつく陽射しの下で、サンバイザーの陰になっていても赤緒の顔が精悍《せいかん》な色に焼けているのがわかる。

九月の新人戦の三位決定戦だ――写っている対戦相手のユニフォームを見て高杉もピンと来た。

次の写真はネット越しに対戦相手と握手を交わしている姿だった。両者譲らずゲームを奪《と》りあい、タイブレークにもつれ込む長試合だったと聞いていた。激戦をもぎ取った赤緒の顔には満足しきったような、しかし礼節を忘れない抑えた笑みが乗っていた。

次の一枚をめくった瞬間、赤緒の指がびくりと固まった。

握手を終えて相手と互いに背を向け、コートを離れるところを写したものだった。

赤緒が立ちどまり、空を仰いイで泣いていた。［C］見ている人々も大勢いるだろうに、堪《こら》えきれなくなったように――ラケットを持った

ア　すべてを見透かしたような態度で構えている。
イ　彼のような人間と話したのは初めてだ。
ウ　焼き魚やみそ汁のような和風の朝食を好む。
エ　あのドラマに出てきたような素敵な部屋に住んでみたい。

問三　――線②「人間の思想のアルファベット」とありますが、その説明として適切なものを次の中から一つ選び、記号で答えなさい。
ア　どのような思想でも言語がその根底にあるため、言語の基本となる文字こそが思想を形作っているということ。
イ　複雑なものの全体像を正確に把握するためには、その基本となっている細部を観察することが最も重要だということ。
ウ　さらなる分析が不可能であるような単純な要素から、その組み合わせによって複雑な物事を導けるということ。
エ　生物の考えるという働きは複雑で分解できないが、記号としてわかりやすくすることで機械的に表現できるということ。

問四　――線③「この論争がより広い視点から行われている」とありますが、その説明として適切なものを次の中から一つ選び、記号で答えなさい。
ア　異なる意見を戦わせるのみにとどまらず、未来に渡って人工知能がどうあるべきかという視座に立った論争であったということ。
イ　単純に両者の論を隔てる違いを争うだけでなく、その違いが幾度となく繰り返されてきた本質的な問いであることを踏まえているということ。
ウ　ロックの意見を批判することをもって自らの正しさを証明することで、古代に巻き起こった論争の決着をつけることを目的としているということ。
エ　過去に行われた論争といくつもの点で類似しているが、古代よりも広い知識を取り入れた両者の論は根本的に過去のものとは異なるということ。

問五　――線④「『理性主義』にもとづきます」とありますが、この考え方について述べた次の文の□にあてはまる語をカタカナ五字で考えて答えなさい。

人間が生まれつき備わった理性に基づいて物事を考えるように、コンピュータにもあらかじめ□された情報に基づいて計算を行わせる考え方。

問六　次の文が入るのに適切な箇所を本文中のⅠ～Ⅴから一つ選び、記号で答えなさい。

しかし、哲学の歴史が示すように、経験主義だけで完結することはありません。

問七　――線⑤「哲学的な視点」とありますが、どのような視点ですか。五十字程度で説明しなさい。

二　次の文章を読んで、後の問いに答えなさい。

> 中学の同級生だったはっちが学校を辞めて海外へ行くと寺川から聞いて、高杉潤五《じゅんご》たちが見送りに集まった。集まった内の一人である赤緒梓《あずさ》は、中学三年の時のあることがきっかけで、はっちを無視していた。

「赤緒ちゃんに会えたら、渡したいもんがあったんや」
はっちがカメラバッグを引き寄せて外ポケットからなにかを引きだし

哲学の歴史において、経験主義と理性主義の対立は、形を変えながら何度も繰り返されてきました。この対立は、じつは人工知能の歴史を考えるときも、きわめて示唆的だと言えるでしょう。人工知能が開発された当初（1950年代〜）は、コンピュータに規則や推論や知識などをあらかじめ教え込み、そこから現実世界の具体的な問題解決を目指していました。これは、哲学的な立場からいえば、④「理性主義」にもとづきます。人間が生得観念をもつように、人工知能にも、規則や推論があらかじめ埋め込まれているわけです。

しかし、具体的な状況は一律ではなく、変化に富んでいます。例外や偶発的な出来事も起きるでしょう。あらかじめ教えられた規則や推論では、うまく対応できないのです。そのため、初期のころ、哲学者のヒューバート・ドレイファスは、『コンピュータには何ができないか』を書いて、「人工知能の限界」を指摘しています。Ⅰ

ところが、今日では、こうした状況は過去のものとなりました。ビッグデータを基にした「ディープ・ラーニング」によって、人工知能の新たな段階が始まりました。規則や推論をあらかじめコンピュータに与えるのではなく、大量のデータの中から、コンピュータ自身が学習していき、最適の解を自ら発見するわけです。Ⅱこうして、人工知能は理性主義から経験主義へ舵を切ったのです。

たしかに、人工知能は現在、経験主義の立場から飛躍的な発展をとげつつあります。Ⅲライプニッツが、ロックの経験論に対して異論を提出したように、経験主義だけですべてが説明できるわけではないからです。Ⅳ問題は、経験主義か理性主義かという二者択一ではなく、むしろ二つの立場を常に念頭に置きながら、具体的に考えていくことではないでしょうか。

このように考えると、人工知能の現在の状況を理解するには、単に技術的な次元だけでなく、⑤哲学的な視点が必要であるのがわかります。「人工知能」をどう理解するかは、まさに哲学がたえず問い直してきた「人間知性」の問題だからです。Ⅴしたがって人工知能と人間知性を、いわば並行的に理解するように努めなくてはなりません。

（岡本裕一朗『人工知能に哲学を教えたら』）

※1 経験主義……人間の考えや、気持ちは全て経験したものから生まれてくるとする考え方。

2 理性主義……人間の考えや、気持ちは人間が生まれつき持っている理性から生まれるとする考え方。

問一 ――線①「人工知能の祖父」とありますが、そう言えるのはなぜですか。適切なものを次の中から一つ選び、記号で答えなさい。

ア 現在のデジタルテクノロジーに繋《つな》がる十進法による思考を提唱した人物だから。

イ 人工知能そのものではないにしても根底にある考え方を確立した人物だから。

ウ 人工知能の父と称されるアラン・チューリングを育て上げた人物だから。

エ 二進法による機械式の計算機を世界に先駆けて作り上げた人物だから。

問二 ═══線「ような」について、次の各文にある「ような」の中でこれと同じ使い方をしているものとして適切でないものを一つ選び、記号で答えなさい。

の語源的な言葉です。ここにライプニッツの発想の先進性が示されています。人間の心の働きは、まさに計算することである、だからこそ機械式計算機によって人間の知的活動を実行することができる、と考えていたわけです。

それでは、人工知能の基本的なアイデアをもっていたライプニッツは、人間の知性をどのように考えていたのでしょうか。それを理解するために、ライプニッツの『人間知性新論』を見ておくことにしましょう。

この著作は、タイトルからも想像できますが、ジョン・ロックの『人間知性論』に対する批判として書かれています。ロックは一般にイギリス経験論の源流とされていますが、ライプニッツはこのロックを批判する形で、自らの論を展開します。その点では、『人間知性新論』は論争の書と言えるでしょう。

ここで注意しておきたいのは、③この論争がより広い視点から行われていることです。というのも、古代ギリシアのプラトン対アリストテレスの論争が、あらためて繰り返されるのです。ライプニッツは序文において、次のように語っています。

> じつに『知性論』の著者は、私の称賛する多くのみごとな事柄を述べているけれども、われわれ二人の学説は大きく異なる。彼の説はアリストテレスに近く、私の説はプラトンに近い。私たちはいずれも、この二人の古代人の説とは多くの点で隔たってはいるけれど。
>
> （『ライプニッツ著作集4』）

では、ロックとライプニッツの考えは、どのように異なるのか。いったい何をめぐって、二人の議論が対立するのでしょうか。

> われわれ二人の見解の相違は、かなり重要な諸テーマについてである。それは次の問題に関わる。魂それ自体は、アリストテレスや『知性論』の著者のいうような、まだ何も書かれていない書字板（tabularasa）のように、まったく空白なのか。そして魂に記される一切のものは感覚と経験のみに由来するのか。それとも、魂はもともと多くの概念や知識の諸原理を有し、外界の対象が機会に応じてのみ、それらを呼び起こすのか。私は後者の立場をとる。
>
> （『ライプニッツ著作集4』）

ここで提示されているのは、哲学史的には「※1経験主義」と「※2理性主義」の対立と呼ばれています。ライプニッツは、この対立を次のような名文句で表現しています。

「感覚のうちになかったものは知性のうちには何もない。ただし知性それ自身を除いて」

では、経験主義と理性主義の対立とはどのようなものでしょうか。

ライプニッツは、知識が感覚的な経験から生じることを認めながら、それにもかかわらず「多くの概念や知識の諸原理」が経験からは独立している点を強調したのです。この対立を古代と近代を含めて図解すれば、次のようになります。

	経験主義	理性主義
古代哲学	アリストテレス	プラトン
近代哲学	ロック	ライプニッツ

【国語】〈六〇分〉〈満点：一〇〇点〉

【注意】指示がない限り、句読点や記号などは一字として数えます。

［一］　次の文章を読んで、後の問いに答えなさい。

今日の人工知能の基本的なアイデアをうみだした、哲学者＝数学者がいます。ゴットフリート・ライプニッツです。彼は加減乗除のできる機械式の計算機をじっさいに作り、生涯のうちで何度も改良を加えています。ご存知の方も多いかもしれません。

じつは彼は、数学的に「二進法」を確立した人物としても有名です。

（中略）

現在のデジタル世界で、どんなものも1と0の信号に変えることは、今日の人工知能を可能にする革命的な発想です。今の人なら、常識的に理解できるでしょう。しかし、二進法のアイデアは、１７世紀の当時の人々には意義があまり理解されなかったようです。かのライプニッツ自身も、二進法がどんな可能性を秘めているか、十分自覚してはいなかったのです。というのも、人工知能の原点となる機械式計算機を作り、二進法を着想したライプニッツですが、肝心の計算機は二進法ではなく、十進法による計算に、もとづいていたからです。計算機と二進法の二つを結び付けていなかったわけです。今日のような形で、二進法によってデジタル・テクノロジーが飛躍的に発展するなど、想像していなかったのではないでしょうか。

それでも、人工知能の基本的な考えがライプニッツに遡《さかのぼ》ることは、間違いありません。そこで、ライプニッツを「①人工知能の祖父」と呼ぶことにしましょう（では、父となる人物は？　というと、アラン・チューリングです）。「人工知能の祖父」は、どのような考えをもっていたのでしょうか。

ライプニッツは、若いときから人間の思想をもっとも基本的な要素から組み立て、すべてを百科事典のように秩序づけようとしました。

私は次のような素晴らしい考えにいやおうなく達したのである。その考えとはすなわち、何らかの人間の思想のアルファベットを案出することができ、そのアルファベットの文字の結合とその文字からできている言葉の分析によって、すべてのことを発見し判断することができる、というものである。

（『ライプニッツ著作集１０』）

ここでライプニッツが語っているのは、「まず全体を基本的な要素にまで分解し、次にその要素の組み合わせによって、全体を余すところなく描き出す」という構想です。これを彼は、「②人間の思想のアルファベット」と呼びます。そのとき想定しているのは、「考える」＝「計算する」という見方です。この見方は、イギリスの哲学者トマス・ホッブズに遡りますが、ライプニッツはそれを受け入れたうえで、「普遍記号学」を構想したのです。

ホッブズが、われわれの心の働きはすべて計算（computatio）であると述べているが、それは正しい。（中略）われわれのすべての推理は、原初的な項を基とした計算で決定できることを私は発見した。

（『結合法論』）

ここで「計算する」という言葉に、ラテン語computatioが使われていることに注目してください。これは今日のコンピュータ（computer）

推薦

2023年度

解　答　と　解　説

《2023年度の配点は解答欄に掲載してあります。》

＜数学解答＞

[1]　(1)　$\frac{x+27y}{12}$　　(2)　$3(x+2)(x-1)$　　(3)　$\frac{1}{6}$　　(4)　$a=105$

(5)　$x=-\frac{1}{2},\ y=-\frac{1}{2}$　　(6)　$x=\frac{1}{3},\ 1$　　(7)　$-12 \leqq y \leqq 0$　　(8)　$\frac{1}{2}$　　(9)　12倍

(10)　11度　　(11)　40%　　(12)　36cm^3

[2]　(1)　$x=\frac{1-\sqrt{1+3a}}{a},\ \frac{1+\sqrt{1+3a}}{a}$　　(2)　$a=1$　　(3)　$\frac{405}{4}$

[3]　解説参照

○推定配点○

[1]　各5点×12　　[2]　各8点×3　　[3]　16点　　計100点

＜数学解説＞

基本 [1]　(式の計算，因数分解，式の値，平方数，連立方程式，関数，確率，平面図形の計量問題，統計，空間図形の計量問題)

(1)　$\frac{x+5y}{3}-\frac{x-2y}{4}+\frac{1}{12}y=\frac{4(x+5y)-3(x-2y)+y}{12}=\frac{4x+20y-3x+6y+y}{12}=\frac{x+27y}{12}$

(2)　$2(x^2-4)+(x+1)(x+2)=2(x+2)(x-2)+(x+1)(x+2)=(x+2)(2x-4+x+1)=(x+2)(3x-3)=3(x+2)(x-1)$

(3)　$\frac{2}{a^2+b^2-2ab}=\frac{2}{(a-b)^2}=\frac{2}{\{(\sqrt{5}+\sqrt{3})-(\sqrt{5}-\sqrt{3})\}^2}=\frac{2}{(2\sqrt{3})^2}=\frac{2}{12}=\frac{1}{6}$

(4)　$3780=2^2\times3^3\times5\times7=2^2\times3^2\times3\times5\times7$　　よって，求めるaの値は，$a=3\times5\times7=105$

(5)　$3x+7y=-5$…①　　$-2x+6y=-2$，$-x+3y=-1$…②　　①+②×3から，$16y=-8$　$y=-\frac{1}{2}$　　②に$y=-\frac{1}{2}$を代入して，$-x+3\times\left(-\frac{1}{2}\right)=-1$　　$x=1-\frac{3}{2}=-\frac{1}{2}$

(6)　$y=3x^2$…①　　$y=4x-1$…②　　①と②からyを消去して，$3x^2=4x-1$　　$3x^2-4x+1=0$　$x=\frac{-(-4)\pm\sqrt{(-4)^2-4\times3\times1}}{2\times3}=\frac{4\pm\sqrt{4}}{6}=\frac{4\pm2}{6}=\frac{2}{6},\ \frac{6}{6}=\frac{1}{3},\ 1$

(7)　$y=-3x^2$…①　　xの変域が0を含むので，①の最大値は，$x=0$のとき，$y=0$　　-1と2では2の方が絶対値が大きいので，$x=2$のとき①は最小値をとる。①に$x=2$を代入して，$y=-3\times2^2=-12$　　よって，$-12\leqq y\leqq0$

(8)　4枚のカードから3枚を選ぶ場合の数は，$4\times3\times2=24$(通り)　　そのうち，つくった整数が奇数となるのは，一の位の数が1か3になる場合だから，$2\times3\times2=12$(通り)　　よって，求める確率は，$\frac{12}{24}=\frac{1}{2}$

(9)　三角形の重心は，3つの中線をそれぞれ2：1に内分する。$\triangle DEG=\frac{1}{3}\triangle DEA=\frac{1}{3}\times\frac{1}{2}\triangle BEA=\frac{1}{6}\times\frac{1}{2}\triangle ABC=\frac{1}{12}\triangle ABC$　　よって，△ABCの面積は，△DEGの面積の12倍

(10)　△ABDで内角と外角の関係から，$\angle BAD=121^\circ-66^\circ=55^\circ$　　円周角の定理から，$\angle DOC=55^\circ\times2=110^\circ$　　△ODCで内角と外角の関係から，$\angle OCD=121^\circ-110^\circ=11^\circ$

(11)　50kg以上の生徒の人数は，ヒストグラムから，$10+9+5=24$(人)　　よって，$\frac{24}{60}\times100=$ 40(%)

(12)　求める立体の体積は，四角錐J－AEGCの体積になる。$\mathrm{AC}=\mathrm{EG}=6\sqrt{2}$　　(四角形AEGC) $=6\times6\sqrt{2}=36\sqrt{2}$　　頂点B，JからACへ垂線BH，JIをひくと，$\mathrm{BH}=\frac{1}{2}\mathrm{BC}=\frac{1}{2}\times6\sqrt{2}=3\sqrt{2}$　中点連結の定理から，$\mathrm{JI}=\frac{1}{2}\mathrm{BH}=\frac{1}{2}\times3\sqrt{2}=\frac{3\sqrt{2}}{2}$　　よって，求める体積は，$\frac{1}{3}\times36\sqrt{2}\times\frac{3\sqrt{2}}{2}=36$(cm^3)

2　(図形と関数・グラフの融合問題)

(1)　$y=2x+3$…③　　①と③からyを消去すると，$ax^2=2x+3$　　$ax^2-2x-3=0$　　二次方程式の解の公式から，$x=\frac{-(-2)\pm\sqrt{(-2)^2-4\times a\times(-3)}}{2\times a}=\frac{2\pm\sqrt{4+12a}}{2a}=\frac{2\pm2\sqrt{1+3a}}{2a}=\frac{1\pm\sqrt{1+3a}}{a}$　　よって，$x=\frac{1-\sqrt{1+3a}}{a}$，$\frac{1+\sqrt{1+3a}}{a}$

(2)　$\frac{1-\sqrt{1+3a}}{a}<0$から，$\frac{1-\sqrt{1+3a}}{a}$の絶対値は，$\frac{-1+\sqrt{1+3a}}{a}$　　仮定から，$\frac{-1+\sqrt{1+3a}}{a}:\frac{1+\sqrt{1+3a}}{a}=1:3$　　$-3+3\sqrt{1+3a}=1+\sqrt{1+3a}$　　$2\sqrt{1+3a}=4$　　$\sqrt{1+3a}=2$　　$1+3a=4$　　$3a=3$　　$a=1$

重要　(3)　$a=1$より，②は$y=-\frac{1}{4}x^2$　　②と③からyを消去すると，$-\frac{1}{4}x^2=2x+3$　　$\frac{1}{4}x^2+2x+3=0$　　$x^2+8x+12=0$　　$(x+6)(x+2)=0$　　$x=-6,\ -2$　　②に$x=-6$を代入して，$y=2\times(-6)+3=-9$　　B$(-6,\ -9)$　　(1)より，$x=\frac{1+\sqrt{1+3\times1}}{1}=1+\sqrt{4}=3$　　②に$x=3$を代入して，$y=2\times3+3=9$　　よって，A$(3,\ 9)$　　$\mathrm{AB}=\sqrt{\{3-(-6)\}^2+\{9-(-9)\}^2}=\sqrt{9^2(1+2^2)}=9\sqrt{5}$　　ABを直径とする円周上の点から直径ABに垂線を下ろすとき，垂線の長さが最大となるのは半径と一致するときだから，△ABCの面積が最大となるのは底辺をABとし，高さが円の半径である$\frac{9\sqrt{5}}{2}$のときである。よって，$\frac{1}{2}\times9\sqrt{5}\times\frac{9\sqrt{5}}{2}=\frac{405}{4}$

3　(三平方の定理の証明)

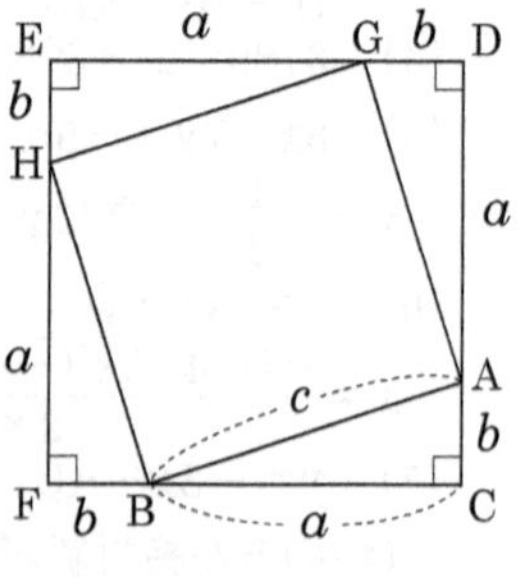

(例)　右の図のように，$a+b$を1辺とする正方形CDEFをつくり，$\mathrm{DG}=\mathrm{EH}=b$となる点G，Hをとる。△ABC，△GAD，△HGE，△BHFはすべて合同な直角三角形だから，$\mathrm{BA}=\mathrm{AG}=\mathrm{GH}=\mathrm{HB}=c$…①　∠CAB＋∠DAG＝90°だから，∠BAG＝90°…②　　同様にして，∠AGH＝∠GHB＝∠HBA＝90°…③　　①，②，③から，四角形AGHBは1辺の長さがcの正方形である。正方形や三角形の面積に着目すると，正方形CDEF＝正方形AGHB＋4×△ABC　　$(a+b)^2=c^2+4\times\frac{1}{2}ab$　　$a^2+2ab+b^2=c^2+2ab$　　よって，$a^2+b^2=c^2$

★ワンポイントアドバイス★

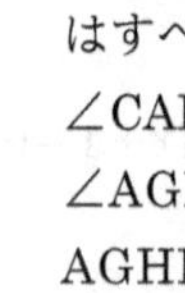

3の三平方の定理の証明は，他に，台形と直角三角形を使ったり，相似を使ったりする方法もあるので調べておこう。

一般

2023年度

解　答　と　解　説

《2023年度の配点は解答欄に掲載してあります。》

＜数学解答 基礎＞

[1] $\dfrac{a+3b}{10}$　[2] $(x+3)(x-3)(x+1)(x-9)$

[3] -8　[4] 12　[5] $\dfrac{54}{5}$　[6] $a=\dfrac{1}{2}$, 3

[7] 36　[8] $\dfrac{5}{18}$　[9] 14度　[10] $\dfrac{15}{2}$cm

[11] 右図　[12] $\dfrac{110}{3}\pi$ cm^3　[13] 30%

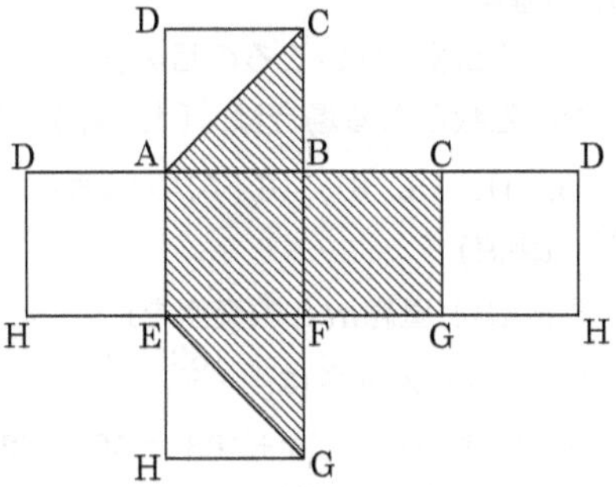

○推定配点○

[1]～[4]　各7点×4　[5]～[13]　各8点×9

計100点

＜数学解説 基礎＞

基本 [1]　（式の計算）

$a-\dfrac{a-3b}{2}-\dfrac{2(a+3b)}{5}=\dfrac{10a-5(a-3b)-4(a+3b)}{10}=\dfrac{10a-5a+15b-4a-12b}{10}=\dfrac{a+3b}{10}$

基本 [2]　（因数分解）

$(x^2-9)^2-8x(x^2-9)=(x^2-9)(x^2-8x-9)=(x+3)(x-3)(x+1)(x-9)$

基本 [3]　（式の値）

$(a+b)^2-(a-b)^2=(a+b+a-b)(a+b-a+b)=2a\times2b=4ab=4\times6\times\left(-\dfrac{1}{3}\right)=-8$

[4]　（2次方程式の利用）

連続する2つの自然数をn，$n+1$（nは自然数）とすると，$n(n+1)=156$　$n^2+n-156=0$　$(n+13)(n-12)=0$　$n>0$から，$n=12$　よって，求める自然数は12

[5]　（図形と関数・グラフの融合問題－面積）

$y=-\dfrac{2}{3}x+5$…①　$y=x-1$…②　①，②とy軸との交点をそれぞれP，Qとすると，P(0, 5)，Q(0, −1)　PQ$=5-(-1)=6$　①と②からyを消去すると，$-\dfrac{2}{3}x+5=x-1$　$\dfrac{5}{3}x=6$　$x=6\times\dfrac{3}{5}=\dfrac{18}{5}$　①と②の交点をRとすると，点Rのx座標は$\dfrac{18}{5}$　よって，求める面積は，△PQR$=\dfrac{1}{2}\times6\times\dfrac{18}{5}=\dfrac{54}{5}$

重要 [6]　（2乗に比例する関数の変域）

$y=x^2$…①　yの最小値が0であることから，xの変域は0を含む。よって，$a\geqq0$　①に$x=-2$を代入すると，$y=(-2)^2=4$　$0\leqq a\leqq2$のとき，①は$x=-2$のとき最大値$2a+3$をとる。$2a+3=4$から，$2a=1$，$a=\dfrac{1}{2}$　$a>2$のとき，①は$x=a$のとき最大値$2a+3$をとる。$a^2=2a+3$，$a^2-2a-3=0$，$(a+1)(a-3)=0$　$a>0$から，$a=3$　よって，$a=\dfrac{1}{2}$，3

7 (図形と関数・グラフの融合問題)

$y=-\frac{1}{3}x^2$…① ①に$x=-6$, 3を代入して, $y=-\frac{1}{3}\times(-6)^2=-12$, $y=-\frac{1}{3}\times3^2=-3$ よって, A$(-6, -12)$, B$(3, -3)$ 直線ABの傾きは, $\frac{-3-(-12)}{3-(-6)}=\frac{9}{9}=1$ 直線ABの式を$y=x+b$として点Bの座標を代入すると, $-3=3+b$ $b=-6$ よって, 直線ABの式は, $y=x-6$…② ②に$y=0$を代入すると, $0=x-6$, $x=6$ よって, C$(6, 0)$ したがって, △OAC$=\frac{1}{2}\times6\times12=36$

8 (確率)

大小2個のさいころの目の出かたは全部で, $6\times6=36$(通り) そのうち, 出た目が連続する2つの整数となる場合は, (大, 小)=(1, 2), (2, 1), (2, 3), (3, 2), (3, 4), (4, 3), (4, 5), (5, 4), (5, 6), (6, 5)の10通り よって求める確率は, $\frac{10}{36}=\frac{5}{18}$

9 (角度)

直線ABと直線mとの交点をFとすると, 平行線の錯角は等しいから, ∠BFC$=50°$ 正五角形の1つの角の大きさは, $\frac{180°\times(5-2)}{5}=108°$ ∠FBC$=180°-108°=72°$ △BFCで内角と外角の関係から, $\angle x+108°=50°+72°$ $\angle x=122°-108°=14°$

10 (平面図形の計量問題－平行線と線分の比の定理)

平行線と線分の比の定理から, AF：FC＝AE：BC＝AE：AD＝1：3 FG：AD＝CF：CA＝3：4 FG：10＝3：4 FG$=\frac{10\times3}{4}=\frac{15}{2}$(cm)

重要 **11** (空間図形の問題－立方体の展開図, 作図)

容器ABCD－EFGHを面AEFBが底面となるように倒した後に, 辺BFだけがテーブルと接するように容器を45°傾けると, 水が入っている部分は三角柱ABC－EFGになる。よって, 水が容器に触れている部分は△ABC, △EFG, 正方形AEFB, 正方形BFGCとなる。

12 (空間図形の計量問題－回転体の体積)

求める立体の体積は, 底面が半径3cmの円で高さが3cmの円柱の体積と, 底面が半径3cmの円で高さが3cmの円錐の体積と, 底面が半径1cmの円で高さが1cmの円柱の体積から底面が半径1cmの円で高さが1cmの円錐の体積をひいたものの和になるから, $\pi\times3^2\times3+\frac{1}{3}\times\pi\times3^2\times3+\left(\pi\times1^2\times1-\frac{1}{3}\times\pi\times1^2\times1\right)=27\pi+9\pi+\frac{2}{3}\pi=\frac{110}{3}\pi$(cm^3)

基本 **13** (統計)

身長が170cm以上の部員の人数は, $6+2+1=9$(人) よって, $\frac{9}{30}\times100=30$(%)

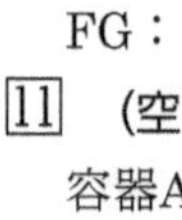

★ワンポイントアドバイス★

6のような関数の変域に関する問題は, 必ずグラフをかいて考える。$0\leqq a\leqq2$のときと, $a>2$のときで場合分けして計算しよう。

<数学解答 応用>

1 (1) P$\left(\sqrt{3}, \frac{3}{2}\right)$ (2) P$\left(3, \frac{9}{2}\right)$ (3) P$(2, 2)$, P$\left(5, \frac{25}{2}\right)$

[2] (1) ① $S=\frac{1}{2}ab$ ② $S=\frac{1}{2}r(a+b+c)$ (2) $c=a+b-2r\left[c=\frac{ab}{r}-a-b\right]$
(3) 解説参照
[3] (1) $V=\frac{1}{6}t^3$ (2) $V=\frac{1}{6}(12-t)^2(10-t)\left[V=-\frac{1}{6}t^3+\frac{17}{3}t^2-64t+240\right]$ (3) 1：120
[4] (1) FK=6cm，HN=12cm (2) LM=5cm (3) 724cm^3

○推定配点○
[1] 各8点×3 [2] (1) 各4点×2 (2) 8点 (3) 10点 [3] 各8点×3
[4] (1) 各5点×2 (2)，(3) 各8点×2 計100点

＜数学解説 応用＞

[1] (図形と関数・グラフの融合問題)

(1) ∠POQ＝∠PQOより△PQOはPQ＝POの二等辺三角形である。点Pのy座標は点Qのy座標の$\frac{1}{2}$になるので$\frac{3}{2}$ $\frac{3}{2}=\frac{1}{2}p^2$ $p^2=3$ $p>0$から，$p=\sqrt{3}$ よって，$P\left(\sqrt{3},\ \frac{3}{2}\right)$

重要 (2) 四角形OPQRの面積をSとする。$S=\triangle ROQ+\triangle PQO=\frac{1}{2}\times3\times1+\frac{1}{2}\times3\times p=\frac{3+3p}{2}$
$\triangle PQR=\frac{1}{2}S$より，$\triangle OPR=\frac{1}{2}S=\frac{3+3p}{4}$…① 直線PRの傾きは，$\left(\frac{1}{2}p^2-\frac{1}{2}\right)\div\{p-(-1)\}=\frac{1}{2}\frac{(p+1)(p-1)}{p+1}=\frac{1}{2}(p-1)$ $y=\frac{1}{2}(p-1)x+b$に点Rの座標を代入して，$\frac{1}{2}=\frac{1}{2}(p-1)\times(-1)+b$ $b=\frac{1}{2}p$ よって，直線PRの式は，$y=\frac{1}{2}(p-1)x+\frac{1}{2}p$ 直線PRとy軸との交点は$\left(0,\ \frac{1}{2}p\right)$ $\triangle OPR=\frac{1}{2}\times\frac{1}{2}p\times1+\frac{1}{2}\times\frac{1}{2}p\times p=\frac{p+p^2}{4}$ ①より，$\frac{p+p^2}{4}=\frac{3+3p}{4}$
$p+p^2=3+3p$ $p^2-2p-3=0$ $(p+1)(p-3)=0$ $p>0$より，$p=3$ $\frac{1}{2}\times3^2=\frac{9}{2}$
よって，$P\left(3,\ \frac{9}{2}\right)$

(3) RO//QPのとき，直線QPの傾きは，$\left(\frac{1}{2}p^2-3\right)\div p=-\frac{1}{2}$ $p^2-6=-p$ $p^2+p-6=0$
$(p+3)(p-2)=0$ $p>0$より，$p=2$ $\frac{1}{2}\times2^2=2$ よって，P(2，2) QR//OPのとき，直線OPの傾きは，$\frac{1}{2}p^2\div p=\left(3-\frac{1}{2}\right)\div1$ $\frac{1}{2}p=\frac{5}{2}$ $p=5$ $\frac{1}{2}\times5^2=\frac{25}{2}$ よって，$P\left(5,\ \frac{25}{2}\right)$ したがって，P(2，2)，$P\left(5,\ \frac{25}{2}\right)$

[2] (平面図形の計量問題と証明問題－円と接線，面積，三平方の定理の証明)

(1) ① 三角形の面積の公式から，$S=\frac{1}{2}\times a\times b=\frac{1}{2}ab$ ② $S=\triangle OBC+\triangle OCA+\triangle OAB=\frac{1}{2}\times a\times r+\frac{1}{2}\times b\times r+\frac{1}{2}\times c\times r=\frac{1}{2}r(a+b+c)$

(2) 内接円Oと△ABCの辺BC，CA，ABの接点をそれぞれD，E，Fとすると，円の外部にある1点からひいた2本の接線の長さは等しいことから，$BF=BD=a-r$，$AF=AE=b-r$ よって，AB＝BF＋AFから，$c=(a-r)+(b-r)=a+b-2r$
【別解】 (1)より，$\frac{1}{2}ab=\frac{1}{2}r(a+b+c)$ $ab=r(a+b+c)=ar+br+cr$ $cr=ab-ar-br$ $c=\frac{ab-ar-br}{r}$ $c=\frac{ab}{r}-a-b$

(3) (1)より，$\frac{1}{2}ab=\frac{1}{2}r(a+b+c)$ $r=\frac{ab}{a+b+c}$ これを(2)に代入して，$c=a+b-2\times\frac{ab}{a+b+c}$ $(a+b+c)c=(a+b)(a+b+c)-2ab$ $(a+b)(a+b+c)-(a+b+c)c=2ab$

$(a+b+c)(a+b-c)=2ab$　$(a+b)^2-c^2=2ab$　$a^2+2ab+b^2-c^2=2ab$　$a^2+b^2=c^2$

3 (空間図形の計量問題－二次方程式の利用，動点，体積)

(1) $0 \leqq t \leqq 5$のとき，$AP=t$，$AQ=2t$，$AR=\frac{1}{2}t$　よって，$V=\frac{1}{3}\times\left(\frac{1}{2}\times t\times 2t\right)\times\frac{1}{2}t=\frac{1}{6}t^3$

重要 (2) $6<t \leqq 10$のとき，$AP=6\times 2-t=12-t$，$AQ=10\times 2-2t=20-2t$，$AR=3\times 2-\frac{1}{2}t=6-\frac{1}{2}t$
よって，$V=\frac{1}{3}\times\frac{1}{2}(12-t)(20-2t)\times\left(6-\frac{1}{2}t\right)=\frac{1}{6}(12-t)^2(10-t)$　$\left(V=-\frac{1}{6}t^3+\frac{17}{3}t^2-64t+240\right)$

(3) (2)より，$V=\frac{1}{6}(12-9)^2(10-9)=\frac{3}{2}$　直方体ABCD－EFGHの体積は，$6\times 10\times 3=180$
よって，求める比は，$\frac{3}{2}:180=3:360=1:120$

4 (空間図形の計量問題－平行線と線分の比の定理，中点連結の定理，三平方の定理，切断，体積)

(1) $FI=12-8=4$(cm)，$HJ=12-6=6$(cm)　平行線と線分の比の定理から，$BA:FK=BI:FI$，$12:FK=8:4$，$FK=\frac{12\times 4}{8}=6$(cm)　$DA:HN=DJ:HJ$，$12:HN=6:6$，$HN=\frac{12\times 6}{6}=12$(cm)

(2) $EK=12+6=18$，中点連結の定理から，$HM=\frac{1}{2}EK=9$，$MG=12-9=3$　平行線と線分の比の定理から，$LF:LG=KF:MG=6:3=2:1$　$LG=12\times\frac{1}{3}=4$　△MLGにおいて三平方の定理から，$LM=\sqrt{3^2+4^2}=5$(cm)

(3) 求める体積は，三角すいA－EKNの体積から，三角すいI－FKLの体積と三角すいJ－HMNの体積をひいたものになる。三角すいA－EKNの体積は，$\frac{1}{3}\times\frac{1}{2}\times 18\times 24\times 12=864$　三角すいI－FKLの体積は，$\frac{1}{3}\times\frac{1}{2}\times 6\times 8\times 4=32$　三角すいJ－HMNの体積は，$\frac{1}{3}\times\frac{1}{2}\times 12\times 9\times 6=108$　よって，切断された立体のうち点Eを含む立体の体積は，$864-32-108=724$(cm³)

★ワンポイントアドバイス★

2(1)②のように，三角形の辺の長さをa，b，c，内接円の半径をrとすると，三角形の面積Sは，$\frac{r(a+b+c)}{2}$と表すことができる。

<英語解答>

1　1 C　2 A　3 B　4 D　5 C

2　1 B　2 C　3 B　4 A　5 A

3　1 A　2 C　3 D

4　1 D　2 A　3 A　4 B　5 B

5　1 B　2 D　3 B　4 C　5 C

6　1 Two men and two women are enjoying a party.　2 A woman is walking with a suitcase.　3 People are waiting to get on a train.

7　1 I usually practice tennis.　2 I am good at speaking English.
3 I would like to live in the countryside because I can enjoy beautiful nature.

4　I prefer to study in a group.　First, I can ask for advice from my classmates.　You may be able to find the correct answer through the advice. Second, we can motivate each other.　Motivation is a good factor for deep understanding.

○推定配点○

[1]～[3]　各2点×13　　[4]・[5]　各3点×10　　[6]　各5点×3

[7]　3　8点　　4　9点　　他　各6点×2　　計100点

＜英語解説＞

[1]　（リスニング）

1 (A) The boy is reading a novel aloud.
(B) The boy is making a presentation.
(C) The boy is studying hard at his desk.
(D) The boy is sharpening his pencil with a knife

2 (A) The boy is running in front of the girl.
(B) The girl is taking a baton from the boy.
(C) The boy is passing the baton to the girl.
(D) The girl is picking up the baton for the boy.

3 (A) Someone is checking the boy's hairstyle.
(B) Someone is taking the boy's temperature.
(C) Someone is putting on a facemask.
(D) Someone is throwing away a tool.

4 (A) They are enjoying online games.
(B) They are repairing a meeting room.
(C) They are talking to themselves on the screen.
(D) They are meeting online.

5 (A) There are no children playing on the slide.
(B) There are two sunflowers in the park.
(C) There are two children running in the park.
(D) There are five swings in the park.

1 (A)　その男の子は大きな声で小説を読んでいる。　(B)　その男の子は発表をしている。
(C)　その男の子は机で一生懸命勉強をしている。　(D)　その男の子はナイフで鉛筆を削っている。

2 (A)　その男の子は女の子の前を走っている。　(B)　その女の子は男の子からバトンを受け取っている。　(C)　その男の子は女の子にバトンを渡している。　(D)　その女の子は男の子のためにバトンを拾って取いる。

3 (A)　誰かが男の子のヘアスタイルを確認している。　(B)　誰かが男の子の熱を測っている。
(C)　誰かがマスクを着けている。　(D)　誰かが道具を捨てている。

4 (A)　彼らはオンラインゲームを楽しんでいる。　(B)　彼らは会議室を修理している。
(C)　画面上で彼らは独り言を言っている。　(D)　彼らはオンラインで会っている。

5 (A)　滑り台で遊んでいる子供たちはいない。　(B)　公園には2本のひまわりがある。
(C)　公園で2人の子どもたちが走っている。　(D)　公園には5つのブランコがある。

2 (リスニング)

1 A: Here's your bike.
B: Thank you for repairing my bike. How long did it take?
A:
(A) Two hours ago.
(B) Thirty minutes.
(C) Twice a day.

2 A: Here comes summer vacation again, but unfortunately, it's not so good.
B: What's the problem?
A:
(A) A local seaside resort is your best choice in August.
(B) There's a good hotel you can stay at near here.
(C) I want to go overseas, but I can't, because of this corona pandemic.

3 A: Such a big party last night! Great fun, but we did too much, made the room so dirty.
B: Yeah, I know, but when I got up this morning and tried to clean it all up, I found everything already neat and clean. Somebody did it for us. Who do you think it was?
A:
(A) My girlfriend did some cleaning job somewhere else.
(B) I did it for you before you woke up.
(C) You should have asked someone before you did it.

4 A: I'm so troubled.
B: What happened?
A: I'm wondering what university I should choose for my career...
B:
(A) Don't ask me. I'm not so sure of my career either.
(B) I think so. I'm not going to the same high school.
(C) You need to stay out of trouble for a while in school.

5 A: Can you give me a hand? I need some help with my math homework.
B: Sure. I'm great at math.
A: Thanks for your help.
B:
(A) Anytime. I'm always here for you.
(B) I'm so sorry.
(C) You must do this job perfectly.

1 A：君の自転車だよ。 B：直してくれてありがとう。どのくらいの時間がかかった?
(A) 2時間前 (B) 30分 (C) 一日に2回

2 A：また夏休みがやってきたけど,残念ながらあまり良くない。 B：何か問題でもあるの?
(A) 8月は地元の海岸リゾートが君にとっては最高の選択だね。 (B) この近くに君が泊まれる良いホテルがあるよ。 (C) 海外に行きたいけどコロナ禍で行かれない。

3 A：昨夜のパーティーはすごく大きかったね! すごく楽しかったけど,やり過ぎた,部屋をかなり汚してしまった。　B：そうだね, 知っている。でも今朝起きて全部きれいに片付けようとしたら, もうすべて片付けられていてきれいになっていた。誰かが私たちのためにやってくれたんだ。誰がやってくれたんだと思う?

(A)　僕の彼女がどこか他の場所で清掃の仕事をした。　(B)　君が起きる前に僕が君のためにやったんだよ。　(C)　君がやる前に誰かに頼むべきだった。

4 A：困った。　B：どうしたの?　A：自分の仕事のためにどの大学を選んだらいいのか迷う…

(A)　私に聞かないで。私も自分の仕事はまだよくわからないよ。　(B)　そう思う。私は同じ高校に行かないつもり。　(C)　学校でのトラブルからはしばらくの間距離を置いた方が良い。

5 A：手を貸してくれる?　数学の宿題で助けが必要なんだ。　B：もちろん。数学はすごく得意よ。　A：助けてくれてありがとう。

(A)　いつでも。君のためにいつでもここにいるよ。　(B)　ごめんなさい。　(C)　この仕事を完璧にやらなければならない。

3 (リスニング)

1　Attention, shoppers. We have found a five-year old boy. His name is Ken Sato.

He was in the Toy Department on the Fourth Floor. He remembers shopping with his mother in the Children's Clothes Department on the same floor. Would Ms. Sato please come to the information booth near the store entrance? Ken is waiting for you there.

2 Rain is expected this afternoon in Tokyo. The rain will stop for a while and decrease the heat a little. The highest temperature today will be 36 degrees in Tokyo, 34 degrees in Chiba, and 38 degrees in Saitama. Tonight's lowest temperature will be over 28 degrees in all of the three areas. Tomorrow's highest temperature will be the same as today's highest in Tokyo. Temperatures under 30 degrees in the daytime will not come until the end of the month.

3 Ladies and gentlemen, welcome to Shibaura Cineplex. The movie will start in five minutes. We follow the guidelines made by the government: Warning "Three Cs": Closed spaces with poor ventilation, Crowded and Close-contact settings. In our theater, the air is constantly recycled. Please don't talk loudly in the cinema.

You cannot use your smartphones during the show. You can enjoy food or drinks sold at our refreshment stand only. Thank you for your understanding and cooperation. Advance tickets are available for upcoming new movies in the lobby. Enjoy the show.

1　お客様にお知らせします。5歳の男の子が見つかっています。名前はサトウケン君です。4階のおもちゃ売り場にいました。同じ階の子供服売り場でお母さんと買い物をしていたことを覚えているそうです。サトウ様, 店の入り口近くの案内所まで来ていただけますか。そこでケン君が待っています。

「サトウさんは何階で自分の息子に会う予定ですか?」

(A)　入り口階　(B)　4階　(C)　おもちゃ売り場の階　(D)　子供服売り場の階

2　東京では午後から雨が予想されます。しばらくの間は雨もやみ, 高温も少し下がるでしょう。

東京の今夜の最高気温は36度，千葉で34度，埼玉で38度でしょう。今夜の最低気温はこの3地点すべてにおいて28度以上になるでしょう。明日の東京の最高気温は今日と同じになるでしょう。日中の気温が30度を下回る日は今月末までないでしょう。

「明日の東京の最高気温は何度ですか?」

(A) 30度　(B) 34度　(C) 36度　(D) 38度

3 皆さま，芝浦シネプレックスへようこそ。あと5分で映画が始まります。ここは政府が作成したガイドラインに基づいています：「3つのC」に注意：換気が十分でない密室，混雑した密集，密接。この劇場では空気は常に循環しております。映画館内では大きな声で話すことはおやめください。上映中のスマートフォンの使用はできません。売店で販売されているもののみ飲食可能です。ご理解とご協力に感謝いたします。ロビーにて次回新作映画の前売り券を発売しております。映画をお楽しみください。

「映画の上映が始まった後にシネプレックスでできることは何ですか?」

(A) 上映中におしゃべりをする　(B) シネプレックス内で携帯電話を使用する

(C) 前売り券を他の人にあげる　(D) 売店で販売されている食べ物や飲み物を飲食する

4 (長文読解問題・論説文：内容把握，内容正誤判断)

(全訳)　ザ SIT タイムズ ― 意見 ―

地球語としての英語

2023年 1月30日 月曜日

あなたは英語が地球語だと思いますか? これに賛同する人もいると私は確信している。デビッド・クリスタル博士著「地球語としての英語」によると，地球語としての地位を獲得するにはいくつかの要因があり，それら要因を全て満たす必要がある。それは4つのグループに分類される：経済，マスコミ，教育，科学技術だ。英語はこれらのグループの全ての基準を満たし地球語となった。

英語は経済に明らかに影響を及ぼす。ビジネスの場面で英語を使う必要があるので，いくつかの日本企業は英語を公用語として導入した。調査によると，世界の商談のおよそ40%は英語が必要とされている。したがって，経済分野ではすでに英語は強力な手段となっており，企業は容易にビジネスができるのだ。もし社員が英語を話せなかったら，企業は彼らのためにプロの通訳を雇わなくてはならなくなる。それは膨大な費用と時間がかかる。

英語は科学と教育の場面でも役に立つ。科学者の3分の2が英語で論文を書く。なぜなら，科学のメディア形態である国際学術誌のほとんどが英語で書かれたものしか受け付けないからだ。大学生も最新の研究書を学んだり，定期試験の論文を書くための教育手段として英語が必要となる。さらに，英語が使える学生は研究ではかなり有利になる。何か新しいことを発見した後すぐに論文を書くことができるのだ。一方で，もし学生が英語が得意でなかったら，自分の分野での学習機会を失うことになる。彼らが情報を得る唯一の方法は，最新の研究書を誰かが自分の母国語に翻訳するのを待つこととなる。

英語はインターネットでも重要な役割を担う。インターネットでの世界のコンピューターデータのおよそ80%が英語で作られている。世界中の75%ものeメールが英語で書かれている。最も大きなIT企業の1つであるマイクロソフト社は英語を話す国を基準にしている。したがって，ソフトウェアの使用についての情報は英語で書かれている。もし英語を読むことができなければ，限られたウェブサイトのほんの少しの情報にしかアクセスできなくなる。したがって，技術社会において私たちが新しい考えや考え方を学ぶのに英語は重要な手段なのだ。

英語は既に地球語であり，様々な分野で強力な手段となっている。したがって，英語を学ぶことが必要となる。しかしながら，英語を学ぶことにプレッシャーを感じ，英語力を向上させることは困難だと感じる人もいる。この問題を解決するための最適な方法の1つは，理由がわからないと絶対に一生懸命にはなれないので，なぜ英語が必要なのか，そして英語学習の重要性を知ることだ。もちろん実生活の場面で役に立つので私たちは英語を学ぶのだが，最も重要なのは別の視点から物事を見るのに英語は素晴らしい手段であることを認識するべきだということだ。

1 「デビッド・クリスタル博士によると，英語が地球語となったのは何があったからか？」(A)「英語は主としてビジネスで使われてきたという事実」(B)「英語は主に科学分野で使われてきたという事実」(C)「英語は研究者によってオンラインで世界的に使われてきたという事実」(D)「英語はいろいろな分野で使われてきたという事実」第1段落最後の文に一致。本文のmeetは「合う，合致する，満たす」という意味。(○)

2 「なぜ日本のいくつかのビジネスでは英語が必要となるのですか？」(A)「いくつかの企業は国際的な売買をする時に英語を使う」第2段落第2，3文に一致。world trade setting「世界的な商談」(B)「いくつかの企業はアメリカ人の顧客を幸せにしたい」(C)「いくつかの企業はインターネット上で国内向けの宣伝ができる」(D)「社員は日本語よりも英語を話す方が心地よい」

3 「記事によると，なぜ大学生は英語力を向上させることが重要になるのですか？」(A)「最新の研究にアクセスできる」第3段落第3文に一致。latestは「最後の」ではなく「最新の」という意味。(B)「学校新聞に記事を書ける」(C)「留学してそこで学術論文を書ける」(D)「学術論文を英語に翻訳しなければならない」

4 「第4段落によると，なぜインターネットで英語は役に立つのですか？」(A)「ビジネス目的でマイクロソフト社のソフトウェアの使い方を書くことができる」(B)「英語無しでは十分な情報にアクセスできない」第4段落最後から2文目に一致。(C)「オンラインのデータは英語でしか作られていない」(D)「英語は私たちが容易に理解できる簡単な言語だ」

5 「最終段落によると，英語学習において著者の見解として正しいものはどれか」(A)「英語が話せないと私たち全員が様々な場面で困難に直面する」(B)「違った考え方をする機会を得られることが英語学習の最重要部分である」最終段落最終文に一致。(C)「英語学習は同じような考え方をする人たちと交流する方法を変えることができる」(D)「英語を話す能力がなければ他者と交流することは決してできないということを，我々は認識するべきだ」(A)(C)(D)に関する記述はない。

5 (長文読解問題・資料読解：内容把握，内容正誤判断)

(全訳) 課題：森林破壊

長年，森林破壊は最大の環境問題の1つで，将来我々の惑星に深刻な影響を与えると予測されている。しかしながら，我々人類は多くの用途で木が必要なため森林破壊をし続けている。不幸なことに，世界の森林地帯は1990年から2020年の間に4.2％減少し，それは日本の大きさの約4.7倍にあたる大きさである。

1 森林破壊はどのように問題を引き起こすのか？

地球温暖化　森林破壊は地球温暖化の原因の1つである。熱は二酸化炭素を含む温室効果ガスにより大気に取り込まれるため地球が徐々に暖められるのだ。森林の木々や植物は二酸化炭素を吸収する重要な役割を担っている。この過程が，地球が温暖化するのを防ぐ。

山火事　地球温暖化は山間部の山火事をも引き起こす。一度山火事が発生すると，我々は多くの木々を失い，結果として更に深刻な地球温暖化に直面することになるのだ。したがって，我々はこの有害なサイクルを止める必要がある。

生息地と食べ物　たくさんの生物は森林破壊が原因で住みかを失い，食べ物を見つけられなくなったために絶滅の危機に瀕している。絶滅の恐れがある野生生物のリストによると，森林内の約14,000種が実際に絶滅の危機に陥っている。もう1つの懸念は感染症である。森林破壊が原因で，動物や他の生物が人間の家の近くで食べ物を探すようになる。時にそれらが人類にウィルスを運び感染症を引き起こすのだ。

2　なぜ人は木を伐採するのか？

人口の増加により，人々はさらに木が必要となる。世界人口は2022年11月には80億人に達し，国連によるとその数は2060年には100億人になるだろうとされている。そのため，その数が増加すると家を建てるための更なる木が必要となる，などといったことである。不幸なことに，この高い需要によりアジアやアフリカの国々では違法に木が伐採され低価格で先進国に売られるのだ。

ヤシの木油の人気も森林破壊の原因の1つだ。製造者は化粧品や食べ物といったものを生産するのに，安価で扱いやすいヤシ油が欲しいのだ。しかしながら，これは多くの問題を引き起こす。1つの例は，ボルネオ島に住む象やオランウータンだ。島の熱帯雨林がヤシ油農園に変わったために住みかを失ってしまったのだ。

課題

この課題では，問題解決技術を持つ企業や組織についての情報を調べること。状況を良くするための方法についての自分の考えも書きなさい。

締め切り

締め切りは2023年2月10日

森林破壊のない未来のために

名前：タナカサオリ

日付：2月7日

このレポートでは森林破壊問題を解決しようとしている2つの企業を紹介する。

モニタリングシステム

日立は熱帯雨林の違法伐採を防ぐために高精度のモニタリングシステムを開発した。森林に人やトラックが侵入すると動物や昆虫は普段とはかすかに異なる音を出す。システムはAIを使ってこの音の違いを感知する。この技術によって地元の警察官は木々を違法伐採している人たちを見つけることができる。

ドローンによる植林

違法伐採から木々を守るだけでは地球温暖化問題を解決するには十分ではない。新しい木々を植えることも重要な活動になる。前NASAの技師であったローレン・フレッチャーが創設したバイオカーボンエンジニアリングは，先進のドローンによる植林を開始した。バイオカーボンエンジニアリングのスタッフは土地に木の種を植えるのに6台のAIドローンを同時に使用する。ドローンが一日に植えられる木の種の数は10万個である。したがって，人間の手で植えるのと比べるとドローンを使うことでより多くの時間とお金を節約できるのだ。

この課題から学んだこと

私はこの課題から，人々は，特に日本に住む人たちは，森林破壊を問題だと感じていないことを学んだ。彼らは，地球温暖化は大きな問題であると考えてはいるが，森林破壊が深刻であるとは全く思っていない。これはおそらく，森林破壊は主に他の国で起こっていることで，日本にはまだ多くの森林があるからだろう。

私は，この問題に向けて取り組む日立の姿勢に感動する。我々の明るい未来のためにどのように地球温暖化を解決するのかを考え，行動することが重要だと確信する。

1 「この課題によると，森林破壊問題に含まれていないものはどれか」　(A) 「人々は動物から病気をもらうかもしれない」Habits and foodの最終文に一致。 (B)「人間は動物にウィルスを運ぶだろう」そのような記述はない。 (C)「たくさんの種類の野生動物は姿を消すだろう」Habits and foodの第2文に一致。 (D)「地球は温暖化している」Global warmingの第2文に一致。

2 「課題シートの2.「なぜ人は木を伐採するのか」の部分に書かれていることで正しいものはどれか」 (A)「国連は人口増加によりヤシ油の生産が増加していることを懸念している」 (B)「ボルネオ島では,ヤシの木を運ぶために農夫たちは象やオランウータンを飼っている」 (C)「ヤシ油の需要は低いが我々は低価格で購入できる」 (D)「アフリカでは人々はお金を稼ぐために木を違法伐採する」Why do humans cut down treesの第1段落最終文に一致。

3 「タナカさんのレポートによると,日立の技術はどのようにして森林を守るのか」 (A)「森林に有害な動物を見つけることで」 (B)「生き物が出す音を分析することで」Monitoring Systemの第2, 3文に一致。 (C)「木々が成長のためにどのくらいの量の雨水が必要かを学ぶことで」 (D)「森林で違法に植林している人たちを警告することで」

4 「タナカさんのレポートによると,バイオカーボンエンジニアリングの技術の有益な点として含まれていないものはどれか」 (A)「その技術を使って社員は時間を節約できる」Planting trees with dronesの最終文に一致。 (B)「その技術を使って社員はコスト削減ができる」Planting trees with dronesの最終文に一致。 (C)「その技術によって社員は違法伐採から自分の農場を守ることができる」そのような記述はない。 (D)「AIシステムには種を植えることができるドローンがある」Planting trees with dronesの第3,4文に一致。

5 「タナカさんの先生は彼女のレポートは受け付けられないと考えるかもしれない。なぜなら…」 (A)「彼女のレポートは日本の企業にしか焦点を当てていないから」 (B)「彼女のレポートは語数が足りないから」 (C)「彼女のレポートには森林破壊問題を解決するための自分の考えが含まれていないから」課題ページのAssignmentの最後の文に自分の考えも書くこと,とある。(○) (D)「彼女は締め切り日の3日後にレポートを提出したから」

基本 6 **(英作文)**

「現在行われていること」なので時制は現在進行形にする。またhe, she, theyと代名詞を主語にするのではなく,man, women, peopleなど具体的な主語の形にする。

1 (例) Two men and two women are enjoying a party.「2人の男性と2人の女性がパーティーを楽しんでいる」 楽しそうに歓談している表情からenjoy,服装からa partyという語を入れたい。

2 (例) A woman is walking with a suitcase.「女性がスーツケースを持って歩いている」walkingだけでなくsuitcaseという語も入れよう。~carrying a suitcaseとすると「スーツケースを運んでいる」となり正確さに欠ける。

3 (例) People are waiting to get on a train.「人々は電車に乗るために待っている」get on a train「電車に乗る」 不定詞を使って「~するために」という意味にするとよい。

7 **(英作文・英問英答)**

基本 1 「あなたは,普段放課後は何をしますか?」 What do you usually ~? と聞かれているので,usuallyを入れて答えるとよい。after schoolを入れても可。

基本 2 「あなたは何が得意ですか?」 be good at ~「~が得意」 I am good at ~. の形で答える。前置詞atの後は名詞相当語句がくるので,動名詞…ingの形を続ける。

3 「あなたは都会と田舎のどちらに住みたいですか? それはなぜですか?」 would like to ~は「~したい」という意味の丁寧表現。I would like to live ~ の形で答える。

countrysideかthe city どちらかを明記し，because に続けてその理由も書く。

重要 4 「あなたにとって一人で勉強するのと，グループで勉強するのとではどちらが良いと思いますか？ それはなぜですか？」study aloneかstudy in a group のどちらかを明記する文で始める。理由2つは，First, …. Second, …. という形でまとめるとよい。解答例訳「私はグループで勉強するほうが好きだ。第一の理由は，クラスメイトにアドバイスをもらえる。そのアドバイスから正しい答えを見つけられるかもしれない。第二の理由としては，お互いのやる気を引き出せるからだ。やる気は理解を深めるための大事な要因だ」

★ワンポイントアドバイス★

6・7のような英作文問題では＜主語＋動詞＞の形を作ることから始めよう。次に時制を決める。特に6では「現在行われていること」の語句から現在進行形を使わなくてはならない。7では主張と理由，理由を2つなど細かい指示を見落とさないようにしよう。

＜国語解答＞

一　問一　イ　問二　ア　問三　ウ　問四　イ　問五　プログラム　問六　Ⅲ
問七　（例）人工知能の設計を単純な技術の問題ではなく，人間知性の問題として哲学の歴史に照らして考える視点。

二　問一　イ　問二　A　オ　B　エ　C　ア　問三　ウ　問四　（例）赤緒がテニスの試合で惨敗し，号泣した写真をはっちが壁新聞に載せて，赤緒に激怒されたとき。
問五　エ　問六　ウ　問七　ア

三　問一　エ　問二　（例）二十年後の社会は，ICTの進歩によって現在以上に人間同士の対面での関係が希薄になり，不安を抱える孤独な人間が増えると予想されます。そのため人肌に触れることで安心感を得るという目的でロボットが開発されます。見た目や触感，動き方が人間と酷似しているのはもちろんのこと，学習を繰り返すAIを搭載しているため，持ち主の性格に合わせた人格を備えることにより個性を獲得します。その結果，不安を抱える人が減り，より生産力の高い社会に向かっていきます。

四　1　投影　2　容赦　3　配慮　4　柔軟　5　反　6　程　7　慕
8　せっちゅう　9　わず　10　ぬぐ

○推定配点○

一　問七　8点　他　各5点×6　二　問一・問二　各3点×4　問四　8点
他　各5点×4　三　問一　2点　問二　10点　四　各1点×10　計100点

＜国語解説＞

一　（論説文—内容理解，助動詞，要旨）

問一　文章の冒頭で筆者は，ライプニッツを「今日の人工知能の基本的なアイデアをうみだした哲学者＝数学者」だ述べている。また，——線①の直前に「人工知能の基本的な考えがライプニッツに遡ることは，間違いありません」とある。この内容がイに合致する。

基本 問二　文章中の「ような」は例示の意味を表している。イ～エは例示，アはたとえである。

問三　――線②は，直前の「まず全体を基本的な要素にまで分解し，次にその要素の組み合わせによって，全体を余すところなく描き出す」という考え方に基づいている。

問四　直後に「古代ギリシアのプラトン対アリストテレスの論争が，あらためて繰り返される」とあることに注目。これに続いて書かれている，ライプニッツ自身の言葉の内容をふまえると，イが正しい。

重要 問五　直前の「コンピュータに規則や推論や知識などをあらかじめ教え込み」という内容に合う言葉を考える。

問六　抜けている文の冒頭の逆接の接続語「しかし」の働きをふまえ，あてはまる場所を考える。

やや難 問七　最後の段落の内容をふまえて解答をまとめる。

二 **(小説―助詞，空欄補充，心情理解，内容理解，表現理解，主題)**

基本 問一　イは接続助詞，その他は格助詞である。

問二　A「たしかに」は，間違いなく，という意味。　B「なにより」は，どんなものよりも，という意味。　C「おそらく」は，たぶん，という意味。

問三　写真に写っているのが「中三の惨敗のときの写真と同じく見る影もないほど不細工な顔」であり，赤緒自身が「ひどい顔」と言っていることから考える。

やや難 問四　前に「はっちが赤緒の号泣写真を壁新聞に載せて激怒された一件」とあることに注目。「赤緒の号泣写真」とは，「中三の惨敗のとき」のものである。

問五　写真を見て高杉は「いい顔やな」と言っている。「知らなかった――メールで……知ることはできなかっただろう」からは意外さ(ア)が，「おまえが一年間，……いい写真やと思うぞ」からは感動(ウ)が，「仲間として，おれが誇りに思う赤緒梓や」からは誇らしさ(イ)が伝わってくる。

問六　何と何が「繋がってる」のかをとらえる。「中三」のときの自分と「高一」のときの自分が繋がっているのである。

重要 問七　最後の三つの段落の内容から，「もらった写真をおまもりにする」という気持ちをとらえると，アの内容が正解である。

三 **(論説文―内容理解，作文)**

重要 問一　最後から二つめの段落に「ところが今，ロボットはそんな当時の想像とは，異なる方向に進化しているように見える」とあることから，エが正しい。

問二　「汎用的」とは，一つのものを広く諸種の方面に用いることができる様子である。最後から二つめの段落に，現在普及しているのは「日常生活に溶け込んで人を支える汎用的なロボットではなく，ロボット掃除機や警備ロボットのように，特定の機能に特化したロボットたちだ」とあることをふまえ，どのような「汎用的なロボット」がありうるか，具体的に考えて文章をまとめる。

四 **(漢字の読み書き)**

1「投影」は，物の見え方や解釈のし方に心の内面が表現されること。　2「容赦」は，ゆるすこと。　3「配慮」は，心をくばること。　4「柔軟体操」は，体をやわらかにさせる目的で，関節を屈伸するなどして行う体操。　5「反る」は，物が弓なりに曲がること。　6「程なく」は，大した時間もたたないうちに，という意味。　7「慕う」は，人徳などを尊敬して，それにならおうとすること。　8「折衷」は，あれこれと取捨して適当なところをとること。　9「僅か」は，数量・程度・価値・時間などが非常に少ない様子。　10「拭う」は，軽くこすって除くこと。

★ワンポイントアドバイス★

説明的文章と文学的文章は，50～60字の記述問題があり,選択式の問題に細かい読み取りを必要とする。ふだんからの読書が大切である。200字以上の作文も出題されており，文章を時間内で簡潔にまとめる力が求められる。漢字も必須だ。

2022年度

★★★★★★★★★★★★★★★★★★★★★★★★

入 試 問 題

2022年度

芝浦工業大学附属高等学校入試問題

【数　学】 基礎（30分）〈満点：100点〉

【注意】1　定規，コンパスを使用しても構いませんが，分度器を使用してはいけません。

2　円周率が必要な場合は，すべて π で計算してください。

1　$\dfrac{4x-5y}{3}+\dfrac{4x-2y}{6}-\dfrac{8x-6y}{2}$ を計算しなさい。

2　$a^2b-ab^2+b^2c-abc$ を因数分解しなさい。

3　x の1次方程式 $\dfrac{3x-1}{8}-\dfrac{x-a}{4}=\dfrac{1}{2}$ の解が $x=3$ であるとき，a の値を求めなさい。

4　2次方程式 $3x^2-9x-12=0$ の解を s，t とする。このとき，$\dfrac{1}{s}$，$\dfrac{1}{t}$ を解に持つ x の2次方程式 $x^2+ax+b=0$ の定数 a，b の値を求めなさい。

5　3直線 $x-2y+4=0$，$2x+y-7=0$，$ax-y=0$ が1点で交わるとき，a の値を求めなさい。

6　関数 $y=2x^2$ について，x の値が $p-1$ から $p+3$ まで増加するときの変化の割合が34となる。このとき，定数 p の値を求めなさい。

7　放物線 $y=\dfrac{1}{2}x^2$ と直線 $y=-x+4$ の共有点のうち x 座標が小さい方の点をAとし，直線 $y=-x+4$ と x 軸の交点をBとする。原点をOとするとき，△OABの面積を求めなさい。

8　大小2個のさいころを同時に投げるとき，さいころの目の数の和が素数になる確率を求めなさい。

9　右の図のように，正三角形に2本の平行な直線が交わっている。このとき，$\angle x+\angle y$ の大きさを求めなさい。

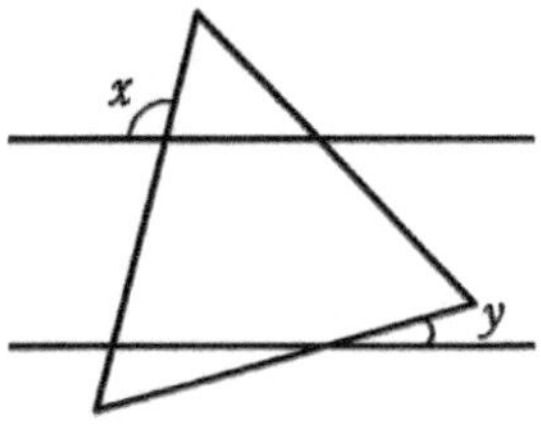

10　右の図のように，円周上の3点A，B，Cを頂点とする二等辺三角形ABCがある。このとき，円の半径を求めなさい。

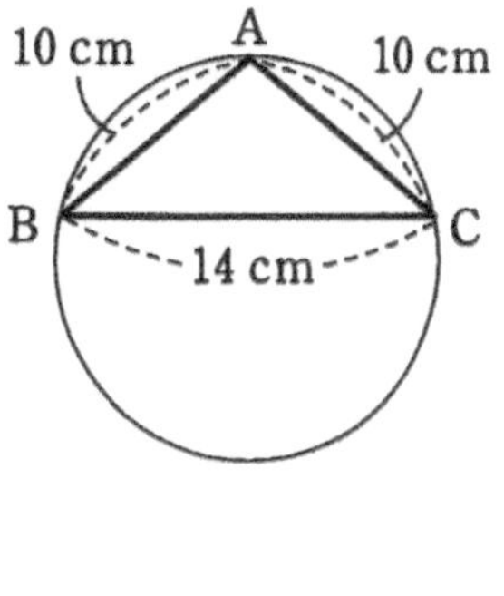

11 一辺の長さが4 cmである立方体ABCD－EFGHの辺ADを1：2に内分する点をPとする。3点P，H，Fを通る平面で立方体を切断するとき，頂点Aを含む方の立体の体積を求めなさい。

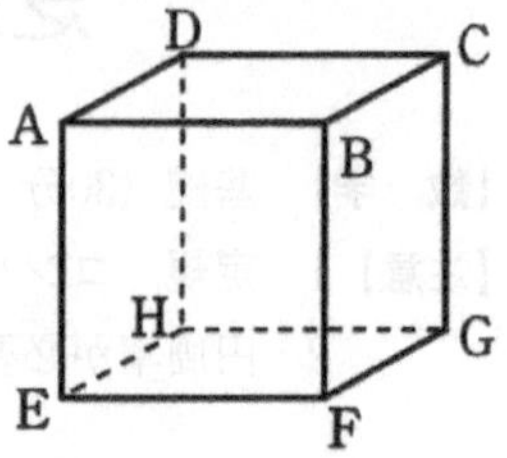

12 右の斜線部分の図形を，直線 ℓ を軸として1回転させてできる立体の体積を求めなさい。ただし，単位はcmとする。

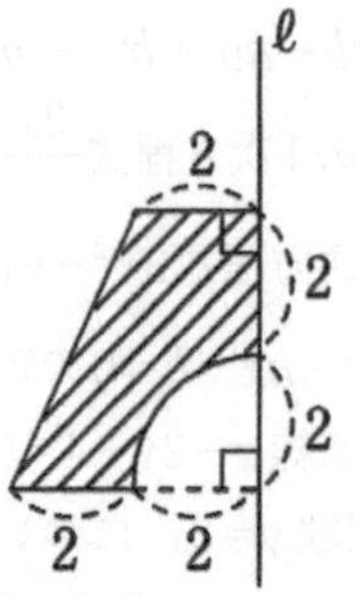

13 右の表は，ある中学校の生徒480人の通学時間について調べた結果を，相対度数で表したものである。この表を使って，通学時間が10分以上20分未満の生徒の人数と30分以上40分未満の生徒の人数の差を求めなさい。

通勤時間(分)	相対度数
0以上　～10未満	0.15
10　～20	0.35
20　～30	0.30
30　～40	0.15
40　～50	0.05
計	1.00

【数　学】 応用（50分）〈満点：100点〉

1　同じ座標平面上に，放物線$y=\frac{1}{4}x^2$と$y=-\frac{1}{2}x^2$がある。$y=-\frac{1}{2}x^2$上にx座標が-2，2の点A，Bがあり，線分AOの中点をD，線分BOの中点をCとする。また，$y=\frac{1}{4}x^2$と直線AOの交点をE，$y=\frac{1}{4}x^2$と直線BOの交点をFとするとき，次の各問いに答えなさい。

(1)　台形ABCDの面積を求めなさい。

(2)　線分EFの長さを求めなさい。

(3)　直線AO上に点P，直線BO上に点Qをとる。台形ABCDと台形EFQPの面積が等しいとき，点Pの座標をすべて求めなさい。

2　次の図のように，△ABCにおいてBCの中点をMとするとき，中線定理が成り立つ。このとき，次の各問いに答えなさい。

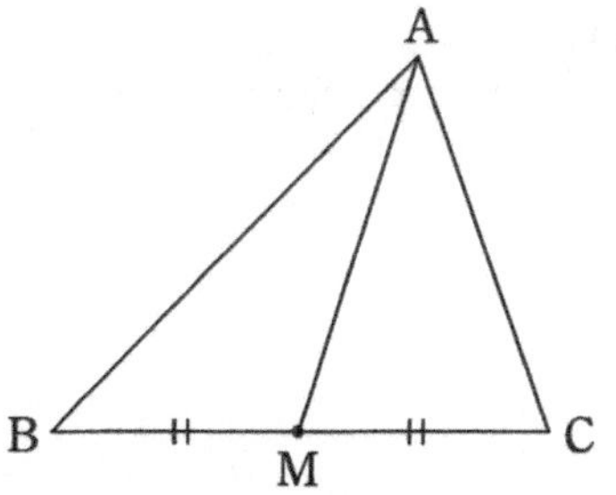

中線定理

$AB^2+AC^2=2(AM^2+BM^2)$

(1)　△ABCの頂点Aから辺BCに垂線をひき，辺BCとの交点をHとする。このとき，$AB^2+AC^2=BH^2+CH^2+$［　　］AH^2となる。空欄に入る値を求めなさい。

(2)　(1)を用いて，中線定理を証明しなさい。

(3)　△ABCにおいて，$AB=\sqrt{5}$，$BC=2\sqrt{6}$，$AC=4$のとき，AMの長さを求めなさい。

3　次の図のように，一辺の長さが2 cmの正六角形ABCDEFがある。点Pが秒速1 cmの速さで頂点Aから時計と反対まわりに一周する。点Pが動いた時間をx秒，△APFの面積をy cm^{2}とし，次の各問いに答えなさい。

(1)　$0\leqq x\leqq 2$のとき，yをxの式で表しなさい。

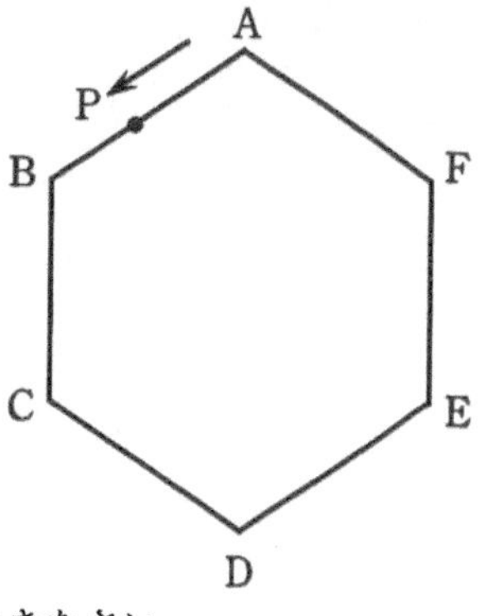

(2)　$0\leqq x\leqq 10$における，xとyの関係を表すグラフを解答用紙にかきなさい。

(3)　△APFの面積が正六角形ABCDEFの面積の$\frac{1}{4}$になるxの値をすべてを求めなさい。

4 次の図のように，一辺の長さがa cmの立方体ABCD－EFGHのすべての面に接する中心がOの球がある。球の半径をr cmとするとき，次の各問いに答えなさい。

(1) rをaを用いて表しなさい。

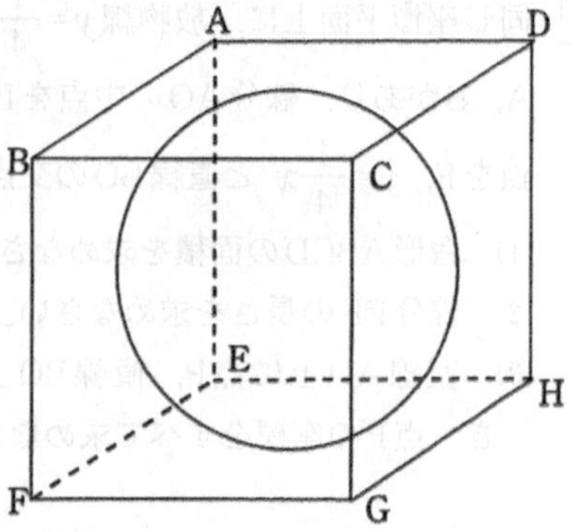

(2) 頂点Bから球までの最短距離をaを用いて答えなさい。

(3) 3点A，C，Fを通る平面で立方体と球を切断したとき，切り取られた球の切断面の中心から球の中心Oまでの距離をaを用いて答えなさい。

【英　語】（60分）〈満点：100点〉　**※リスニングテストの音声は学校のHPにアクセスの上，音声データをダウンロードしてご利用ください。**

1　放送を聴き，絵の内容に合う英文を選び，記号（A～D）で答えなさい。英文は印刷されていません。英文は1度放送されます。

1．

2．

3．

4．

5．

2　1．～5．の対話文を聴き，最後の応答として最も適当なものを選び，記号（A～C）で答えなさい。英文は印刷されていません。英文は1度放送されます。

3 英文を聴き，その内容に関する質問の答えとして最も適当なものを選び，記号(A ～ D)で答えなさい。英文は2度放送されます。

1．What is the first thing that students need to do?
(A) To write a letter to Mr. Kanai.
(B) To give their homework to a classmate.
(C) To work on the tasks.
(D) To study for the test.

2．What is it true about Celina's speech?
(A) Santa Claus in New Zealand wears summer clothes.
(B) New Zealand kiwifruit is more delicious than any other fruit.
(C) Christmas is celebrated in winter in New Zealand.
(D) Haka is a well-known dance that originated in Japan.

3．What is it true about the tour?
(A) You can touch or feed animals if you are careful with them.
(B) You can see the animal show in the middle of the tour.
(C) You can buy souvenirs anytime during business hours.
(D) You may get bitten by animals because most of them are hungry.

4 次の記事を読み，その内容に関する質問の答えとして最も適当なものを選び，記号(A ～ D)で答えなさい。

The SIT Times

How can we use technology under the pandemic?

People around the world are facing many kinds of problems because of the new virus, COVID-19. Audrey Tang, Digital Minister of Taiwan, solved the issues by introducing technology and the three Fs – Fast, Fair, and Fun.

The "fast" response to the pandemic is important to stop the virus from spreading. As soon as the Taiwanese government learned about the spread of the virus in Wuhan, a city in China, it started to check people from other countries at airports. When a woman from Wuhan who had the virus was found at an airport, the government began to stop allowing tourists from the city to come to Taiwan the next day. Also, the government introduced a new app* that can tell people that they may have met a person who had the new virus.

Being "fair" to everyone is also necessary to avoid the troubles caused by the pandemic. The government bought all the face masks from makers and sent them to stores. People needed to show their IDs at stores so as not to buy more face masks than necessary, and the information was recorded. Also, the Taiwanese government created "Mask Map" on Google Maps to find the nearest store easily. The information was updated* every thirty minutes. Thanks to this system, people did not have to worry about the shortages of face masks.

Having "fun" is also important for people to stay informed as they easily get bored without fun. Chatbots are an enjoyable and useful tool to find out information. For example, people can enjoy learning how to use "Mask Map" by simply asking the chatbot a question. The most popular chatbot was LINE Bot. The Taiwan Centers for Disease Control got many followers in a week on LINE. Moreover, the service of AI medical doctors started, and anyone could ask any questions about their health. The government and medical doctors saved their time through the system.

Audrey Tang successfully* introduced technology and the three Fs. Audrey said that AI should be used for assisting humans. Although the word "AI" means artificial intelligence, Audrey proposed that AI should mean "Assistive Intelligence." In a triage* situation, the process of deciding who receives medical treatment first, AI is likely to select younger patients under the COVID-19 pandemic. This may sound logical, but in Taiwan, this is not allowed: any age patient can be selected.

Humans are creative and can find out solutions. On the other hand*, AI cannot create something new and does not know what is good, but AI can effectively* collect information. Therefore, if humans and AI work together, they will solve problems caused by the pandemic and make the world better.

＊app　アプリ　　update　最新のものにする　　successfully　うまく
triage　治療や搬送の優先順位を決めること　　on the other hand　一方で　　effectively　効果的に

1．Which of the following has the Taiwanese government done because of the "fast" policy?

(A) Taiwan stopped allowing people from Wuhan to enter its country soon after finding a problem.

(B) It quickly introduced an app that lets people communicate with people who have the new virus.

(C) It quickly made new medicine for people who had the new virus.

(D) All tourists from China had to show a vaccine passport when they arrived in Taiwan.

2．What was the good point of the government's policy of face masks?

(A) Stores could make money because the government sent face masks to them.

(B) People could buy and sell many face masks easily.

(C) If people lined up earlier, they bought more face masks.

(D) It solved a possible future problem that people could not buy face masks.

3．What can chatbots do for people?

(A) They can make people happy by connecting them to others.

(B) They can give medicine to patients instead of real doctors.

(C) They can let people get information by having an enjoyable conversation.

(D) They can directly help the government and medical doctors save their time.

4．According to Audrey Tang, what should be the role of AI?

(A) Helping people do something.　　(B) Making a logical judgement.

(C) Controlling people to follow its judgment.　　(D) Being creative like humans.

5．Choose the closest example of using "AI" as defined by Audrey Tang.

(A) People can enjoy playing a variety of games like shogi with AI.

(B) AI can pick up damaged products that people cannot notice on a conveyor belt.

(C) People can learn many subjects from AI teachers more quickly than from humans.

(D) AI can change computer programs so that the users cannot use the computers.

5 次の記事と公開討論(Readers' Forum)を読み，その内容に関する質問の答えとして最も適当なものを選び，記号(A ～ D)で答えなさい。

What will happen to modern society

⇦ ⇨ ↻ ⌂ https://www.sittimes.com/story/news/opinion/ what...

The SIT Times – Your co-worker may be a robot in the future.

June 12, 2021

A robot called the Model-T, invented by Telexistence Inc, is working at a convenience store. It is a remote-controlled humanoid robot. With a uniform fitted with a remote control, you can control the robot even in a different place. Now, the robot works in the back of the convenience store in Tokyo. Mainly, it puts bottles and cans on the shelves. Shigehiro Muraki, head of Logistics & Warehouse Robotics of Telexistence said, "At the moment, the robot needs human assistance, but it will be able to work by itself, and we should share our jobs with the robot." Muraki said in our interview that the Model-T can only put items on the shelves now. However, in the near future, it will get out of the backroom and start working in front of customers. Muraki plans to introduce the Model-T to at most 20 stores by 2022. So, you may see one of the robots soon. Muraki said he would create a new version of the Model-T with three distinct features* other AI robots do not have. Here's our interview with Shigehiro Muraki about the features.

Can the Model-T hold soft items like bread in the future?

Technically, that's possible. We can develop a new model that can see the things it holds, and adjust its strength levels based on how soft the items are. However, we need to improve its speed before developing other features because we cannot do our business smoothly without it. Unfortunately, the Model-T cannot work as fast as humans. While humans can put one lunch box or one rice ball on the shelf in five seconds, the robots take eight seconds. After realizing the speed, we will improve the performance of the robots' hands. I believe we can introduce the Model-T to different industries, not only to retail, after we meet these two goals.

Can the Model-T read and understand expiration dates*?

That's also possible. We plan to create a new model of the Model-T that can read expiration dates with a camera attached to it. Anytime the Model-T cannot see the dates, it moves products with its hands to see the dates. Without human assistance, other AI robots cannot do the same things.

What is an advantage of the Model-T?

A great advantage of the current Model-T is that it can perform various operations to grab and carry things with smooth movements. Other robots cannot learn many kinds of actions because they need a lot of data, but the Model-T doesn't.

Amazingly, the Model-T is already working in a convenience store. One man may soon be able to control 20 Model-T robots at the same time in 20 different locations. You will probably work with robots in the future. That day will come soon.

How do you feel about the introduction of the Model-T? Please let us know your opinions or ideas. You can leave your comment on the following website, The SIT Times - Readers' Forum: Your co-worker may be a robot in the future.

*distinct features　明確な特徴　　expiration dates　賞味期限

What will happen to modern society | Readers' Forum- Your co-worker may be

⇦ ⇨ ↻ ⌂ https://www.sittimes.com/readersforum/your co-worker...

The SIT Times - Readers' Forum: Your co-worker may be a robot in the future.

I think it is amazing for us to control a robot from anywhere. This technology may solve many problems. For example, robots can save people's lives in dangerous places damaged by tsunamis or earthquakes. Robots can also work at hospitals under the COVID-19 pandemic. We can take good care of people without fear of getting the coronavirus. As workers control the robot from a different place, they do not have to worry about their own safety. We should use robots not only at convenience stores but also in many places. ***Posted by Kana***

I totally agree with Mr. Muraki's future goal. I think sharing work between humans and robots is better than robots doing everything for humans. Robots are designed to do routine work, and the more they learn, the better they can work. As a result, people can focus on more creative jobs. The population is decreasing in Japan. So, it may be one of the best ways to solve the problems of labor shortages. Plus, this is just my imagination. One person may be able to control ten robots in the future. By using this function, I would like my ten robots to do many things for me, such as dishwashing. This idea is so exciting. I can't wait to see it coming in my future. ***Posted by Tom***

I understand the main point of this article, but I cannot totally agree with it. I'm worried that robots will take over our jobs. Some people say robots cannot do creative jobs, but humans can. However, I do not think everyone can do it. Therefore, if robots become more popular in the future, we will lose some of our jobs. There are so many things I am not sure of. So, I am a little worried about the future of working with robots. ***Posted by John***

1．According to the article, what does the Model-T do at the convenience store?

(A) The Model-T carries items to the back of the convenience store.

(B) The Model-T handles customers at the convenience store.

(C) The Model-T arranges products on the shelf in the backroom.

(D) The Model-T knows about expiration dates and throws old products away.

2．What will be the first improvement of the Model-T?

(A) The Model-T will be able to check expiration dates correctly.

(B) The Model-T will be able to work as fast as a human.

(C) The Model-T will be able to move its hands smoothly.

(D) The Model-T will be able to think more quickly than a human.

3．What is Kana's opinion about robots?

(A) Robots should be used only at convenience stores.

(B) Robots should care more about people.

(C) We should not use robots in dangerous places.

(D) We should use robots for many purposes.

4．Which opinion do Mr. Muraki and Tom share?

(A) People and robots should work together in the future.

(B) Robots should work perfectly to take over people's jobs.

(C) It is exciting for people to be controlled by ten robots.

(D) Anyone can control robots from the other side of the world.

5．Why does John worry about the future of working with robots?

(A) Because robots will take over creative jobs.

(B) Because robots will understand people's feelings.

(C) Because robots will replace human workers.

(D) Because robots will create more jobs than people can do.

6 これらの絵は現在行われていることを示している。それぞれの絵の内容について，1文で書きなさい。

1．

2．

3．

7 以下の問いについて，英文で書きなさい。5．は主張の理由を2つ述べなさい。

1．What would you like to do in high school?

2．What is one of the good things for Japanese people to work from home?

3．Do you think children should help their parents at home? Why?

4．What is the most important thing for old people to enjoy their lives? Why?

5．Smartphones will make people smarter in the future. Do you agree or disagree? Why?

方に影響が及ぶ可能性がある。

（読売新聞　2021．04．16　朝刊12面）

国際エネルギー機関（ＩＥＡ）は１８日、２０５０年までに世界で温室効果ガス排出の「実質ゼロ」を実現するための工程表を発表した。３５年にはガソリン車の新車販売を停止するなど、対策を強化する必要があると強調した。

「実質ゼロ」は、日米や欧州連合（ＥＵ）などが政策目標に掲げている。ただ、ＩＥＡはこれらの国・地域が約束している対策だけでは、５０年の二酸化炭素（ＣＯ２）排出量が２２０億トンと、２０年に比べて３５％減にとどまると指摘した。

具体的な対策として、３０年には新車販売の６割を電気自動車（ＥＶ）やプラグインハイブリッド車（ＰＨＶ）、燃料電池車（ＦＣＶ）が占め、３５年にはガソリン車の販売をゼロにする必要があるとした。石炭火力発電も２１年から段階的に廃止し、５０年には太陽光と風力が世界の発電量の７割を占めなくてはならないという。

３０年までは既存の技術で排出削減が可能だが、それ以降はＣＯ２の回収・貯蔵など新たな技術の普及がカギを握るとも指摘。５０年に７６億トン分のＣＯ２が新技術で回収される必要があるとして、各国に新技術の研究開発投資を増やすよう求めた。

（読売新聞　2021．5．19　朝刊2面）

問一　二つの新聞記事で取り上げられている、温室効果ガス排出の原因を三つ答えなさい。

問二　温室効果ガスの排出の「実質ゼロ」を実現するためにはどうしたら良いか。自分の考えを述べなさい。ただし、次の条件に従うこと。

Ａ　新聞記事で示されている以外の、温室効果ガス排出の対策を挙げること。

Ｂ　自分が挙げた温室効果ガス排出の対策に必要な科学技術を示すこと。

Ｃ　一八〇字から二二〇字以内で書くこと。ただし、出だしの一マスは空けずに書くこと。

四　―線のカタカナを漢字に直し、漢字は読みをひらがなで答えなさい。

1　家業の給料はやった分だけ支払われるブアイ制だ。
2　締め切り日に間に合わないのがヒッシの状況だ。
3　平静をヨソオって、先生の前を通り過ぎた。
4　度重なる失敗で、自信をソウシツした。
5　今回の計画には十分なセイサンがある。
6　地盤調査にモトづいて建築計画を立てる。
7　わがままを言う弟をトき伏せた。
8　確認を怠ったために失敗した。
9　理系を究めようと芝浦を目指した。
10　隣の家から声高に話す声が聞こえる。

る「彼」の様子の説明として適切なものを次の中から一つ選び、記号で答えなさい。

ア　額の異物は悪性の腫瘍《しゅよう》ではないので放っておくことにしていたが、娘にからかいの材料にされて、煩わしく思っている。
イ　額の異物はそのうち消えるだろうと気にも留めていなかったが、思いがけず娘に注目されて、意表を突かれて慌てている。
ウ　額の異物はにきびではないと決めつけて深く考えないことにしていたが、娘から不意に指摘されて、動揺を抑えきれないでいる。
エ　額の異物は目立つものではないので甘んじて受け入れていたが、熱い紅茶を飲んで色づいていたことを知り、体裁の悪さを感じている。

問四　［D］に当てはまることわざとして適切なものを次の中から一つ選び、記号で答えなさい。

ア　寄らば大樹の陰　イ　果報は寝て待て
ウ　棚からぼたもち　エ　鰯《いわし》の頭も信心から

問五　――線④「彼は娘たちのように拝む気にはなれない」とありますが、なぜですか。解答欄に合わせて本文中から二十字で書き抜きなさい。

問六　――線⑤「たった一と粒のにきびが招いた実感であった」とありますが、どういうことですか。これを説明した次の文の空欄（ⅰ）・（ⅱ）に当てはまる表現を、それぞれ指定された字数で答えなさい。

にきびが出来たことを妻の遺影に話しかけても（ⅰ・十字程度）だけでなく、そのにきびは（ⅱ・三十五字程度）ので、妻の死をより確かなものと感じさせたということ。

問七　本文の表現上の特徴に関する説明として適切なものを次の中から一つ選び、記号で答えなさい。

ア　「彼」の会話に冗談めかした口調を用いることで、最後に突然「彼」を襲う巨大な悲しみと寂しさを強調して表現している。
イ　会話文でしか娘たちの気持ちや考えが表現されないことで、娘たちと気持ちがすれ違ってしまっている「彼」の孤独感が描かれている。
ウ　妻が遺言を残す場面の回想を挟むことで、生前の妻の言葉に耳を貸してこなかったことへの「彼」の後悔を浮かび上がらせている。
エ　論理的に考え、母の死も受け止めた娘たちと、感情に流され、妻の死を受け入れない「彼」との対比を、軽妙なやり取りを通して示している。

三

次の文章を読んで、後の問いに答えなさい。

世界で「培養肉」の開発競争が起きている。畜産に頼らず、動物の細胞を人工的に増やして作る食肉で、食料危機などの解決策の一つと期待される。

（中略）

地球温暖化対策を重視するバイデン米大統領の誕生は、培養肉開発への追い風となった。国連食糧農業機関（FAO）によると、世界の温室効果ガスの約15%は畜産業に由来する。膨大な家畜が出すゲップに含まれるメタンガスなどだ。温暖化対策が進めば、畜産業のありと、彼は三女に笑いかけて食卓を離れた。

彼のところには、仏壇というものがない。妻が亡くなってもう半年になるのに、まだ買わずにいるのである。仏壇など不必要だと思っているのではない。勿論《もちろん》、費用を惜しんでいるのでもない。

妻の死があまりに急だったせいか、妻が自分より先に死ぬなどとは考えたこともなかったせいか、自分の手で妻の骨を拾い、郷里の墓へ葬ったにも拘《かか》わらず、彼にはいまだに妻が本当に死んだという気がしないのである。妻の死が信じられない。妻はいまでもどこかで生きている――そう思えてならないのである。

妻の遺影と位牌《いはい》は、茶の間の小箪笥《こだんす》の上に安置してある。ほかに、花瓶と、水を入れる湯呑《ゆの》みと、ボール箱に入った線香と、陶製の線香立てとが置いてある。娘たちは時々花を換え、湯呑みの水は毎朝換えて、線香を立てて拝んでいるが、④彼は娘たちのように拝む気にはなれない。娘たちが勤めや学校へ出かけたあと、匂いで気を鎮めるために線香を二本一緒に焚《た》くだけで、あとは位牌に手を合わせるでもなく、地味な和服で自然な感じの微笑を浮かべている妻の遺影を眺めながら、しばらくの間ありし日の些細《ささい》な出来事をあれこれと思い出しているだけである。

左眉の上の異物がにきびだと断定せざるをえなくなった日の夕方、彼はいつものように線香を焚いてから、上目で遺影に語りかけた。

「おい、見てくれよ。おでこににきびが出来ちゃった。にきびなんて、もう生涯縁がないと思っていたのにな。よく見てくれ。五十八歳のにきび面だ。」

すると、思いがけないことに、妻は死んだのだ、死んでもうこの世にはいないのだという実感が、初めて彼の胸底に落ちた。⑤たった一と粒のにきびが招いた実感であった。彼は突然自分を包み込んできた厖大《ぼうだい》な悲しみと寂しさに圧《お》し潰されて、音を立ててそこに蹲《うずくま》った。

（三浦哲郎「にきび」）

※1 面疔《めんちょう》……顔に出来る悪性のできもの。

2 種雄……繁殖の際に用いられる雄犬。

問一 ――線①「彼のその額の異物が珍しく家族が顔を揃えた食卓の話題になった」とありますが、この話題に関する娘たちの様子として適切なものを次の中から一つ選び、記号で答えなさい。

ア 娘たちは、父親の額ににきびが出来たことを、日常における些細な変事として愉快に思っている。

イ 娘たちは、にきびの存在をかたくなに否定する父親に、躍起になってにきびを認めさせようとしている。

ウ 娘たちは、年齢に似つかわしくないにきびを恥ずかしがる父親の大人げなさを、ほほえましく感じている。

エ 娘たちは、母親が亡くなったことをきっかけに体を若返らせてにきびをこしらえた父親の薄情さに憤っている。

問二 ――線②「おびただしい」の主語として適切な表現を次の中から一つ選び、記号で答えなさい。

ア 彼　　イ 五十八歳

ウ にきび面　　エ みっともないこと

問三 ――線③「声がうわずって、紅茶と一緒に口のなかへ紛れ込んだレモンの種を噛み込んでしまった」とありますが、ここにおけ

〈自覚〉がほかにも確かにあったからである。

「まさか、それが」と、おそるおそる彼はいった。「お母さんが急に死んだことと関係がある、なんて、いい出すつもりじゃないだろうね。」

「関係があるかもしれないわ、そのことがお父さんの生命力にいい意味での衝撃《ショック》を与えたのかもしれないし。でも、直接の原因は、やっぱり煙草《たばこ》をやめたことじゃないかしら。煙草をやめたことで、体質がすっかり変ってしまったんだわ。そうだとすれば、結局お母さんが死んだことと関係が大ありだということになるんだけど。」

実際、彼は、半年前、妻がこの世を去ると同時に、日に五十本は欠かしたことのなかった喫煙の習慣をすっぱりと捨ててしまった。これまでの三十年余り、頑固に自分の流儀を貫いて、妻の願望や愚痴のたぐいにはろくに耳を貸したことがなかった償いに、せめて意識を失う前に洩《も》らした遺言めいた言葉だけは聞き入れてやろうと思ったからである。

妻は、夕食の炊事中に倒れ、救急車で運ばれた陰気な病室のよく軋《きし》む鉄のベッドで、正気な忠告なのか、譫言《うわごと》なのか、

「あなた、お願いだから煙草だけはやめてくださいね。煙草は、何のたしにもならないの、あなたの軀にも仕事にも。ただ寿命を縮めるだけ。だから、約束して、あなた……煙草はきっぱりやめるって、私のために。」

そんなことをひとしきり呟くと、それきり意識がなくなって三日後に息を引き取ったのであった。

煙草をやめるのは容易ではないが、ともかくも辛い禁断症状を耐え抜いて、もう半年になる。

「おまえのいうように」と彼は、妻の生存中ならここらで一服するところだがと思いながら次女にいった。「軀が若返ったのであればありがたいような気もするけど、この齢でにきびは困るな。こんなもの、直ちに消してしまう特効薬はないもんかね。」

姉妹は顔を見合わせていたが、案に相違して、自分たちはあいにく吹き出物には縁のない肌だからという返事であった。そういえば、死んだ妻の顔に吹き出物を見た記憶も全くなかった。

「よくはわからないけどね」と三女がいった。「にきびって、べつに薬をつけたりしなくても、時期によってひとりでに出たり引っ込んだりするものみたいよ、お隣のドンを見ていると。」

彼はびっくりした。ドンというのは隣家の飼犬の名で、雄で二歳のブルドッグである。まさかブルドッグにもにきびが出来るとは知らなかった。ブルドッグの大きく裂けた口の上には、長い髭《ひげ》がまばらに生えた頬とも唇ともつかない薄くて柔かな肉が鼻の両脇から垂れ下がっているが、三女によれば、その淡いピンク色をした頬のようなところに、時々ぽっちり、赤いにきびが出来ているという。

「ところが、そのにきびが一と晩のうちにぱっとなくなるのよ、不思議なことに。だから、お父さんのも、治療なんかしなくてもある朝きれいに消えているかもよ。」

三女はそういったが、ドンが時折、種雄※2として古巣の犬舎へ連れていかれることを彼は知っている。

「それじゃ、おまえさんの観察を信用して、このまま□といくか。」

二 次の文章を読んで、後の問いに答えなさい。

そのころの日曜日の朝、図らずも①彼のその額の異物が珍しく家族が顔を揃《そろ》えた食卓の話題になった。

家族といっても、長女はすでに嫁いでいて、半年ほど前に彼の妻がクモ膜下出血という考えもしなかった病気で急死してからは、父親の彼と、美術館勤めをしている次女と、高校生の三女だけになっているが、その朝、前々から夜ふかしの朝寝坊でめったに食事をともにしたことのない父親とちょうど向い合わせの席にいた末娘が、食後の紅茶のとき、しげしげと彼の顔を見て、

「お父さん、すこし太ったみたい。」

と呟《つぶや》き、それから急に笑いを含んだ声で、

「厭《いや》だあ。それ、ひょっとしたらにきびじゃない？」

と椅子から腰を浮かしたのである。

すると、その隣にいた姉の次女も、

「あら、ほんと。フォルムといい色調といい、典型的なにきびだわ。」

といった。

彼は、若いころから、どういうものか、燗酒《かんざけ》に限らず熱い飲みものを腹に入れると、鼻の頭や耳たぶや手の指先のような末端が忽《たちま》ち充血する癖がある。眉の上のちっぽけな異物も、熱い紅茶のおかげで濃く色づいて末娘の目に留まったのだろう。

はっきりにきびと指摘されて、彼は内心どぎまぎした。彼は、五十八歳である。五十八歳のにきび面なんて、みっともないこと②おびただしい。それで彼は、異物が面疔※1とにきびでない限り甘んじて根を張ることを許すつもりでいたのだ。

「にきびだって？　なんの話だ。」

彼は、せいぜいとぼけて娘たちを真顔で見返したが、③声がうわずって、紅茶と一緒に口のなかへ紛れ込んだレモンの種を嚥《の》み込んでしまった。

「その左眉の上に出来てるでしょう、ぽっちりと可愛《かわい》いのが。」

と次女がいった。

彼は、指先を軽く触れて見せないわけにはいかなかった。

「ああ、これかい。こいつはにきびなんかじゃないよ。虫に刺された跡がちょっと腫れたんだ。」

「夏でもないのに？」

「夏が過ぎても、しぶといやつが一匹や二匹は生き延びてるさ。」

「どんな虫だった？」

「俺が見たわけじゃない。眠ってるうちにやられたからな。目が醒《さ》めてみたら、これだ。」

「じゃ、やっぱりにきびの可能性のほうが大きいわ。」

「冗談いっちゃいけないよ。齢《とし》を考えてみろって。俺は満五十八歳だぜ。あと二年で還暦だよ。そんなやつの脂っ気のない顔ににきびなんか出来ますかって。」

「でも、にきびはそんなに齢とは関係ないと思うけどな。」

「だって、よくいうじゃないか、にきびは若さのシンボルだって。」

「だから、お父さんの軀《からだ》が若返ったのよ、きっと。なにかの拍子に、軀中の細胞がこれまでより生き生きと躍動してきたのよ。にきび以外に、なにかそんな自覚がない？」

彼は無意識に頷《うなず》きながら口を噤《つぐ》んで次女を見ていた。次女のいう

テレビは〝デジタル新時代〟を迎えた。技術的には鮮明な映像、迫力ある音、データ放送や字幕放送など数多くの機能を備えてきた。これからは、「情報の確かさ」と「ことばの質」を向上させることこそが課題である。

（加藤昌男の文章による）

問一 [A]、[B]、[C]に入る言葉として適切なものを次の中から一つ選び、それぞれ記号で答えなさい。

ア なぜなら　イ むしろ　ウ だから
エ さらに　オ つまり　カ ところが

問二 ――線①「硬軟、ごった煮状態の饒舌なメディア」とありますが、その説明として適切なものを次の中から一つ選び、記号で答えなさい。

ア 手本として期待されることばだけでなく若者言葉や方言など、多種多様なことばを使っている。
イ 明快で的確で適切な話しことばを、プロが高いレベルで追求し使用している。
ウ どのような世代にも受け入れられるような面白さを、ひたすらに追求している。
エ ことばの乱れを気にすることなく、社会の変化に合わせた言葉を使い続けている。

問三 ――線②「整った日本語」とありますが、整った日本語を使っている文として適切なものを次の中から一つ選び、記号で答えなさい。

ア 東京オリンピック・パラリンピックでは、とても素晴らしいプレーを見れました。
イ 徒歩で日本列島を縦断中に、それぞれの地域の公民館で休まさせていただきました。
ウ 生徒指導の際に声をあらげる教員は、二十年前よりはるかに少なくなりました。
エ 笑ってる時間が長い人ほどオキシトシンが分泌され、多幸感を抱くことができます。

問四 ――線③「公的な要素をともなった伝達媒体」とありますが、筆者はそれを踏まえて、テレビが他の媒体と異なりどのようなメディアであるべきだと考えていますか。本文中の語句を使って六十字以内で答えなさい。

問五 [D]にあてはまる内容として適切なものを次の中から一つ選び、記号で答えなさい。

ア 欧米人のように意見交換が習慣化する
イ 分かりやすく説得力のあるものである
ウ より早く正しい日本語が自然と身につく
エ 人前で発言することを承諾しやすくなる

問六 本文につけるタイトルとして適切なものを次の中から一つ選び、記号で答えなさい。

ア 〝全国共通話しことば〟のすゝめ
イ 新時代のメディアはどうあるべきか
ウ テレビは日本語の規範たりうるか
エ 〝デジタル新時代〟の課題と期待

まで、国内外のあらゆる分野の事柄である。[C]、限られた時間内に過不足なく伝えなければならないという条件が付く。そして、届けるための手段は公共の財産である「電波」である。

　こうしてテレビの特性を整理すると、テレビは単なる仲間うちのおしゃべりや娯楽の場にとどまらず、③公的な要素をともなった伝達媒体である。テレビのことばには、どこに住んでいる、どんな年齢の、どんな立場の人にも伝わる分かりやすさと的確さが求められる。放送の初期、「耳のコトバ」と呼んで〝全国共通話しことば〟の探求が行われたのはそのためである。今でも、NHKの放送用語委員会では放送にふさわしいことばの調査、検討を続けている。

　日本人は、大勢の相手に向かって話しことばで情報や考えを伝えることをあまり得意としてこなかった。福沢諭吉が「学問のすゝめ」で「スピーチ」を紹介したのは、今からせいぜい一三〇年ほど前である。この時、福沢は、欧米では人が集まれば自分の意見や心情を披露する習慣があり、「言葉をもって述ぶれば」つまり話しことばで伝えれば、文章より「了解すること易くして人を感ぜしめるもの」つまり[D]、と紹介している。

　日本でラジオ放送が始まったのが今から八七年前、テレビは六〇年足らずの歴史しかない。放送は大勢に向かって、つまりパブリックな場で、話しことばで情報や考えを伝える典型的な媒体であり、日本人が不得手としてきた人前で話す場を広げてきた。が、その歴史は浅い。「日本語話しことば」の追求は、まだまだ発展と進化の途上である。

　テレビは、政治も経済も、娯楽も文化も、深刻な社会問題も、手放しで笑える話題も、幅広く届けるメディアであるから、使うことばは多様なほどよい。「楽しくなければテレビじゃない」という考え方もこのメディアの特性を言い当てているが、一方で「楽しいばかりがテレビじゃない」という側面をもったメディアでもある。公共の電波を使う限り、他の伝達手段とは違う社会的な責任を常に問われるメディアである。

　要は、重大な事態が生じたときに「信頼できる情報」を「しっかりしたことば」で伝えてくれるメディアでなければならない。これは「東日本大震災」を経験して、だれもが感じたことであろう。「いざというとき」に「確実な情報」を、「確かなことば」で発信することは、付け焼刃でできることではない。

　技術革新と情報機器の普及で、私たちは、好みの情報を好きな端末からいつでも受信することができ、発信することもできるようになった。パソコン、インターネット、携帯電話、メール、スマートフォンなどの情報機器や伝達媒体はいつでもほしい情報を提供してくれる。そうした中で、生活に不可欠な基幹的な情報を、確かな裏付けとしっかりしたことばで発信し続ける媒体はいつも健在であってほしい。

　テレビの番組は多様で幅広いが、せめて、ニュースと情報番組は、「生活のよりどころとなる情報」を、「確かな裏付け」と、「確かな日本語」で伝え続けてほしいものである。

　そして、ことばの伝え手であるアナウンサーやキャスター、リポーターは、明快で的確な話しことばを、プロとしての高いレベルで追求し続けていく役割を背負っている。それが「いざというとき」にも役立つテレビの底力となる。

【国　語】〈六〇分〉〈満点：一〇〇点〉

【注意】指示がない限り、句読点や記号などは一字として数えます。

[一] 次の文章を読んで、後の問いに答えなさい。

　二〇一一年七月、日本のテレビは〝デジタル新時代〟を迎えた。アナログ放送の五八年間、テレビは社会の変化と時代のことばを〝鏡〟のように映し出してきた。この間に日本語は急速に変化し、ことばの〝乱れ〟が問題となり、テレビはその〝乱れ〟を増幅させた張本人とも目されてきた。また、テレビカメラは生活の隅々に入り込み、日常のことばをそのまま電波にのせた。その結果、テレビは〝よそ行き〟の場ではなく日常そのものとなり、①硬軟、ごった煮状態の饒舌《じょうぜつ》なメディアとなった。

　このようにテレビは時代を映してきた〝鏡〟である一方で、ことばの規範を示す〝鑑《かがみ》〟としても期待されてきた。イギリスのBBCなど、多くの国では母語のモデルを放送に求める。ことばのお手本は放送にある、との期待である。今、日本語を学習する外国人に、テレビのあの日本語がお手本です、と言える番組が果たしてどれほどあるのだろうか。

　饒舌な会話は引きも切らず聞こえてくる。賑《にぎ》やかなバラエティーやお笑い番組も、ドラマやアニメのセリフも、コマーシャルのことばも日本語の現実の一端である。その中でニュースぐらいは日本語の規範であってほしいとの期待を背負っているが、そのニュースも、最近は、助詞抜き、体言止め、叫び口調が増え、②整った日本語とは言い難い姿を呈している。

　人々は「正しく、美しい日本語」の規範を、放送に、アナウンサーに求めてきた。ことにNHKのアナウンサーには「正しい日本語の最後の砦《とりで》」などという期待も寄せられてきた。

　アナウンサーは、これまで、ことばの変化を率先して受け入れるのではなく、[A]、慎重に見極める姿勢を取ってきた。例えば、文法的におかしいとされる「ら抜き」ことばはまだ使わないことにしている。流行語や略語もやみくもに使うのではなく、いわば流行の最後尾から見極めていく姿勢である。[B]、次々に新しい世代がこの職業に就く。つい先日まで学生ことばを使い、「ら抜き」や「とか弁」や「平板アクセント」で会話を交わしていた世代が放送を担っていく。ことばの変化を放送だけが押しとどめようとしても、おのずから限界がある。

　では、テレビは日本語の規範ではありえないのか。

　残念ながら現状を見る限り、テレビが日本語のお手本を示しているとはとても言い難い。しかし、あるべき日本語のよりどころをテレビに求める人がいる限り、テレビはそれに答える責務を背負っている。

　ここで改めて、テレビ本来の機能と、テレビのことばを、生い立ちに立ち戻って整理しておく必要がある。

　テレビは、映像やことばを大勢に向かってあまねく届ける媒体としてスタートした。大勢というのは、全国に住む何百万、何千万という規模の人々である。使われることばは、だれが聞いても一度で理解できる「話しことば」つまり「音のことば」である。扱う情報は、政治、経済、社会から、文化、スポーツ、エンターテインメントに至る

2022年度

解 答 と 解 説

《2022年度の配点は解答欄に掲載してあります。》

＜数学解答 基礎＞

[1] $-2x+y$　[2] $b(a-b)(a-c)$　[3] $a=1$　[4] $a=\frac{3}{4}$, $b=-\frac{1}{4}$　[5] $a=\frac{3}{2}$

[6] $p=\frac{15}{2}$　[7] 16　[8] $\frac{5}{12}$　[9] 120度　[10] $\frac{50\sqrt{51}}{51}$cm　[11] $\frac{416}{27}\mathrm{cm}^3$

[12] $32\pi\,\mathrm{cm}^3$　[13] 96

○推定配点○

[1]～[4] 各7点×4　[5]～[13] 各8点×9　計100点

＜数学解説 基礎＞

基本 [1] （式の計算）

$$\frac{4x-5y}{3}+\frac{4x-2y}{6}-\frac{8x-6y}{2}=\frac{2(4x-5y)+(4x-2y)-3(8x-6y)}{6}=\frac{8x-10y+4x-2y-24x+18y}{6}$$

$$=\frac{-12x+6y}{6}=-2x+y$$

基本 [2] （因数分解）

$a^2b-ab^2+b^2c-abc=b(a^2-ab+bc-ac)=b\{a^2-(b+c)a+bc\}=b(a-b)(a-c)$

基本 [3] （1次方程式）

$\frac{3x-1}{8}-\frac{x-a}{4}=\frac{1}{2}$　両辺を8倍して，$3x-1-2(x-a)=4$　$3x-1-2x+2a=4$

$2a=5-x$　この式に$x=3$を代入して，$2a=5-3=2$　$a=1$

[4] （2次方程式）

$3x^2-9x-12=0$　$x^2-3x-4=0$　$(x+1)(x-4)=0$　$x=-1, 4$　$s=-1$，$t=4$とすると，$\frac{1}{s}=-1$，$\frac{1}{t}=\frac{1}{4}$　$\frac{1}{s}+\frac{1}{t}=-1+\frac{1}{4}=-\frac{3}{4}$　$st=-1\times\frac{1}{4}=-\frac{1}{4}$　よって，$a=-\left(\frac{1}{s}+\frac{1}{t}\right)=-\left(-\frac{3}{4}\right)=\frac{3}{4}$，$b=st=-\frac{1}{4}$

[5] （一次関数）

$x-2y+4=0$　$x-2y=-4$…①　$2x+y-7=0$　$2x+y=7$…②　$ax-y=0$…③

②×2＋①から，$5x=10$　$x=2$　これを①に代入して，$2-2y=-4$　$2y=6$　$y=3$

よって，①と②の交点は$(2, 3)$　③がこの点を通るから，③にこの座標を代入して，$a\times2-3=0$

$2a=3$　$a=\frac{3}{2}$

[6] （2乗に比例する関数の変化の割合）

$\frac{2(p+3)^2-2(p-1)^2}{(p+3)-(p-1)}=34$から，$\frac{2p^2+12p+18-2p^2+4p-2}{4}=34$　$\frac{16p+16}{4}=34$

$4p+4=34$　$4p=30$　$p=\frac{30}{4}=\frac{15}{2}$

[7] （2乗に比例する関数と一次関数）

$y=\frac{1}{2}x^2$…①　$y=-x+4$…②　①と②からyを消去すると，$\frac{1}{2}x^2=-x+4$　$x^2=-2x+8$

$x^2+2x-8=0$　$(x+4)(x-2)=0$　$x=-4, 2$　②に$x=-4$を代入して，$y=-(-4)+4=8$

よって，A$(-4,\ 8)$　②に$y=0$を代入すると，$0=-x+4$　$x=4$　よって，B$(4,\ 0)$
△OABのOBを底辺とすると高さは点Aのy座標になるから，$\triangle\mathrm{OAB}=\frac{1}{2}\times4\times8=16$

8 **(確率)**

大小2個のさいころの目の出方は全部で，$6\times6=36$(通り)　そのうち，目の数の和が素数になる場合は，(大，小)=(1，1)，(1，2)，(1，4)，(1，6)，(2，1)，(2，3)，(2，5)，(3，2)，(3，4)，(4，1)，(4，3)，(5，2)，(5，6)，(6，1)，(6，5)の15通り　よって，求める確率は，$\frac{15}{36}=\frac{5}{12}$

9 **(角度)**

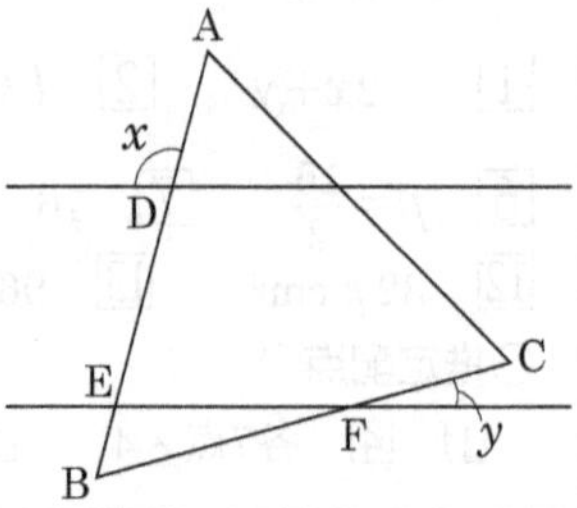

各点を右の図のように定めると，△ABCは正三角形だから，$\angle\mathrm{EBF}=\angle\mathrm{ABC}=60°$　平行線の同位角と対頂角から，$\angle\mathrm{BEF}=\angle x$，$\angle\mathrm{EFB}=\angle y$　△EBFにおいて内角の和の関係から，$60°+\angle x+\angle y=180°$　よって，$\angle x+\angle y=120°$

10 **(平面図形の計量問題－円の性質，三平方の定理)**

円の中心をO，OAとBCの交点をP，円の半径をrとする。△ABPにおいて三平方の定理を用いると，$\mathrm{AP}=\sqrt{\mathrm{AB}^2-\mathrm{BP}^2}=\sqrt{10^2-7^2}=\sqrt{51}$
△OBPにおいて三平方の定理を用いると，$\mathrm{OB}^2=\mathrm{BP}^2+\mathrm{OP}^2$から，$r^2=7^2+(r-\sqrt{51})^2$　$r^2=49+r^2-2\sqrt{51}r+51$　$2\sqrt{51}r=100$　$r=\frac{100}{2\sqrt{51}}=\frac{50}{\sqrt{51}}=\frac{50\sqrt{51}}{51}$(cm)

重要 11 **(空間図形の計量問題－立方体の切断，体積)**

3点P，H，Fを通る面と辺ABとの交点をQとすると，点QはABを1：2に内分する点になる。直線EA，FQ，HPは1点で交わり，その点をOとすると，求める体積は，三角錐O－EFHの体積から，三角錐O－AQPの体積をひいたものになる。OA：OE＝AQ：EF　OE＝xとすると，$(x-4):x=1:3$　$3x-12=x$　$2x=12$　$x=6$　(三角錐O－AQP)∽(三角錐O－EFH)で，相似比は，1：3　よって，体積比は，$1^3:3^3=1:27$　したがって，求める体積は，$\frac{1}{3}\times\frac{1}{2}\times4\times4\times6\times\frac{27-1}{27}=\frac{416}{27}$(cm^3)

12 **(空間図形の計量問題－回転体の体積)**

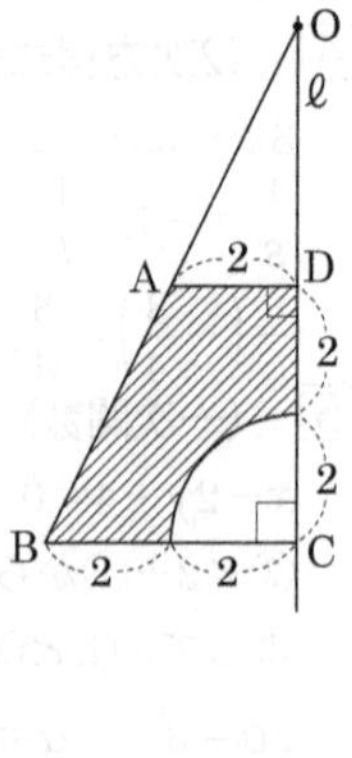

各頂点を右の図のように定めて，直線BAと直線ℓの交点をOとする。AD：BC＝1：2，AD//BCから，OD＝DC＝4　OC＝8　求める立体の体積は底面が半径4の円で高さが8の円錐の体積から，底面が半径2の円で高さが4の円錐の体積と半径が2の球の体積の$\frac{1}{2}$をひいたものになるから，$\frac{1}{3}\times\pi\times4^2\times8-\frac{1}{3}\times\pi\times2^2\times4-\frac{4}{3}\pi\times2^3\times\frac{1}{2}=32\pi$(cm^3)

13 **(統計)**

$480\times0.35-480\times0.15=480\times0.2=96$(人)

★ワンポイントアドバイス★

6で，$y=ax^2$において，xの値がpからqまで増加するときの変化の割合は，$a(p+q)$で求められることを利用すると，$2(p-1+p+3)=34$，$2p+2=17$，$2p=15$，$p=\frac{15}{2}$

＜数学解答 応用＞

□1 (1) 3 (2) EF$=8$
(3) P$(\sqrt{13},\ \sqrt{13})$とP$(\sqrt{19},\ \sqrt{19})$

□2 (1) 2 (2) 解説参照 (3) AM$=\dfrac{3\sqrt{2}}{2}$

□3 (1) $y=\dfrac{\sqrt{3}}{2}x$ (2) 右図 (3) $x=3,\ 7$

□4 (1) $r=\dfrac{1}{2}a$ (2) $\left(\dfrac{\sqrt{3}-1}{2}\right)a$cm
(3) $\dfrac{\sqrt{3}}{6}a$cm

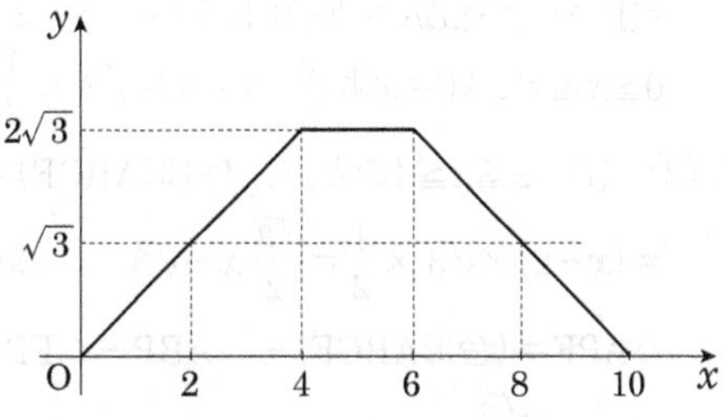

○推定配点○

□1 各8点×3 □2 (2) 10点 他 各8点×2 □3 (2) 12点 他 各8点×2
□4 (1) 6点 他 各8点×2 計100点

＜数学解説 応用＞

□1 **(図形と関数・グラフの融合問題)**

基本 (1) $y=-\dfrac{1}{2}x^2$に$x=-2$, 2を代入して, $y=-\dfrac{1}{2}\times(-2)^2=-2$, $y=-\dfrac{1}{2}\times 2^2=-2$ よって, A$(-2,\ -2)$, B$(2,\ -2)$, D$(-1,\ -1)$, C$(1,\ -1)$ AB$=2-(-2)=4$, DC$=1-(-1)=2$ 台形ABCDの面積は(AB+CD)×(点Dと点Aのy座標の差)$\times\dfrac{1}{2}$より, $(4+2)\times\{-1-(-2)\}\times\dfrac{1}{2}=3$

(2) $y=\dfrac{1}{4}x^2$…① 直線AOの式は, $y=x$…② ①と②からyを消去すると, $\dfrac{1}{4}x^2=x$ $x^2=4x$ $x^2-4x=0$ $x(x-4)=0$ $x=0,\ 4$ よって, 点Eのx座標は4より, E$(4,\ 4)$ 点Fは, 点Eのy軸に関して対称な点だから, F$(-4,\ 4)$ したがって, EF$=4-(-4)=8$

重要 (3) 直線AO上の点Pの座標を$(p,\ p)$とすると, 点Qは点Pのy軸に関して対称な点だから, Q$(-p,\ p)$ (i) 点Pのy座標pが点Eのy座標4より小さいとき, 台形EFQPの面積は, $(2p+8)(4-p)\times\dfrac{1}{2}=3$ $(p+4)(4-p)=3$ $(4+p)(4-p)=3$ $16-p^2=3$ $p^2=13$ $p>0$より, $p=\sqrt{13}$ (ii) 点Pのy座標pが点Eのy座標4より大きいとき, 台形EFQPの面積は, $(2p+8)(p-4)\times\dfrac{1}{2}=3$ $(p+4)(p-4)=3$ $p^2-16=3$ $p^2=19$ $p>0$より, $p=\sqrt{19}$
(i), (ii)より, P$(\sqrt{13},\ \sqrt{13})$とP$(\sqrt{19},\ \sqrt{19})$

□2 **(平面図形の証明問題と計量問題－三角形の相似, 角の二等分線の定理)**

(1) △ABH, ACHのそれぞれで三平方の定理から, $AB^2=BH^2+AH^2$, $AC^2=CH^2+AH^2$ 辺々それぞれを足して, $AB^2+AC^2=BH^2+AH^2+CH^2+AH^2=BH^2+CH^2+2AH^2$

(2) (証明) (1)より, $AB^2+AC^2=BH^2+CH^2+2AH^2$…① BH=BM+MH, CH=CM−MH $AH^2=AM^2-MH^2$ これらを①に代入すると, $AB^2+AC^2=(BM+MH)^2+(CM-MH)^2+2(AM^2-MH^2)=BM^2+2BM\times MH+MH^2+CM^2-2CM\times MH+MH^2+2AM^2-2MH^2=BM^2+2BM\times MH+CM^2-2CM\times MH+2AM^2$…② ②にBM=CMを代入すると, $AB^2+AC^2=BM^2+2BM\times MH+BM^2-2BM\times MH+2AM^2=2AM^2+2BM^2=2(AM^2+BM^2)$

(3) BM$=\dfrac{2\sqrt{6}}{2}=\sqrt{6}$ 中線定理より, $(\sqrt{5})^2+4^2=2\{AM^2+(\sqrt{6})^2\}$ $5+16=2AM^2+12$ $2AM^2=9$ $AM^2=\dfrac{9}{2}$ AM>0より, AM$=\dfrac{3}{\sqrt{2}}=\dfrac{3\sqrt{2}}{2}$

3 (図形と関数・グラフの融合問題－動点，面積，グラフの作成)

基本 (1) △ABFはAB＝AFの二等辺三角形で∠ABF＝30°，AB＝2より，BF＝$\sqrt{3}\times2=2\sqrt{3}$
点Fから直線BAへ垂線FHを引くと，△FHBは∠FBH＝30°の直角三角形なので，FH＝$\sqrt{3}$
$0\leqq x\leqq2$でAP＝xより，$y=x\times\sqrt{3}\times\frac{1}{2}=\frac{\sqrt{3}}{2}x$

重要 (2) (i) $2\leqq x\leqq4$のとき，(台形ABCF)＝$(2+4)\times\sqrt{3}\times\frac{1}{2}=3\sqrt{3}$　△ABP＝BP×(高さ)×$\frac{1}{2}$＝$(x-2)\times\sqrt{3}\times\frac{1}{2}=\frac{\sqrt{3}}{2}x-\sqrt{3}$　△FPC＝PC×(高さ)×$\frac{1}{2}$＝$(4-x)\times2\sqrt{3}\times\frac{1}{2}=4\sqrt{3}-\sqrt{3}x$　△APF＝(台形ABCF)－△ABP－△FPC＝$3\sqrt{3}-\left(\frac{\sqrt{3}}{2}x-\sqrt{3}\right)-(4\sqrt{3}-\sqrt{3}x)=\frac{\sqrt{3}}{2}x$　よって，$y=\frac{\sqrt{3}}{2}x\ (2\leqq x\leqq4)$　(ii) $4\leqq x\leqq6$のとき，△APF＝$2\times2\sqrt{3}\times\frac{1}{2}=2\sqrt{3}$　よって，$y=2\sqrt{3}\ (4\leqq x\leqq6)$　(iii) $6\leqq x\leqq8$のとき，(台形ADEF)＝$(2+4)\times\sqrt{3}\times\frac{1}{2}=3\sqrt{3}$　△ADP＝DP×(高さ)×$\frac{1}{2}$＝$(x-6)\times2\sqrt{3}\times\frac{1}{2}=\sqrt{3}x-6\sqrt{3}$　△FPE＝PE×(高さ)×$\frac{1}{2}$＝$(8-x)\times\sqrt{3}\times\frac{1}{2}=4\sqrt{3}-\frac{\sqrt{3}}{2}x$　△APF＝(台形ADEF)－△ADP－△FPE＝$3\sqrt{3}-(\sqrt{3}x-6\sqrt{3})-\left(4\sqrt{3}-\frac{\sqrt{3}}{2}x\right)=-\frac{\sqrt{3}}{2}x+5\sqrt{3}$　よって，$y=-\frac{\sqrt{3}}{2}x+5\sqrt{3}\ (6\leqq x\leqq8)$　(iv) $8\leqq x\leqq10$のとき，△APF＝FP×(高さ)×$\frac{1}{2}$＝$(10-x)\times\sqrt{3}\times\frac{1}{2}=5\sqrt{3}-\frac{\sqrt{3}}{2}x$　よって，$y=-\frac{\sqrt{3}}{2}x+5\sqrt{3}$ $(8\leqq x\leqq10)$　$x=4$のとき，$y=\frac{\sqrt{3}}{2}\times4=2\sqrt{3}$，$x=6$のとき，$y=2\sqrt{3}$，$x=10$のとき，$y=0$
したがって，$(0,\ 0)$，$(4,\ 2\sqrt{3})$，$(6,\ 2\sqrt{3})$，$(10,\ 0)$を直線で結んだグラフをかく。

(3) $2\times2\times\frac{\sqrt{3}}{2}\times\frac{1}{2}\times6\times\frac{1}{4}=\frac{3\sqrt{3}}{2}$　(2)より，$y=\frac{\sqrt{3}}{2}x$と$y=-\frac{\sqrt{3}}{2}x+5\sqrt{3}$に$y=\frac{3\sqrt{3}}{2}$を代入して，$\frac{3\sqrt{3}}{2}=\frac{\sqrt{3}}{2}x$　$x=\frac{3\sqrt{3}}{2}\times\frac{2}{\sqrt{3}}=3$　$\frac{3\sqrt{3}}{2}=-\frac{\sqrt{3}}{2}x+5\sqrt{3}$　$\frac{\sqrt{3}}{2}x=5\sqrt{3}-\frac{3\sqrt{3}}{2}=\frac{7\sqrt{3}}{2}$　$x=\frac{7\sqrt{3}}{2}\times\frac{2}{\sqrt{3}}=7$　よって，$x=3,\ 7$

4 (空間図形の計量問題－最短距離，切断)

基本 (1) 球の半径は立方体の1辺の長さの$\frac{1}{2}$だから，$r=a\times\frac{1}{2}=\frac{1}{2}a$

(2) BH＝$\sqrt{a^2+a^2+a^2}=\sqrt{3a^2}=\sqrt{3}a$　BO＝$\frac{\mathrm{BH}}{2}=\frac{\sqrt{3}}{2}a$　よって，求める最短距離は，BO$-r=\frac{\sqrt{3}}{2}a-\frac{1}{2}a=\left(\frac{\sqrt{3}-1}{2}\right)a$(cm)

重要 (3) 三角すいB－AFCの体積は，$\frac{1}{2}a^2\times a\times\frac{1}{3}=\frac{1}{6}a^3$　△AFCは一辺の長さが$\sqrt{2}a$の正三角形だから，△AFC＝$\sqrt{2}a\times\sqrt{2}a\times\frac{\sqrt{3}}{2}\times\frac{1}{2}=\frac{\sqrt{3}}{2}a^2$　△AFCを底面としたときの三角すいの高さをhとすると，$\frac{\sqrt{3}}{2}a^2\times h\times\frac{1}{3}=\frac{1}{6}a^3$　$h=\frac{\sqrt{3}}{3}a$　hは頂点Bから切り取られた球の断面の中心までの距離なので，切り取られた球の切断面の中心から球の中心Oまでの距離は，BO$-h$＝$\frac{\sqrt{3}}{2}a-\frac{\sqrt{3}}{3}a=\frac{3\sqrt{3}}{6}a-\frac{2\sqrt{3}}{6}a=\frac{\sqrt{3}}{6}a$(cm)

★ワンポイントアドバイス★

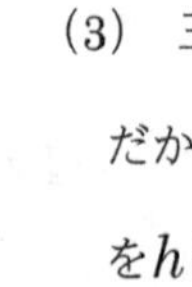

4(2)，(3)は立方体を長方形BFHDで切断したときの切断面を作図して考えよう。

＜英語解答＞

[1]　1 D　2 C　3 A　4 B　5 C
[2]　1 C　2 B　3 A　4 C　5 A
[3]　1 B　2 A　3 C
[4]　1 A　2 D　3 C　4 A　5 B
[5]　1 C　2 B　3 D　4 A　5 C
[6]　1 A baby [A child / A boy / A girl] is crying.　2 A woman is watering (the) flowers. ／ A woman is pouring water on flowers.　3 A family is [Four people are] watching [looking at / enjoying / laughing at / seeing] fireworks outside.
[7]　(例)　1 I would like [want] to study English harder in high school.
2 They don't have to get on trains. / They do not have to commute to work. / They can spend more time with family.　3 I think children should help their parents at home because children are part of the family. / I do not think children should help their parents at home because they are busy studying.　4 I think having a hobby is the most important thing for them to enjoy their lives. It is because they can make friends through their hobbies.　5 I agree with the opinion. I have two reasons. First, people can look up information on the Internet and get new knowledge with smartphones. Second, people can connect to others more by using social media. Therefore, I think smartphones will make people smarter in the future. / I disagree with the opinion. I have two reasons. First, people can easily play online games with smartphones. It is a waste of time. Second, people do not use their brains if they use smartphones to calculate or to get directions. Therefore, I do not think smartphones will make people smarter in the future.

○推定配点○
[1]・[2]　各2点×10　[3]　各3点×3　[4]・[5]　各4点×10　[6]　各3点×3
[7]　1・2　各3点×2　3・4　各5点×2　5　6点　計100点

＜英語解説＞

[1]　(リスニング)

1 (A)　A boy is walking a cat.
(B)　A boy is eating together with a cat.
(C)　A boy is holding a cat.
(D)　A boy is feeding a cat.

2 (A)　Two people are having a meal.
(B)　Two people are looking outside.
(C)　Two people are having a conversation.
(D)　Two people are sitting on a desk.

3 (A) Two students are working together.
(B) Two students are cleaning a car together.
(C) Two students are doing exercise together.
(D) Two students are feeding an animal together.
4 (A) They are listening to music.
(B) They are having an online meeting.
(C) They are watching a TV drama.
(D) They are reading today's news online.
5 (A) They are reading some books.
(B) They are buying some books.
(C) They are talking about books.
(D) They are throwing books away.

1 (A) 少年が猫を散歩させている。 (B) 少年が猫と一緒に食べている。
(C) 少年が猫を抱きかかえている。 (D) 少年が猫にエサをやっている。
2 (A) 2人の人が食事をしている。 (B) 2人の人が外を見ている。
(C) 2人の人が会話している。 (D) 2人の人が机の上に座っている。
3 (A) 2人の生徒が一緒に働いている。 (B) 2人の生徒が一緒に車を掃除している。
(C) 2人の生徒が一緒に運動をしている。 (D) 2人の生徒が一緒に動物にエサをやっている。
4 (A) 彼らは音楽を聴いている。 (B) 彼らはオンライン会議をしている。
(C) 彼らはテレビドラマを見ている。 (D) 彼らはネットで今日のニュースを読んでいる。
5 (A) 彼らは本を読んでいる。 (B) 彼らは本を買っている。
(C) 彼らは本について話している。 (D) 彼らは本を捨てている。

2 (リスニング)

1 A: I' m going to my grandparents' house this weekend. They have a large fruit garden and I'm going to help them pick grapes.
B: Wow! That sounds great! I've never visited a fruit garden before.
A: Would you like to come with me?
(A) I'd love to, but I have no time next week.
(B) Sorry, there are no grape trees in my garden.
(C) Sure. That sounds like fun.

2 A: Hello?
B: Hi honey, it's me. I'm going to be late tonight. So, can you pick up the birthday cake I ordered at John's Cake Shop after work?
A: Sure, no problem. Do you want me to buy anything else there?
(A) Well, they will close soon.
(B) No, just the cake, please.
(C) I've already paid for the cake.

3 A: Vancouver Hotel. How can I help you?
B: Hi, I'd like to get two single rooms for this Saturday night. Are they available?
A: I'm sorry, sir. I'm afraid we have no single rooms available this Saturday. How about a twin room instead?

(A) OK. We'll try somewhere else then.
(B) OK. We'll take two single rooms then.
(C) OK. We'd like to cancel our reservation then.

4 A: Did you check the weather forecast for tomorrow?
B: Yes, we'll see 10 inches of snow. I don't think I can get to the office, and I have so much work to do.
A: You should borrow a laptop from the company then. They will arrange for you to work remotely if you need to. Do you want me to go and ask them?
(A) Sure. I'll borrow a laptop then.
(B) No, you should stay at home today.
(C) It's OK. I'll call and ask them later.

5 A: I'm trying to find out where to go and what to see in Paris.
B: You should go to Mont Saint-Michel if you haven't been there yet. You can see some architectural styles from the Middle Ages. It's very interesting.
A: Sounds great. How can I get there from Paris?
(A) You can take trains and buses.
(B) It takes about 3 hours.
(C) I hope the weather is good.

1 A：私は今週末祖父母の家に行くことになっています。彼らは大きな果樹園を持っていて，私はブドウを収穫するのを手伝うつもりです。
B：わあ！ それはすごい！ 私は今までに果樹園に行ったことがありません。
A：私と一緒に行きませんか？
(A) ぜひそうしたいです，でも来週は時間がありません。
(B) ごめんなさい，私の庭にブドウの木はありません。
(C) もちろん。楽しそうです。

2 A：もしもし。
B：私よ。私は今晩，遅くなるの。だから私がジョンズ・ケーキ店に注文したバースデーケーキを仕事の後に受け取ってくれない？
A：もちろん，大丈夫だよ。そこで何か他にも買ってほしい？
(A) えーと，もうすぐ閉店するわ。
(B) いいえ，そのケーキだけお願いします。
(C) 私はすでにそのケーキの代金を払いました。

3 A：バンクーバーホテルです。ご用件を承ります。
B：こんにちは，今度の土曜日の夜に，シングルルームを2部屋お願いしたいです。空きがありますか。
A：申し訳ございません。今度の土曜日はシングルルームの空きがございません。代わりにツインルームを1部屋いかがでしょうか。
(A) わかりました。それでは他をあたってみます。
(B) わかりました。それではシングルルームを2部屋お願いします。
(C) わかりました。それでは予約をキャンセルしたいです。

4 A：明日の天気予報を確認しましたか。

B：はい，10インチの積雪があるでしょう。職場に行けないと思いますが，やるべき仕事がたくさんあります。

A：それなら会社からノートパソコンを借りたほうがいいです。彼らは必要ならばリモートワークできるよう整えてくれるでしょう。私が彼らに頼みに行きましょうか。

(A) もちろん。それなら私はノートパソコンを借ります。

(B) いいえ，あなたは今日家にいるべきです。

(C) 大丈夫です。後で私が電話して頼みます。

5 A：私はパリでどこへ行って何を見るべきかチェックしています。

B：もし行ったことがないならモンサンミッシェルに行くべきです。中世の建築様式が見られます。とても興味深いですよ。

A：良さそうですね。パリからどうやって行けますか。

(A) 電車とバスで行けます。

(B) およそ3時間かかります。

(C) 天気がよいといいですね。

3 (リスニング)

1 Good morning, class. I have an announcement for you. There is a schedule change. Mr. Kanai is absent today. He caught a bad cold. So, no English class in the second period. But he wants to collect your homework. Class leader, please collect the homework in class and put it all on Mr. Kanai' s desk. After collecting the homework, please do the tasks in your textbook on page 25. If you're finished with that, you can study for the test for the rest of your time. That's all. Do you have any questions? OK. Please start.

What is the first thing that students need to do?

(A) To write a letter to Mr. Kanai.

(B) To give their homework to a classmate.

(C) To work on the tasks.

(D) To study for the rest.

2 Hello, I'm Celina. I come from New Zealand. Do you know anything about my country? I think New Zealand kiwi fruit is popular in Japan, and Haka, a traditional Maori dance, is also famous. If you haven't had a chance to see it, I recommend watching it on the Internet. By the way, do you know where New Zealand is? It is located to the west of Australia. It's in the Southern Hemisphere. So, New Zealand celebrates Christmas in summer. Our Santa Claus wears a T-shirt and shorts! That is the same as in Australia.

What is it true about Celina's speech?

(A) Santa Claus in New Zealand wears summer clothes.

(B) New Zealand kiwi fruit is more delicious than any other fruit.

(C) Christmas is celebrated in winter in New Zealand.

(D) Haka is a well-known dance which originated in Japan.

3　Hello, everyone! Welcome to our zoo. I am a tour guide. My name is Shelley. Nice to meet you all. Now, let's start walking around this zoo for one hour. You can see many animals and I'll tell you about them along the way. Most animals are used to people. But if you touch or feed them, they may bite you. That's dangerous. So, please don't touch or feed them. At the end of this tour, an animal show will be held on the main stage. I recommend you see the show first and walk around after that. The gift shop is near the main entrance of the zoo. You can buy souvenirs during your visit in the zoo. I hope all of you have a nice day. OK. Let's start the tour!

What is it true about the tour?

(A) You can touch or feed animals if you are careful with them.

(B) You can see the animal show in the middle of the tour.

(C) You can buy souvenirs anytime during business hours.

(D) You may get bitten by animals because most of them are hungry.

1　クラスの皆さん，おはようございます。あなた方に連絡があります。スケジュール変更があります。カナイ先生は今日お休みです。ひどい風邪をひいてしまいました。そこで2時間目は英語の授業はありません。でも先生は宿題を集めたいそうです。クラス委員は，みんなの宿題を集めて，カナイ先生の机の上においてください。宿題を集め終わったら，教科書25ページの課題をやってください。それが終わったら，残りの時間はテスト勉強をしていいです。以上です。何か質問はありますか。では，始めてください。

質問：生徒たちが最初にする必要があるのは何か。

(A) カナイ先生に手紙を書くこと。

(B) クラスメートに宿題を渡すこと。

(C) 課題に取り組むこと。

(D) テスト勉強をすること。

2　こんにちは。私はセリーナです。ニュージーランド出身です。私の国について何か知っていますか。ニュージーランドのキーウィフルーツは日本で人気があると思います。また伝統的なマオリのダンスであるハカも有名です。まだ見たことがなければ，インターネットでそれを見ることをお勧めします。ところでニュージーランドがどこにあるか知っていますか。それはオーストラリアの西に位置しています。南半球にあります。そのためニュージーランドは夏にクリスマスのお祝いをします。私たちのサンタクロースはTシャツと短パン姿です！　それはオーストラリアも同じです。

質問：セリーナのスピーチについて正しいものはどれか。

(A) ニュージーランドのサンタクロースは夏服を着ている。

(B) ニュージーランドのキーウィフルーツは他のどの果物よりもおいしい。

(C) ニュージーランドではクリスマスは冬に祝われる。

(D) ハカは日本発祥の有名なダンスだ。

3　皆さん，こんにちは！　私たちの動物園へようこそ。私はツアーガイドです。名前はシェリーです。初めまして。さあ，この動物園の中を1時間歩きましょう。たくさんの動物を見ることができ，私がそれらの動物について道すがら説明します。ほとんどの動物は人間に慣れています。でも触ったりエサをあげたりすると噛むかもしれません。それは危険です。ですから彼らに触ったりエサをやったりしないでください。このツアーの最後にメインステージで動物ショーが行われます。まずそのショーを見てその後に歩き回ることをお勧めします。ギフトショップは動物園のメインエントランスの近くです。動物園にいる間はおみやげを買うことができます。みなさんが素晴らしい1日を過ごすことを願っております。ではツアーを始めましょう！

質問：ツアーについて正しいものはどれか。

(A) 注意すれば動物を触ったりエサをあげたりしてもよい。

(B) ツアーの最中に動物ショーを見ることができる。

(C) 営業時間中はいつでもおみやげが買える。

(D) 動物たちのほとんどはおなかがすいているので，あなたは動物たちに噛まれるかもしれない。

4 (長文読解問題・論説文：英問英答，内容吟味)

(全訳) 芝浦工大新聞 パンデミックにおいてどのように技術を使うことができるか

世界中の人々，は新しいウイルスであるCOVID-19(新型コロナウイルス)のため，様々な問題に直面している。台湾のデジタル担当大臣のオードリー・タンは技術と3つのF(Fast「速い」，Fair「公平」，Fun「楽しい」)の導入により問題を解決した。

パンデミックに対する「速い」反応はウイルスの拡大を止めるために重要である。台湾政府は中国の都市，武漢でのウイルス拡大について聞くとすぐに，空港で他の国から来た人々をチェックし始めた。空港でウイルスに感染している武漢出身の女性が発見されると，翌日，政府はその都市からの観光客の台湾入国許可を停止することにした。また政府は，人々にその新しいウイルスに感染した人物に会った可能性があると教える新しいアプリを導入した。

誰に対しても「公平」であることも，パンデミックによって引き起こされる問題を避けるために必要である。政府はメーカーからすべてのマスクを買い取り，店に送った。人々は必要以上にマスクを買わないよう，店で身分証明書を見せる必要があり，その情報は記録された。また，台湾政府は最寄りの店を簡単に見つけられるよう，グーグルマップ上に「マスクマップ」を作った。情報は30分毎に更新された。このシステムのおかげで人々はマスク不足を心配する必要がなかった。

「楽しむ」ことも人々が情報を知っておくには大切だ，なぜなら人は楽しみがないとすぐに飽きてしまうからだ。チャットボットは情報を見つけるための楽しくて便利なツールだ。例えば，人々はチャットボットに質問をするだけで「マスクマップ」の使い方を楽しく学ぶことができる。最も人気のあるチャットボットはライン・ボットだった。台湾疾病管制署は1週間で多くのラインのフォロワーを得た。さらに，AI医師のサービスが開始され，誰でも健康についてあらゆる質問をすることができるようになった。そのシステムにより政府と医師たちは時間が節約できた。

オードリー・タンは技術と3つのFを導入に成功した。オードリーいわく，AIは人間をアシストするために使われるべきである。AIという語は「人工知能」という意味だが，オードリーはAIは「アシスト知能」を意味するべきだと提案する。トリアージの状況，つまり，誰が最初に医療を受けるかを決める過程では，AIは新型コロナウイルスのパンデミックにおいて若い患者を選ぶ傾向にある。これは論理的に聞こえるかもしれないが，台湾ではこれは許されない。どんな年代の患者も選ばれるべきである。

人間は創造性から解決法を見つけることができる。一方で，AIは新しいものを生み出すことができず，何が良いかはわからないが，AIは効果的に情報を選ぶことができる。それゆえ人間とAIが協力すればパンデミックによって引き起こされる問題を解決し，世界をより良くするだろう。

1 「『速い』という政策のため，台湾政府は次のうちのどれを行ったか」 A「台湾は問題が見つかるとすぐに，武漢から来た人々に入国を許可するのを停止した」 第2段落第1～第3文参照。

2 「政府のマスク政策の良い点は何だったか」 D「人々がマスクを買えないという将来起こりう

る問題を解決した」 第3段落参照。

3 「チャットボットは人々のために何ができるか」 C「それは楽しい会話をすることによって，人々が情報を得ることを可能にする」 第4段落第1～第3文参照。

4 「オードリー・タンによるとAIの役割は何であるべきか」 A「人が何かをするのを助けること」 最後から2番目の段落の第2文参照。

やや難 5 「オードリー・タンによる定義に最も近い，AIの使用例を選びなさい」 B「AIはベルトコンベア上で人間では気づかない傷みのある商品を選別することができる」

やや難 5 (長文読解問題・論説文：英問英答，内容吟味)

(全訳) 芝浦工大新聞－将来，あなたの同僚がロボットになるかもしれない

2021年6月12日

テレイグジスタンス社によって開発された「モデルT」と呼ばれるロボットがあるコンビニで働いている。それは遠隔操作される人間型ロボットだ。リモコンが取り付けられた制服で，あなたはそのロボットを離れた場所でも操作できる。今，そのロボットは東京のコンビニでバックヤードの仕事をしている。主にそれは棚に瓶や缶を置く。テレイグジスタンス社の物流・倉庫ロボット部門責任者の村木茂大氏は「現在のところは，そのロボットは人間の補助が必要ですが，それ自身で働けるようになるでしょう，そして私たちは仕事をロボットと共にするべきです」と語った。村木氏は私たちのインタビューの中で，モデルTは今は商品を棚に置くことができるだけだと言った。しかし近い将来，それはバックルームから出てきて客の前で働き始めるだろう。村木氏は2022年までに最大20店舗にモデルTを導入する計画だ。だから，あなたもまもなくそのロボットの1つを見かけるかもしれない。村木氏は，他のAIロボットにはない，3つの明確な特徴を持つ新型のモデルTを作るつもりだと言った。以下は，それらの特徴について，村木茂大氏とのインタビューである。

将来，モデルTはパンのような柔らかい商品を持つことができるか？

技術的には可能だ。我々は，つかむものを見ることができ，その商品の柔らかさに基づいて力を調節することのできるニューモデルを開発することができる。しかし，他の特徴を開発する前に，我々はそのスピードを改善する必要がある，なぜならそれがなければビジネスをスムーズに行えないからだ。残念だが，モデルTは人間ほど早く働くことができない。人間は弁当1個やおにぎり1個を5秒で棚の上に置けるが，そのロボットは8秒かかる。スピードを実現させた後，我々はロボットの手の性能を改善するつもりだ。我々がこれら2つの目標を達成できれば，モデルTを小売りだけではなく，別の産業にも導入することができると確信している。

モデルTは賞味期限を読んで理解することができるか？

それも可能だ。われわれは，装着されたカメラで賞味期限の日付を読み取ることのできる，新型のモデルTを作ることを計画している。モデルTは日付を見ることができない時には，日付を見るために手で商品を動かす。他のAIロボットは人間の補助がなければ同様のことはできない。

モデルTの優位な点は何か？

現行のモデルTの素晴らしい優位性はスムーズな動きでものをつかんだり，運んだりする，様々な仕事ができることだ。他のロボットは大量のデータが必要なので多くの種類の動きを覚えることができないが，モデルTは大量のデータを必要としない。

素晴らしいことにモデルTはすでにコンビニで働いている。まもなく，1人の人が20か所にある20台のモデルTロボットを同時にコントロールすることができるかもしれない。あなたは将来おそらくロボットと一緒に働くだろう。そのような日がまもなくやってくる。

あなたはモデルTの導入についてどう思うか。あなたの意見や考えをお知らせください。次のウ

ェブサイトにあなたのコメントを残すことができます。芝浦工大新聞－公開討論　将来，あなたの同僚がロボットになるかもしれない

（全訳）　芝浦工大新聞－公開討論　将来，あなたの同僚がロボットになるかもしれない

私たちにとってロボットをどこからでも操作できるというのは素晴らしいと思います。この技術は多くの問題を解決するかもしれません。例えば，ロボットは津波や地震の被害を受けた危険な場所で，人の命を救うことができます。ロボットは新型コロナウイルスのパンデミックにおいて病院で働くこともできます。私たちはコロナウイルス感染を恐れることなく，人々を十分に世話することができます。作業員は離れたところでロボットを操作するので，自分自身の安全について心配する必要がありません。私たちはロボットをコンビニだけでなく多くの場所で使うべきです。カナによる投稿

僕は村木氏の将来の目標に全面的に賛成します。僕は，人間とロボットが仕事を共有することはロボットが人間のためにすべてをすることよりも良いと思います。ロボットはルーティンワークをするように設計されており，学習すればするほどうまく仕事ができます。結果として人間はもっとクリエイティブな仕事に集中することができます。日本では人口が減少しています。だからそれは労働力不足の問題を解決する最善の方法の1つかもしれません。さらにこれは僕の想像にすぎませんが。1人の人が，将来，10台のロボットを操作することができるかもしれません。この機能を使うことによって，僕は10台のロボットに，例えば皿洗いなど様々なことを僕の代わりにやってほしいです。このアイデアはとてもわくわくします。僕は将来，それがかなうのが待ちきれません。トムによる投稿

私はこの記事の要点を理解しましたが，全面的に賛成はできません。僕はロボットが僕たちの仕事を乗っ取ることを心配しています。ロボットはクリエイティブな仕事ができないが，人間はできる，という人がいます。でも誰でもそれができるとは思いません。それゆえ，将来ロボットがもっと一般的になったら，僕たちは仕事の一部を失うことになるでしょう。僕にはわからないことが多すぎます。だから僕はロボットと働く将来について，少し不安です。ジョンによる投稿

1 「記事によるとモデルTはコンビニで何をするか」 C「モデルTはバックルームの棚にある商品を整理する」

2 「モデルTの最初の改良点は何になる予定か」 B「モデルTは人間と同じくらい速く働くことができるだろう」

3 「ロボットについてカナの意見は何か」 D「私たちはロボットを多くの目的で使うべきだ」

4 「村木氏とトムがともに持っている意見はどれか」A「人間とロボットは将来一緒に働くべきだ」

5 「どうしてジョンはロボットと一緒に働く未来について心配しているのか」 C「ロボットが人間の労働者にとって代わるから」

基本 6 **(条件英作文：進行形)**

全て現在進行形 be ~ing「～している」にする。　1 「赤ちゃんが泣いている」　2 「女性が花に水やりをしている」 water「～に水やりをする」(動詞)　pour water on ～「～に水を注ぐ」　3 「家族[4人の人]が花火を見ている」 firework「花火」 いくつかの花火を見ているので複数形 fireworks とする。また動詞は watch「～を見る」だけでなく，enjoy「～を楽しむ」なども可。

7 **(英問英答：助動詞，不定詞，接続詞)**

1 「あなたは高校で何をしたいですか」解答例「私は高校でもっと一生懸命に英語を勉強したいです」 別の教科(math「数学」，science「理科」など)も可。

2 「日本人にとって在宅勤務の良い点の1つは何ですか」解答例「電車に乗らなくてもよい」「通勤

する必要がない」「家族とより多くの時間が過ごせる」 <don't have[need]to +動詞の原形>「～する必要がない」 can ～「できる」 commute to work「通勤する」

3 「あなたは子供が家で親の手伝いをするべきだと思いますか。その理由は？」解答例「私は子供が家で親の手伝いをするべきだと思います，なぜなら子供は家族の一員だからです」「私は子供が家で親の手伝いをするべきだと思いません，なぜなら勉強で忙しいからです」

やや難 4 「お年寄りが生活を楽しむのに1番大切なものは何ですか。その理由は？」解答例「私は趣味を持つことが，彼らが生活を楽しむのに1番大切なものだと思います。趣味を通じて友人を作ることができるからです」

やや難 5 「スマートフォンは将来，人をさらに賢くするでしょう。あなたは同意しますか。同意しませんか。その理由は？」解答例「私はその意見に賛成です。2つ理由があります。第1に，スマートフォンを使って，インターネットで情報を調べ，新しい知識を得ることができます。第2に，ソーシャルメディアを使って，人とさらにつながることができます。それゆえ私はスマートフォンが将来，人をさらに賢くすると思います」「私はその意見に同意しません。2つ理由があります。第1に，スマートフォンを使って簡単にオンラインゲームができます。それは時間の無駄です。第2に，計算するためや道順を知るためにスマートフォンを使うと，自分の脳を使いません。それゆえ，私はスマートフォンが将来，人をさらに賢くするとは思いません」

★ワンポイントアドバイス★

4・5の長文読解問題は，2題ともTechnology「技術」をテーマにしたもので，工業大学の附属高校である本校の教育内容を反映したものとなっている。

＜国語解答＞

一 問一 A イ　B カ　C エ　問二 ア　問三 ウ　問四 （例） 重大な事態が生じたときに，確実な情報を確かなことばで発信するといった社会的な責任を問われるメディア。　問五 イ　問六 ウ

二 問一 ア　問二 エ　問三 ウ　問四 イ　問五 いまだに妻が本当に死んだという気がしない　問六 i （例） 返事が返ってこなかった　ii （例） 妻の末期の言葉をきっかけに彼が禁煙をしたことでできたものだと考えられる　問七 ア

三 問一 （例） 膨大な家畜が出すゲップ・ガソリン車・石炭火力発電　問二 （例） 家畜が出すメタンガスをエネルギーとして利用することを対策の一つとして挙げる。家畜小屋に換気システムを設置し，ゲップからメタンガスを抽出できるようにすれば，温室効果ガスの削減とエネルギーの確保の一石二鳥になると思う。また，人工光合成の装置の開発が進んでいるというニュースを見た。それに対する開発補助に力を入れて実用化の水準に高めることを早める必要があると考える。そうして実用化し，それを工場の使用義務にするなどすればCO2削減ができると思う。

四 1 歩合　2 必至　3 装　4 喪失　5 成算　6 基　7 説　8 おこた　9 きわ　10 こわだか

○推定配点○

一　問一　各2点×3　問四　7点　他　各3点×4

二　問五・問六　各8点×3　他　各3点×5　三　問一　各2点×3　問二　10点

四　各2点×10　計100点

＜国語解説＞

一　(論説文―空欄補充，接続語，内容理解，言葉の用法,要旨)

基本　問一　A「むしろ」は，どちらかといえば，という意味。　B　空欄の前後が逆の内容になっているので，逆接の接続語が入る。　C　空欄の前の事柄にあとの事柄を付け加えているので，累加の接続語が入る。

重要　問二　――線①の「硬軟」が表すものを考える。「硬」は正しい言葉，手本として期待される言葉を，「軟」はそうではないさまざまな言葉を表している。

問三　ウの「あららげる」(荒らげる)は，荒くする，という意味を表す，正しい言葉である。同じ意味をもつ「荒げる」という言葉もあるので注意する。

やや難　問四　テレビは「他の伝達手段とは違う社会的な責任を常に問われるメディアである」「要は，重大な事態が生じたときに『信頼できる情報』を『しっかりしたことば』で伝えてくれるメディアでなければならない」と，筆者は述べている。

問五　「了解すること易くして」とは，理解するのが簡単で，という意味。

問六　「せめて，ニュースと情報番組は，……『確かな裏付け』と，『確かな日本語』で伝え続けてほしい」「これからは，『情報の確かさ』と『ことばの質』を向上させることこそが課題である」という言葉をふまえて，ふさわしいものを選ぶ。

二　(小説―内容理解，文の成分，空欄補充，ことわざ，心情理解，主題，表現理解)

基本　問一　娘たちの，「彼」の「にきび」を面白がる様子や，穏やかな口調から，アがふさわしいと考えられる。

問二　何が「おびただしい」のかをとらえる。

問三　「声がうわずっ」たり，「レモンの種を嚥み込んでしまった」のは，娘から「にきび」を指摘されて動揺しているからである。

問四　「果報は寝て待て」は，あせらないで静かに時機の来るのを待て，という意味。

問五　「彼」が妻の死をどうとらえているか，――線④を含む段落と，その前の二つの段落からとらえる。

やや難　問六　i　空欄の直前の「話しかけても」に対応する内容を考える。　ii　「煙草をやめたことで，体質がすっかり変ってしまったんだわ。そうだとすれば，結局お母さんが死んだことと関係が大ありだということになる」という娘の言葉に注目。妻の遺影に話しかけたあと，「彼」はそのことを実感したのである。

重要　問七「にきびなんて出来ますかって」「それじゃ，おまえさんの観察を信用して」「おい，見てくれよ。おでこににきびができちゃった」など，「彼」はくだけた口調で話している。それだけに，最後の「彼は突然自分を包み込んできた厖大な悲しみと寂しさに圧し潰されて，音を立ててそこに蹲った」という場面が劇的に強調されるのである。

三　(論説文―内容理解，作文)

重要　問一　一つめの文章に「膨大な家畜が出すゲップ」，二つめの文章に「ガソリン車」「石炭火力発電」とある。

問二　A・Bの条件を落とさぬよう注意して，文章をまとめる。

四　(漢字の読み書き)

1 「歩合制」は，成績や売り上げに応じて給与が支給される給与形態のこと。　2 「必至」は，必ずそうなること。　3 「装う」は，ふりをする，という意味。　4 「喪失」は，なくすこと。　5 「成算」は，成功する見込み。　6 「基づく」は，よりどころにする，という意味。　7 「説き伏せる」は，道理を説いて自分の意見に従わせる，という意味。　8 「怠る」は，すべきことをしないでおく，という意味。　9 「究める」は，深く追究して物事の本質や真相をつかむ，という意味。　10 「声高」は，大きな声であること。

★ワンポイントアドバイス★

説明的文章と文学的文章は，選択式の問題に細かい読み取りを必要とし，30～60字の記述問題もある。また，200字以上の作文も出題されており，文章を時間内で簡潔にまとめる力が求められる。ふだんからの読書が大切。漢字も必須だ。

MEMO

大切なことはメモしておこうネ！

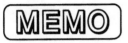

2021年度

★★★★★★★★★★★★★★★★★★★★★★★★

入　試　問　題

2021年度

芝浦工業大学附属高等学校入試問題

【数　学】 基礎（30分）〈満点：100点〉

【注意】 1　定規，コンパスを使用しても構いませんが，分度器を使用してはいけません。

2　円周率が必要な場合は，すべてπで計算してください。

1　$\dfrac{4a-b+3}{3}-\dfrac{5a-4b+4}{4}$を計算しなさい。

2　$a^3b^2-2a^2b^2+ab^2$を因数分解しなさい。

3　$a=6$，$b=-\dfrac{1}{2}$のとき，$2a^2b\times a^3b^4\div(-3a^2b^3)^2$の値を求めなさい。

4　2次方程式$3x^2+(1-2a)x-6=0$の解の1つが$x=a$であるとき，aの値を求めなさい。

5　3点A$(9,\ 1)$，B$\left(-\dfrac{9}{2},\ -\dfrac{5}{4}\right)$，C$\left(a,\ \dfrac{1}{3}\right)$が一直線上にあるとき，$a$の値を求めなさい。

6　xの変域が$-3\leqq x\leqq 1$である2つの関数$y=2x^2$，$y=ax+b$のyの変域が一致するようなa，bの値を求めなさい。ただし，$a>0$とする。

7　放物線$y=\dfrac{1}{2}x^2$上の点A（4，8）を通り，傾きが1である直線ℓと，この放物線との点A以外の共有点Bの座標を求めなさい。

8　大小2個のさいころを同時に投げるとき，さいころの目の和が6の約数になる確率を求めなさい。

9　右図において，$\angle x$の大きさを求めなさい。

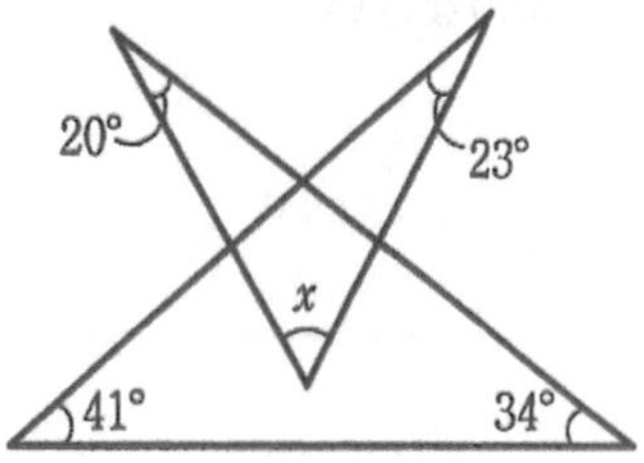

10　△ABCの辺BC，CA，AB上にそれぞれ
BD：DC＝1：1，CE：EA＝2：5，AF：FB＝2：3
となる点D，E，Fがある。△ABCの面積は△DEFの面積の何倍であるか答えなさい。

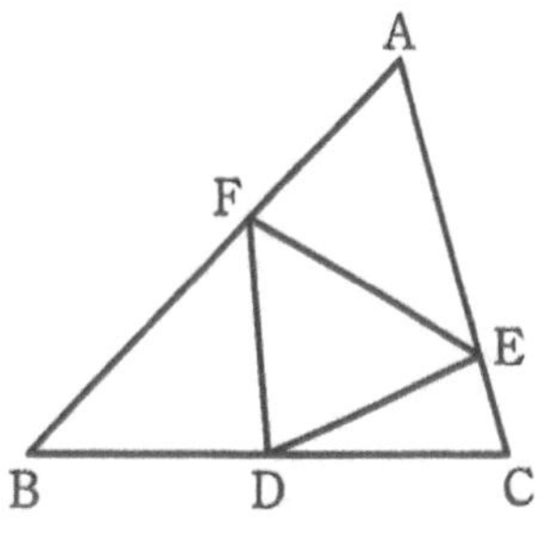

11 立方体ABCD－EFGHの辺AB，ADの中点をそれぞれI，Jとする。また，辺BF上にBK：KF＝3：1となるように点Kをとる。この立方体を，3点I，J，Kを通る平面で切断したとき，その切り口は何角形になるか答えなさい。

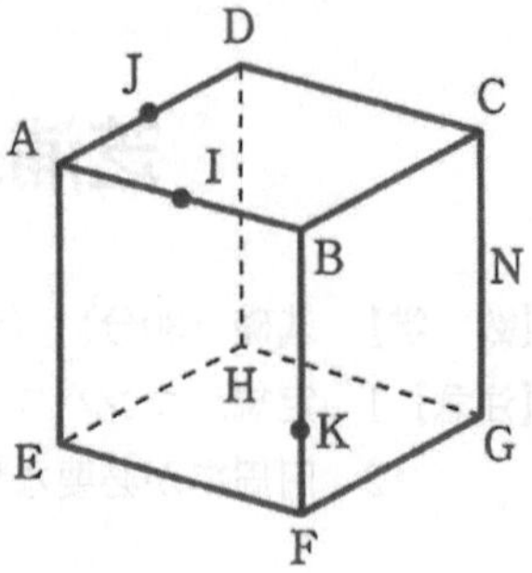

12 右図の斜線部の二等辺三角形を，直線ℓを軸として1回転させてできる立体の体積を求めなさい。

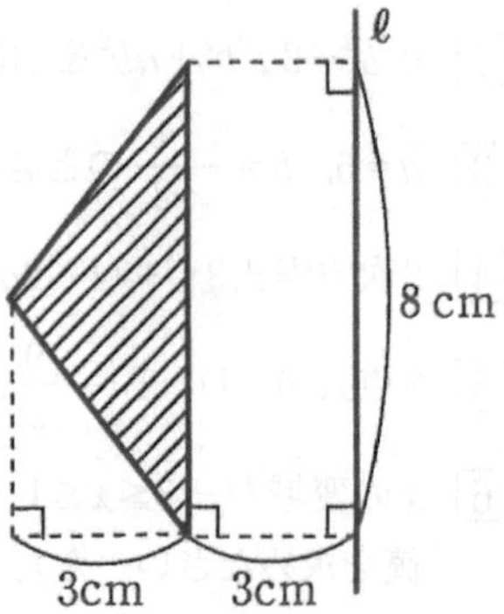

13 右の表は，生徒60人の平日の勉強時間について調べた結果を相対度数で表したものである。勉強時間の短い方から数えて40番目の生徒が入っている階級の階級値を求めなさい。

勉強時間（分）	相対度数
0以上30未満	0.10
30 ～ 60	0.40
60 ～ 90	0.35
90 ～ 120	0.15
計	1.00

【数　学】 応用（50分）〈満点：100点〉

1　yはx^2に比例し，$x=-2$のとき$y=8$である。xの変域が$-5 \leqq x \leqq 3$のとき，次の各問いに答えよ。

(1)　yをxの式で表せ。

(2)　xの値がmからnまで変化するときの変化の割合をmとnを用いて表せ。ただし，$m \neq n$とする。

(3)　m，nは$-5 \leqq m < n \leqq 3$を満たす整数とする。xの値がmからnまで変化するときの変化の割合は何通りか求めよ。

(4)　(3)のとき，変化の割合が最小となるm，nをx座標とする放物線上の点をそれぞれA，B，変化の割合が最大となるm，nをx座標とする放物線上の点をそれぞれC，Dとする。線分ABとCDの両方と交わる直線の傾きaがとりうる値の範囲を求めよ。

2　次の各問いに答えよ。

(1)　図1の△ABCにおいて，∠Aの二等分線と辺BCとの交点をDとする。
このとき，AB：AC＝BD：CDが成り立つことを三角形の相似を用いて証明せよ。

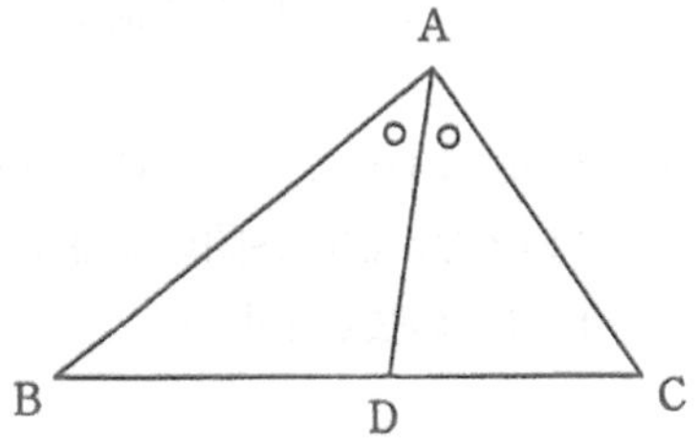

図1

(2)　図1において，AB：BD＝3：2のとき，$AB+AC=\dfrac{3}{2}BC$であることを示せ。

(3)　図2にように，△ABCはAB＝5，BC＝6，CA＝3である。∠Aの外角の二等分線と辺BCを延長した直線の交点をEとすると，AB：AC＝BE：CEが成り立つ。∠BACの二等分線が直線BCと交わる点をDとするとき，DEの長さを求めよ。

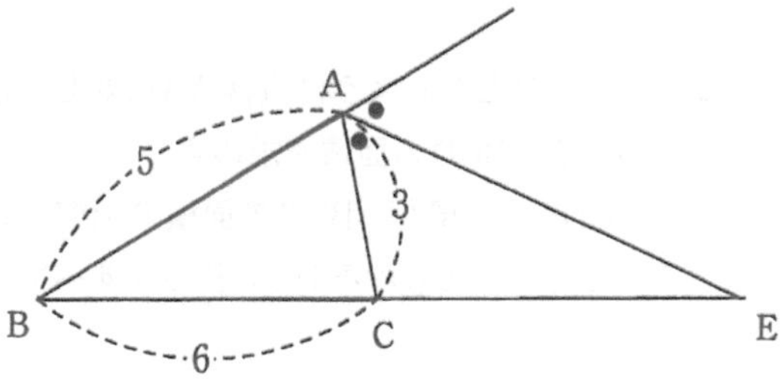

図2

3 次の図において，x軸とy軸，y軸とz軸，z軸とx軸はそれぞれ互いに垂直である。3点P，Q，Rが原点Oを出発し，毎秒aの速さでx軸，y軸，z軸上をそれぞれ矢印の方向に移動する。このとき，次の各問いに答えよ。

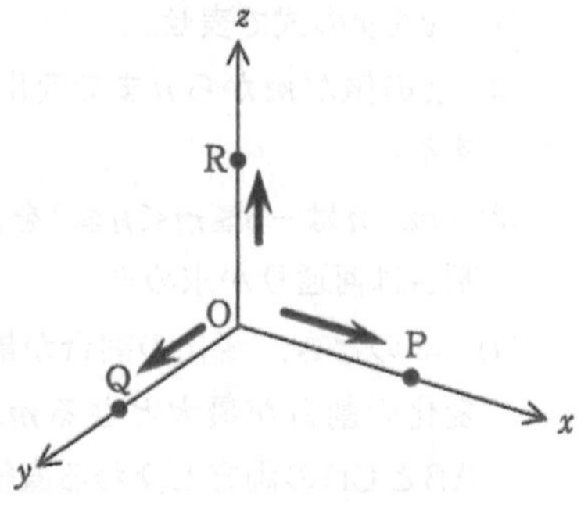

(1) t秒後の三角すいO－PQRの体積Vをa，tを用いて表せ。

(2) t秒後の三角すいO－PQRについて，△PQRを底面としたときの立体の高さhをa，tを用いて表せ。

(3) 2点P，Qの動く速さを2倍，点Rの動く速さを$\frac{1}{2}$倍とするとき，t秒後の三角すいO－PQRについて△PQRを底面としたときの立体の高さをh'とする。$h:h'$を求めよ。

4 次の図において，ABは円の直径であり，AB＝5 cm，AC＝$2\sqrt{5}$ cmである。
このとき，次の各問いに答えよ。

(1) BCの長さを求めよ。

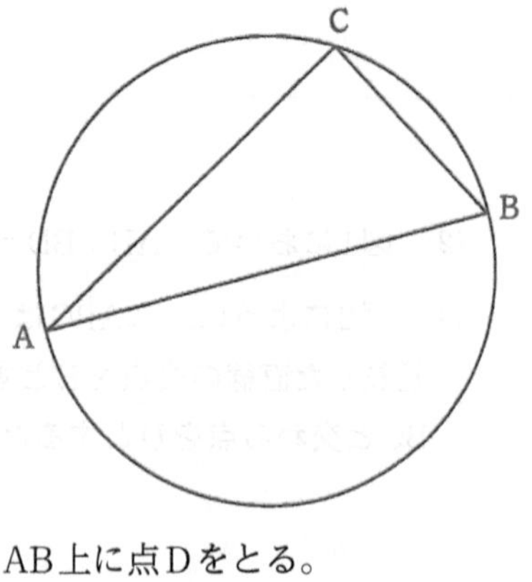

(2) BC＝BDとなるように直径ABに対して点Cと反対側の弧AB上に点Dをとる。
このとき△BCDの面積を求めよ。

(3) △CDEの面積が△BCDの面積の3倍になるように円周上に点Eをとる。
このとき，考えられるDEの長さをすべて求めよ。

【英　語】（60分）〈満点：100点〉　　**※リスニングテストの音声は学校のＨＰにアクセスの上，音声データをダウンロードしてご利用ください。**

1 放送を聴き，絵の内容に合う英文を選び，記号(A ～ D)で答えなさい。英文は印刷されていません。英文は1度放送されます。

1．

2．

3．

4．

5．

2 1．～5．の対話文を聴き，最後の応答として最も適当なものを選び，記号(A ～ C)で答えなさい。英文は印刷されていません。英文は1度放送されます。

3 英文を聴き，その内容に関する質問の答えとして最も適当なものを選び，記号(A ～ D)で答えなさい。3．の問題は講義を聴く形式で，やや長めの英文です。英文は2度放送されます。

1． What is the purpose of asking people to pay for plastic bags?

(A) To save the environment.

(B) To make money for feeding fish.

(C) To save oil.

(D) To solve shopping issues.

2． What can we learn from this announcement?

(A) The pilot is talking about how to get out of the plane.

(B) The pilot is preparing for landing.

(C) Passengers are on a flight to Tokyo.

(D) People on the plane need to do several things before the flight.

3． What is one of the causes of food shortages?

(A) The number of farmers is not enough.

(B) People often throw away food.

(C) Some people do not know how to produce food well.

(D) The students do not have the techniques to grow rice and vegetables.

4 次の記事を読み，その内容に関する質問の答えとして最も適当なものを選び，記号(A ～ D)で答えなさい。

The SIT Times

How 5G technology changes society

Mobile carriers in Japan, NTT docomo, KDDI au, and SoftBank started introducing 5G network service in 2020. The U.S. smartphone maker, Apple Inc., and other makers also started to sell 5G smartphones. 5G technology is now a big trend around the world. Because of its usefulness, businesspeople got interested in it for their businesses. Why is this technology good for their services?

First of all, 5G is fast. Many kinds of services can be introduced because of the speed. We can download a movie in a few seconds to our smartphones. We can watch a 4K or 3D live stream of sports games. Both services need to send a huge amount of data fast. These are only a few examples, but there will be many more ideas about how to use 5G in the future.

Fast response* is also key to creating new services. Devices and systems can send and receive a large amount of data very quickly with 5G. We can do many kinds of things because of the quick response. We can control robots from a different place without delay*. Medical doctors may be able to operate* on patients with a robot connected to a 5G network from a different hospital. Self-driving cars may be able to avoid accidents because a traffic system connected to 5G finds the risks and controls them very quickly.

Finally, many devices can be connected to 5G at the same time. This feature will be necessary for smart cities, for example. The concept of smart cities is to solve social issues and to create a sustainable society*. We are facing the problem of global warming caused by CO_2. The system of smart cities can collect data on the amount of electricity used by each house because every device in the cities is connected to 5G. The information is sent to the system on the Internet. As a result, the system can save electricity.

5G technology will change our society a lot, just like when the Internet service started a long time ago. Online shopping sites such as Amazon or online video services such as Netflix became major businesses thanks to the Internet. 5G technology will also create many new business chances and make people's lives better.

＊response　反応(respond　反応する)　without delay　遅延なしに　operate　手術する(operation　手術)
a sustainable society　持続可能な社会

1．What did mobile carriers in Japan do in 2020?
(A) They started to make 5G smartphones.
(B) They started 5G network service.
(C) They created 5G technology.
(D) They stopped 4G network service.

2．Why is the speed of 5G important to be able to introduce new kinds of services?
(A) We cannot enjoy the services without a fast network because the services'data sizes are large.
(B) We need to create a huge amount of data as soon as possible for our new services to go well.
(C) Speed is important to do business because you may lose a chance if you do not introduce it soon.
(D) A fast network is important for businesspeople to discuss their new services online.

3．How can 5G be useful to medical doctors'operations and self-driving cars?
(A) It has the ability to learn how to operate on patients and drive a car.
(B) It can collect information from doctors and cars.
(C) Self-driving cars connected to 5G can carry patients to a doctor in a different hospital.
(D) It makes medical robots and self-driving cars respond quickly.

4．Why is 5G necessary for smart cities?
(A) A lot of things must be connected online at the same time.
(B) It can search for information on social issues happening in smart cities and solve them.
(C) It decreases the amount of data used by each house.
(D) 5G itself can save electricity.

5．What is true about this article?
(A) 5G technology is not useful in our society.
(B) Online shopping and video services will not be necessary in the future.
(C) We now have a chance to change our society for the better.
(D) The system of 5G technology is already known to everyone in Japan.

5 次の記事と公開討論(Readers' Forum)を読み，その内容に関する質問の答えとして最も適当なものを選び，記号(A～D)で答えなさい。

What will happen to society after

⇦ ⇨ ↻ ⌂ https://www.sittimes.com/story/news/opinion/ what...

The SIT Times - Opinion　What will happen to society after COVID-19?

June 12, 2020

The new type of coronavirus, COVID-19, has changed our lives in many ways. The Japanese government asked people living in Japan to stay at home during April and May in 2020 to stop the virus. People were not happy because they could not live in the usual way. They probably felt they wanted to go back to their normal lives before COVID-19.

However, it has been said that life will not fully return to the way it was before COVID-19. Workers already know that they can work from home. They can have a meeting with their customers or send information on the Internet. They can also save time because they do not have to go to their workplaces. Companies can also save money by giving up renting a big office space. Instead, they can rent a smaller office space so that their workers can share the area in case they need it. The problems caused by the virus are serious, but on the bright side, we have found the value of thinking differently.

In Japan, a lot of people are facing problems. Tourist sites and Japanese-style hotels had millions of tourists before COVID-19, but they have lost many tourists because foreign tourists cannot enter Japan now. The owners of these businesses cannot find how to solve it. However, Mr. Yoshiharu Hoshino, president of Hoshino Resort, said that hotel owners should think differently. The data shows that the industry has had more local tourists than foreign tourists. Mr. Hoshino said that the business owners could succeed by changing their business styles and targeting people living all over Japan.

Experts in viruses say that the new virus will never be gone, and we will have to live "with" it. In such a society, it is important to think outside the box. Perhaps, it is time to find new ideas for a new society.

If you want to give your ideas or opinions on this issue, please comment on the following website, The SIT Times - Readers' Forum: What will happen to society after COVID-19?

1. According to the article, why is it a good idea for companies to rent a small office space?
   (A) It is easy for the workers to get to know each other.
   (B) All the workers may not have to come to the office at the same time.
   (C) The workers can easily have a meeting in a small space.
   (D) The space is enough because the number of workers has decreased.
2. What is Mr. Yoshiharu Hoshino's advice?
   (A) Hotel owners should start a new service to attract foreign tourists.
   (B) Hotel owners should not change their business styles because foreign tourists like their services.
   (C) It is necessary to know that Japan's tourism industry has more foreign tourists than Japanese tourists.
   (D) People should see things from a different point of view.

What will happen to society after	Readers' Forum- What will happen to

https://www.sittimes.com/readersforum/what-will-happen...

The SIT Times - Readers' Forum: What will happen to society after COVID-19?

I understand people's feelings about their situations. However, we should change our way of thinking and think outside the box. I believe we can create business opportunities. More and more workplaces will introduce a new working style, remote work. Workers do not need to live near their companies. Instead, they can live anywhere, such as in the countryside. Land prices are low there, so some of the workers may buy houses and live there. I think more houses will be sold in the countryside. ***Posted by John***

We often think negatively when we face problems, and stop thinking about the solutions, new ideas, or the bright side. We must understand the virus will never be gone. So, we should think about how to survive with it. The bright side is that we can solve global warming. As more people will work from home, we can reduce the number of trains. As a result, we can decrease the amount of CO_2. Railways are already losing passengers, but they can make money by introducing new services. SEIBU Railway has started running a shopping mall at Tokorozawa Station. The company believes that it will survive by starting new services like the shopping mall. Looking on the bright side is really important. ***Posted by Mary***

I understand the point of this article, but I can't totally agree with it. Most people facing problems cannot change their ways of thinking. Some people may easily find solutions, but most people cannot. Also, big companies can change their working styles because they have money, but it is hard for small companies. I think the ideas in the article are not enough to solve the problems caused by COVID-19. The government must also do something to help those people. ***Posted by Ken***

3. What is John's idea about business?
   (A) Boxes will sell well because some people may move to the countryside from urban areas.
   (B) Training services for workers will be popular because they want to learn how to do business online.
   (C) Personal offices in urban areas will be rented because workers do not have to go to their companies.
   (D) Some companies may be able to sell more houses in the countryside.
4. Why does Mary give comments on global warming and SEIBU Railway?
   (A) Because both are important to save people from having the new virus, COVID-19.
   (B) Because she wants to say that the main cause of global warming comes from transportation.
   (C) To show the importance of looking on the bright side and finding new ideas.
   (D) To show how difficult it is to face the problems.
5. What is true about Ken's opinion?
   (A) Although he knows it is important to think outside the box, he does not feel everything is going well.
   (B) He believes that the government's policy is the only solution to the problem caused by COVID-19.

(C) He thinks it is easy for anyone to find solutions.

(D) He believes big companies need more money to change their working styles.

6 これらの絵は現在行われていることを示している。それぞれ一文で絵の内容について書きなさい。

1.

2.

3.

7 以下の問いについて，英文で書きなさい。4．および5．は主張の理由を2つ述べなさい。

1．What time do you usually get up every morning?

2．What is your number one goal for the next year?

3．How often do you study English?

4．Which do you like better, summer or winter? Why?

5．Do you think more people will use oil in the future? Why or why not?

件に従うこと。

A　自動運転の6段階の内、二〇五〇年の時点でなくなっていると思うものを挙げ（複数も可）、理由を答えること。

B　二〇五〇年の時点で主流になっていると考える自動運転のレベルを挙げ、理由を答えること。

C　一八〇字から二二〇字以内で書くこと。ただし、出だしの一マスは空けずに書くこと。

四　次の問いに答えなさい。

――線部のカタカナを漢字に直し、漢字は読みをひらがなで答えなさい。

1　打球は大きなコを描いてレフトスタンドに入った。

2　水耕サイバイで花を咲かせた。

3　割りばしに使われている木材の多くはカンバツ材だ。

4　川をヘダてた向こう側のことを彼岸という。

5　学問をオサめて社会に出る。

6　電化製品のホショウ書を大切に取っておく。

7　部長の注意のおかげで、場の雰囲気がシまった。

8　大病を患い、床に伏している。

9　過疎化と高齢化で地方の町が廃れつつある。

10　人の信用を得るには平生の心がけが大切だ。

ウ　自分の好物の並んだお弁当を食べながら、お母さんからスクールに行くようにプレッシャーをかけられているように感じ、反発したくなっている。

エ　家で一人でお弁当を食べている時に、本当はこのお弁当をスクールで楽しく食べるはずだったのだと気づき、孤独な自分に寂しさを感じている。

三　次の文章を読んで、後の問いに答えなさい。

米国自動車技術会（ＳＡＥ:Society of Automotive Engineers）は、自動運転をレベル０からレベル５の６段階で定義しています。

正式な定義は直感的に理解しづらいため、ここでは意訳しますが、まず「レベル０」は完全に人間が運転する状態です。つまり自動運転や運転支援の機能がないクルマを対象としています。

「レベル１」は、アクセル・ブレーキ操作による加減速と、ハンドル操作による方向転換のいずれか一方の自動運転をクルマ側が担うものです。現在販売されているクルマにも、自動ブレーキやレーンアシストといった機能を有するものは数多くあり、レベル１の自動運転はすでに達成されています。

「レベル２」は、アクセル・ブレーキ操作とハンドル操作を同時に行う機能をクルマ側が担います。とはいえ基本的には人間が運転し、渋滞している高速道路など、特定のシーンで自動運転機能を活用するというもので、運転の主体は人間です。現在自動車メーカーが競い合っている安全運転支援システムは、このレベル２の自動運転機能が主戦場となっています。

「レベル３」からは、クルマ側が運転の主体となります。原則すべての運転を自動運転で行い、必要な機能が十分に稼働しないときなどのクルマ側からの要請（フォールバック）に応じて、人間が介入するというものです。

「レベル４」では、限定的なエリアにおいては、緊急時も人間が介入する必要のない自動運転です。そのエリア内においては運転手がいなくてもよいということになります。

そして「レベル５」は、エリアの限定がなくなりどこでも自動運転が実現される、いわゆる「完全自動運転」という状態となります。

レベル４とレベル５の定義の違いはエリアの限定です。第２章において、レベル５の完全自動運転が実現されるのは２０３０年以降と述べましたが、レベル４のエリア限定での自動運転は２０２０年代から実現される見込みです。

（亀井卓也『５Ｇビジネス』）

問一　次の自動車の説明は、自動運転の６段階のどのレベルにあたるか。答えなさい。

カメラやレーダー、センサー、高精度のＧＰＳ、無線のネットワークシステムなどを搭載しており、これらを鉱山や建設現場の管制室で制御して運行管理する。これにより、運転手がいなくても運用可能な作業車が実現化されている。

問二　あなたは、自動運転の６段階の内、二〇五〇年の時点でどれがなくなると思いますか。また、どのレベルの自動車が主に使われると思いますか。自分の考えを述べなさい。ただし、次の条

問一 ══線ア～オの中から可能動詞を二つ選び、記号で答えなさい。

問二 ――線①「移動スーパーの車が来た音が聞こえる」とありますが、この音を聞く時の「こころ」の心情の説明として適切なものを次の中から一つ選び、記号で答えなさい。

ア 午前中もあと少しだということに気づき、もうすぐ子どもがいなくなることを寂しく思う。

イ 午前十一時だということに気づき、そろそろカーテンを開けなければならないと思う。

ウ 今日が夏休みや冬休みではないことに気づき、学校を休んでしまったことを後悔する。

エ 今が平日の昼間であることに気づき、自分が学校に行っていないことを意識させられる。

問三 ――線②「こんなふうにカーテンを引いて」とありますが、「こころ」にとって「カーテン」はどのような存在ですか。それぞれ三十字程度で二つ答えなさい。

問四 ――線③「二階の自分の部屋から、ダイニングに下りていった」とありますが、この時の「こころ」の心情の説明として適切なものを次の中から一つ選び、記号で答えなさい。

ア おなかが痛いことを伝えれば、スクールに行けない自分の状況をお母さんに分かってもらえると思っていた。

イ おなかが痛いと伝えることで、お母さんが優しく看病してくれることが分かっていたので、安心していた。

ウ おなかが痛いことを伝えた時に、お母さんがどのような反応をするか想像できなかったので、緊張していた。

エ おなかが痛いことを伝えたら、スクールに行かないことをお母さんから怒られるのだろうと予感していた。

問五 ――線④「お母さん、おなか痛い」とありますが、この言葉を聞いた時の「お母さん」の心情の説明として適切でないものを次の中から一つ選び、記号で答えなさい。

ア 「こころ」がスクールに行きたくないから「おなか痛い」と言っているのだと思っている。

イ 「こころ」がスクールに行くと期待していたので、この言葉を受け入れることができない。

ウ 自分から学校に行くと言ったのに仮病を使って休もうとする無責任さにあきれはてている。

エ 学校に行かなくなった時と同じようなことが再び起こってしまったので、いらだっている。

問六 ――線⑤「精一杯気持ちを込めて」とありますが、「こころ」の「気持ち」を五十字以上六十字以内で答えなさい。

問七 ――線⑥「それを一口、食べて、俯く」とありますが、この時の「こころ」の心情の説明として適切なものを次の中から一つ選び、記号で答えなさい。

ア 給食よりもおいしいお弁当を作ってくれたお母さんに感謝しているが、これから毎日お弁当を作ってもらうことを考え、申し訳ないと思っている。

イ お弁当の中身からお母さんの気持ちを察して、期待に応えられなかったことを申し訳なく思い、スクールに行けなかった自分が嫌になっている。

答えられない。

今日はェ行けないけど、次にスクールがある日にまたおなかが痛くなるかどうかなんてわからない。仮病じゃなくて、本当に、痛いからただ行けないだけなのに、こんな理不尽《りふじん》なことを聞かれるなんてと悲しくなってくる。

答えないままお母さんを見ていると、お母さんが「もういい」と立ち上がった。感情にまかせるように、朝ごはんの載った皿を持ち上げ、トーストを流しの隅《すみ》にある三角コーナーに放り込んだ。「牛乳も飲まないのね、せっかくあたためたのに」と言うなり、返事も聞かずに流しに捨てる。台所にミルクの湯気がふわっと大きく上がって、すぐに水音とともに消えた。

本当は後で食べようと思っていたけど、答える暇《ひま》もなかった。

ドアの前でパジャマ姿のままォ動けないこころを無視するように「ちょっとどいて」と通り抜けたお母さんが、奥のリビングに消える。すぐに、どこかに電話する声が聞こえてきた。「ああー、すいません。安西《あんざい》ですけれども」と、それまでの不機嫌を根こそぎ拭《ぬぐ》ったような、よそ行きの声が聞こえてくる。

ええ、そうなんですよ。おなかが痛いと言い出して。申し訳《わけ》ありません。見学の時にはあの子の方が行きたいって乗り気だったんですけど、はい、はい、本当にご迷惑をおかけして――。

（中略）

気がつくと、三時だった。

つけっぱなしのテレビが、昼下がりのワイドショーに変わっている。芸能人のスキャンダルやニュースを終えて通販のコーナーに移っていて、こころははっと、ベッドから起きる。

どうしてこんなに眠いのかわからないけど、学校にいる時よりも、家にいると眠気に襲《おそ》われることが多い。

目をこすり、よだれを拭って、テレビを消し、一階に下りる。洗面台の前に立って顔を洗うと、おなかが空《す》いていた。

ダイニングに入り、お母さんが残していったお弁当を開く。チェックの布に包まれたお弁当のリボンをほどく時、お母さんはたぶん、これを包む時には、私がスクールでこれを食べると思っていたんだろうな、と思う。思うと、胸がきゅっとなって、お母さんに謝りたくなってくる。

お弁当の箱と別に、小さなタッパーが上に載っていて、開けると、こころの好きなキウイフルーツが入っていた。お弁当も、こころの好きな三色そぼろごはんだった。

⑥それを一口、食べて、俯《うつむ》く。

見学の時、楽しそうだと思ったあの場所にどうして自分が行けなかったのかわからなかった。朝は、ただ今日だけおなかが痛くて行けないのだと思っていたスクールは、今日が台なしになったせいで、もう次に行ける気がまったくしなくなっていた。

（辻村深月『かがみの孤城』）

そうしたら、少し、カーテンが開けられる。

カーテンの布地の淡いオレンジ色を通し、昼でもくすんだようになった部屋は、ずっと過ごしていると、罪悪感のようなものにじわじわやられる。自分がだらしないことを責められている気になる。

最初はそれで心地よかったものが、だんだんと、やっぱりアいけないんだと思うように、なぜか、誰《だれ》に言われたわけでもないのに、なってくる。

世の中で決まっているルールには、全部、そうした方がいい理由がきちんとある。

朝はカーテンを開けなさい、だとか。

学校には、子どもはみんな行かなければならない、だとか。

おととい、お母さんと見学に行ったスクールに、今日から、本当に行ける気がしていた。

だけど、朝起きたらダメだった。

いつものようにおなかが痛い。

仮病《けびょう》じゃない。本当に痛い。

どうしてかわからなかった。朝、学校に行く時間になると、仮病じゃないのに、本当におなかや、時には頭も痛くなるのだ。

無理しなくていい、とお母さんには言われていた。

だから、そこまで構えずに、こころは朝、③二階の自分の部屋から、ダイニングに下りていった。

「④お母さん、おなか痛い」

ホットミルクとトーストを用意していたお母さんが、こころの声を聞いて、露骨《ろこつ》に表情をなくした。黙《だま》った。

こころを見ない。

まるでこころの声が聞こえなかったように俯《うつむ》いて、湯気を立てるマグカップを食卓に運ぶ。そのまま、うんざりしたような声が、「痛いってどういうふうに？」と聞いた。

仕事用のパンツスーツの上からかけた赤いエプロンを不機嫌《ふきげん》そうに脱ぎ捨てて、椅子にかける。

「いつもと同じ」

小声で答える。イ言い終えないうちに、お母さんが続けた。

「いつもと同じって、昨日までは平気だったんでしょ？　スクールは学校じゃないのよ。毎日じゃないし、来てる人数も学校より少ないし、先生もいい人そうだったでしょう。行くって、こころが言ったんでしょう。どうするの、行かないの？」

矢継《やつ》ぎ早《ばや》に責められるように言われると、ああ、お母さんは行って欲しいんだとわかる。だけど違う。

行きたくないんじゃない、仮病じゃない。本当におなかが痛い。

こころがウ答えないでいると、お母さんがいらいらしたように急に時計を気にし出す。「ああ、もうこんな時間」と舌打ちをする。

「どうするの？」

足が固まったようになって動けない。

「行けない」

行かないんじゃなくて、行けない。

⑤精一杯気持ちを込めて呟《つぶや》くように言うと、お母さんが目の前で大きなため息をついた。自分まで体のどこかが痛いように顔をしかめた。

「……今日だけ行けないの？　それともずっと行かないの」

【国語】（六〇分）〈満点：一〇〇点〉

【注意】指示がない限り、句読点や記号などは一字として数えます。

一 ※問題に使用された作品の著作権者が二次使用の許可を出していないため、問題を掲載しておりません。

（出典：西垣通・河島茂生『ＡＩ倫理 人工知能は「責任」をとれるのか』）

二 次の文章を読んで、後の問いに答えなさい。

カーテンを閉めた窓の向こうから、①移動スーパーの車が来た音が聞こえる。

せかいじゅう どこだって
わらいあり なみだあり
みんな それぞれ たすけあう
ちいさなせかい

ディズニーランドの、こころの好きなアトラクション、イッツ・ア・スモールワールドの曲。『小さな世界』が車についた大きなスピーカーから響《ひび》き渡る。こころが小さい時から同じ曲で、車はやってくる。

曲が途切れて、声が聞こえる。

『毎度、お騒がせしております。ミカワ青果の移動販売車です。生鮮食品、乳製品、パンにお米もございます』

国道沿いのスーパーまでは距離があって車がなければなかなか行けないせいか、こころの小さい頃《ころ》から、週に一度、うちの裏にある公園にミカワ青果の車がやってくる。近所に住むお年寄りや小さな子どもをつれたお母さんが、この曲を聞いて買い物にやってくる。

こころは一度も買い物に行ったことはないけれど、お母さんは行ったことがあるようで、「三河《みかわ》のおじさんももう年だから、あと何年来てくれるかわからないね」と言っていた。

昔、このあたりにまだ大きなスーパーがない頃には本当に便利で、もっとたくさんの人が買い物に来ていたけれど、今はもうそうでもない。大きな音楽を響かせるスピーカーがうるさいと苦情を言う人もいて、騒音《そうおん》問題になっている、とも。

騒音、とまでは思わないけど、こころもこの音を聞くと、否応《いやおう》なく、今が平日の昼間だということを意識する。意識させられてしまう。

子どもが笑う、声が聞こえた。

平日午前中の十一時というのがこういう時間なんだということを、こころは学校を休むようになって初めて知った。

ミカワ青果の車は、こころにとって、小学校の頃から、夏休みや冬休みに見かけるものだった。

②こんなふうにカーテンを引いて、部屋で、身を硬くしている平日に見るものではなかった。去年、までは。

こころは息を殺して音を絞ったテレビを観《み》ながら、その灯《あか》りが外に漏《も》れていなければいいな、と思う。

ミカワ青果が来なくても、こころの部屋の向こうに見える公園には、いつも近所の若いお母さんたちが子どもを遊ばせに来ている。色とりどりのバッグをハンドルのところにかけたベビーカーがベンチのそばに並んでいるのを見ると、「ああ、午前中もあとちょっとだ」と思う。十時から十一時くらいにかけて集まり始めた親子たちは、十二時にはお昼ごはんのために、みんないったんそこからいなくなる。

2021年度

解答と解説

《2021年度の配点は解答欄に掲載してあります。》

＜数学解答 基礎＞

[1] $\dfrac{a+8b}{12}$　[2] $ab^2(a-1)^2$　[3] $-\dfrac{8}{3}$　[4] $a=2,\ -3$　[5] $a=5$

[6] $a=\dfrac{9}{2},\ b=\dfrac{27}{2}$　[7] $(-2,\ 2)$　[8] $\dfrac{2}{9}$　[9] 62度　[10] $\dfrac{70}{19}$倍

[11] 六角形　[12] $96\pi\,\mathrm{cm}^3$　[13] 75分

○推定配点○

[1]～[4]　各7点×4　[5]～[13]　各8点×9　計100点

＜数学解説 基礎＞

基本 [1] (式の計算)

$\dfrac{4a-b+3}{3}-\dfrac{5a-4b+4}{4}=\dfrac{4(4a-b+3)-3(5a-4b+4)}{12}=\dfrac{16a-4b+12-15a+12b-12}{12}=\dfrac{a+8b}{12}$

基本 [2] (因数分解)

$a^3b^2-2a^2b^2+ab^2=ab^2(a^2-2a+1)=ab^2(a-1)^2$

基本 [3] (式の値)

$2a^2b\times a^3b^4\div(-3a^2b^3)^2=2a^2b\times a^3b^4\times\dfrac{1}{9a^4b^6}=\dfrac{2a}{9b}=2\times6\div\left\{9\times\left(-\dfrac{1}{2}\right)\right\}=12\div\left(-\dfrac{9}{2}\right)=-12\times\dfrac{2}{9}=-\dfrac{8}{3}$

[4] (2次方程式)

$3x^2+(1-2a)x-6=0$に$x=a$を代入すると，$3a^2+(1-2a)\times a-6=0$　$3a^2+a-2a^2-6=0$　$a^2+a-6=0$　$(a-2)(a+3)=0$　$a=2,\ -3$

[5] (一次関数)

$\left\{1-\left(-\dfrac{5}{4}\right)\right\}\div\left\{9-\left(-\dfrac{9}{2}\right)\right\}=\dfrac{9}{4}\div\dfrac{27}{2}=\dfrac{9}{4}\times\dfrac{2}{27}=\dfrac{1}{6}$から，直線ABの傾きは，$\dfrac{1}{6}$　直線ABの式を$y=\dfrac{1}{6}x+b$として点Aの座標を代入すると，$1=\dfrac{1}{6}\times9+b$　$b=-\dfrac{1}{2}$　よって，直線ABの式は，$y=\dfrac{1}{6}x-\dfrac{1}{2}$　点Cがこの直線上にあることから，$\dfrac{1}{3}=\dfrac{1}{6}\times a-\dfrac{1}{2}$　$\dfrac{1}{6}a=\dfrac{1}{3}+\dfrac{1}{2}=\dfrac{5}{6}$　$a=\dfrac{5}{6}\times6=5$

[6] (2乗に比例する関数と一次関数の変域の問題)

$y=2x^2$…①　$-3\leqq x\leqq1$のとき，①は$x=0$のとき最小値0をとり，$x=-3$のとき，$y=2\times(-3)^2=18$より，最大値18をとる。よって，$0\leqq y\leqq18$　$a>0$から，$y=ax+b$は$x=-3$のとき最小値をとり，$x=1$のとき最大値をとる。$0=-3a+b$…②　$18=a+b$…③　③－②から，$18=4a$　$a=\dfrac{18}{4}=\dfrac{9}{2}$　これを②に代入して，$0=-3\times\dfrac{9}{2}+b$　$b=\dfrac{27}{2}$

[7] (2乗に比例する関数と一次関数の交点の問題)

$y=\dfrac{1}{2}x^2$…①　直線ℓの式を$y=x+b$として点Aの座標を代入すると，$8=4+b$　$b=4$　よ

って，直線ℓの式は，$y=x+4$…②　①と②からyを消去すると，$\frac{1}{2}x^2=x+4$　$x^2=2x+8$　$x^2-2x-8=0$　$(x-4)(x+2)=0$　$x=4,\ -2$　$x=-2$を②に代入して，$y=-2+4=2$　よって，B$(-2,\ 2)$

8　(確率)

大小2個のさいころの目の出方は全部で，$6\times6=36$(通り)　そのうち，目の和が6の約数である1，2，3，6になる場合は，(大，小)=(1，1)，(1，2)，(1，5)，(2，1)，(2，4)，(3，3)，(4，2)，(5，1)の8通り　よって，求める確率は，$\frac{8}{36}=\frac{2}{9}$

9　(角度)

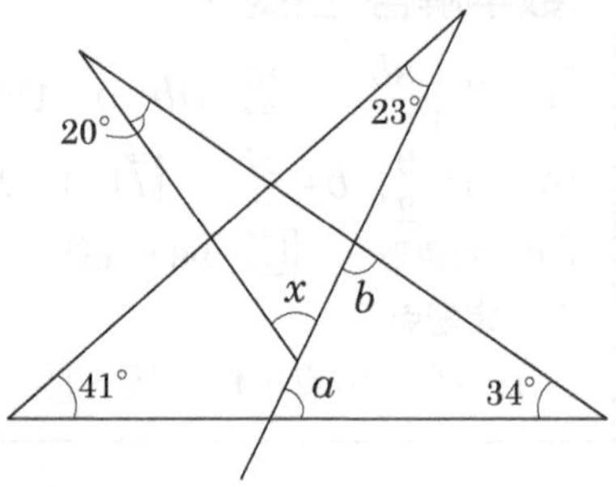

右の図のように，補助線を引くと，三角形の内角と外角の関係から，$a=23°+41°=64°$　$b=20°+\angle x$　三角形の内角の和の関係から，$34°+64°+20°+\angle x=180°$　$x=180°-118°=62°$

10　(平面図形の計量問題)

$\triangle AFE=\frac{2}{5}\triangle ABE=\frac{2}{5}\times\frac{5}{7}\triangle ABC=\frac{2}{7}\triangle ABC$　$\triangle FBD=\frac{3}{5}\triangle ABD=\frac{3}{5}\times\frac{1}{2}\triangle ABC=\frac{3}{10}\triangle ABC$　$\triangle EDC=\frac{2}{7}\triangle ADC=\frac{2}{7}\times\frac{1}{2}\triangle ABC=\frac{1}{7}\triangle ABC$　$\triangle DEF=\triangle ABC-\triangle AFE-\triangle FBD-\triangle EDC=\left(1-\frac{2}{7}-\frac{3}{10}-\frac{1}{7}\right)\triangle ABC=\frac{19}{70}\triangle ABC$　$\triangle ABC=\frac{70}{19}\triangle DEF$
よって，$\frac{70}{19}$倍

11　(空間図形の問題－立方体の切断面)

辺DH上にDL：LH=3：1となるような点Lをとる。直線IKとEFの交点をM，直線JLとEHの交点をNとする。直線MNを引き，直線MNと辺FG，HGの交点をそれぞれO，Pとすると，切断面の形は，六角形IJKOPLになる。

12　(空間図形の計量問題－回転体の体積)

求める立体の体積は，底面が半径6cmの円で高さが8cmの円錐の体積から，底面が半径3cmの円で高さが4cmの円錐の体積と底面が半径3cmの円で高さが4cmの円柱の体積の和をひいたものを，2倍したものになる。$\left\{\frac{1}{3}\times\pi\times6^2\times8-\left(\frac{1}{3}\times\pi\times3^2\times4+\pi\times3^2\times4\right)\right\}\times2=\{96\pi-(12\pi+36\pi)\}\times2=48\pi\times2=96\pi\ (\mathrm{cm}^3)$

13　(統計)

$\frac{40}{60}=\frac{2}{3}=0.66\cdots$　$(0.10+0.40)<0.66\cdots<(0.10+0.40+0.35)$から，40番目の生徒が入る階級は，60分以上90分未満である。よって，求める階級値は，$\frac{60+90}{2}=75$(分)

★ワンポイントアドバイス★

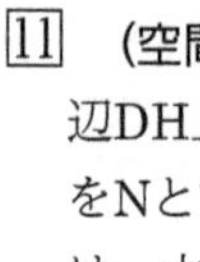

12のような回転体の問題は，見取図をかいて考えよう。この問題の場合は，円すい台の中央をくり抜いた形の2つ分になる。

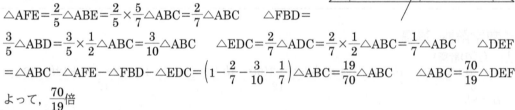

＜数学解答 応用＞

[1] (1) $y=2x^2$ (2) $2(m+n)$ (3) 15通り (4) $-6 \leqq a \leqq -2$

[2] (1) 解説参照 (2) 解説参照 (3) $\mathrm{DE}=\dfrac{45}{4}$

[3] (1) $\mathrm{V}=\dfrac{1}{6}a^3t^3$ (2) $h=\dfrac{\sqrt{3}}{3}at$ (3) $h:h'=\sqrt{3}:\sqrt{2}$

[4] (1) $\sqrt{5}$ cm (2) 2cm^2 (3) 3cm，5cm

○推定配点○

[1] (3)・(4) 各8点×2 他 各6点×2 [2] (3) 7点 他 各10点×2

[3] (3) 8点 他 各7点×2 [4] (1) 7点 他 各8点×2 計100点

＜数学解説 応用＞

[1] (2乗に比例する関数)

基本 (1) $y=ax^2$に$x=-2$，$y=8$を代入して，$8=a\times(-2)^2$ $4a=8$ $a=2$ よって，$y=2x^2$

基本 (2) $\dfrac{2n^2-2m^2}{n-m}=\dfrac{2(n^2-m^2)}{n-m}=\dfrac{2(n+m)(n-m)}{n-m}=2(n+m)=2(m+n)$

(3) $-5 \leqq m < n \leqq 3$から，$-5 \leqq m \leqq 2$，$-4 \leqq n \leqq 3$ よって，$-9 \leqq (m+n) \leqq 5$
したがって，$5-(-9)+1=15$(通り)

重要 (4) 変化の割合が最小となるのは，$m=-5$，$n=-4$のときだから，A$(-5,\ 50)$，B$(-4,\ 32)$
変化の割合が最大になるのは，$m=2$，$n=3$のときだから，C$(2,\ 8)$，D$(3,\ 18)$
傾きaが最小になるのは，点AとCを通る場合だから，$\dfrac{8-50}{2-(-5)}=-\dfrac{42}{7}=-6$
傾きaが最大になるのは，点BとDを通る場合だから，$\dfrac{18-32}{3-(-4)}=-\dfrac{14}{7}=-2$
よって，$-6 \leqq a \leqq -2$

[2] (平面図形の証明問題と計量問題－三角形の相似，角の二等分線の定理)

(1) 点Cを通りADに平行な直線と直線ABの交点をEとする。
△BADと△BECにおいて，平行線の同位角から，∠BAD=∠BEC…① ∠Bは共通…② ①と②から，2組の角がそれぞれ等しいので，△BAD∽△BEC よって，BA：BE=BD：BCより，AB：AE=BD：CD…③ 平行線の錯角から，∠DAC=∠ACE…④ 仮定から，∠BAD=∠DAC…⑤ ①，④，⑤から，∠AEC=∠ACE
よって，△ACEは二等辺三角形になるので，AC=AE…⑥
③と⑥より，AB；AC=BD：CD

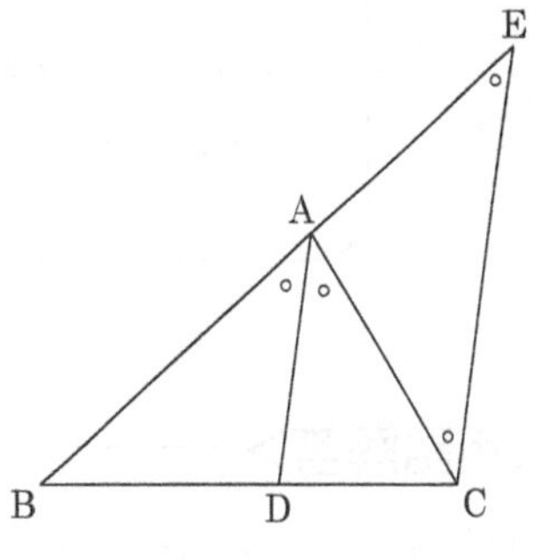

(2) AB：BD=AC：CD=3：2より，$\mathrm{AB}=\dfrac{3}{2}\mathrm{BD}$，$\mathrm{AC}=\dfrac{3}{2}\mathrm{CD}$ よって，$\mathrm{AB}+\mathrm{AC}=\dfrac{3}{2}(\mathrm{BD}+\mathrm{CD})$
$=\dfrac{3}{2}\mathrm{BC}$

重要 (3) CE=xとすると，BE=$6+x$ AB：AC=BE：CEから，$5:3=(6+x):x$ $5x=3(6+x)$
$2x=18$ $x=9$ DC=yとすると，BD=$6-y$ AB：AC=BD：CDから，$5:3=(6-y):y$
$5y=3(6-y)$ $8y=18$ $y=\dfrac{9}{4}$ よって，$\mathrm{DE}=\mathrm{DC}+\mathrm{CE}=\dfrac{9}{4}+9=\dfrac{45}{4}$

[3] (空間図形の計量問題－動点，体積，三平方の定理)

基本 (1) $\mathrm{OP}=\mathrm{OQ}=\mathrm{OR}=a\times t=at$ $\mathrm{V}=\dfrac{1}{3}\times\dfrac{1}{2}\times at\times at\times at=\dfrac{1}{6}a^3t^3$

(2) $\mathrm{PQ}=\mathrm{QR}=\mathrm{RP}=\sqrt{2}\,at$ $\triangle\mathrm{PQR}=\dfrac{1}{2}\times\sqrt{2}\,at\times\sqrt{2}\,at\times\dfrac{\sqrt{3}}{2}=\dfrac{\sqrt{3}}{2}a^2t^2$ 三角すいO－

PQRの体積の関係から，$\frac{1}{3}\times\frac{\sqrt{3}}{2}a^2t^2\times h=\frac{1}{6}a^3t^3$　　$h=\frac{a^3t^3}{6}\times\frac{6}{\sqrt{3}\,a^2t^2}=\frac{at}{\sqrt{3}}=\frac{\sqrt{3}}{3}at$

重要　(3)　$OP=OQ=2at$　　$OR=\frac{1}{2}at$　　(三角すいO−PQR)$=\frac{1}{3}\times\frac{1}{2}\times(2at)^2\times\frac{1}{2}at=\frac{1}{3}a^3t^3$　$PQ=\sqrt{2}\times 2at=2\sqrt{2}\,at$　　$PR=QR=\sqrt{(2at)^2+\left(\frac{1}{2}at\right)^2}=\sqrt{\frac{17a^2t^2}{4}}=\frac{\sqrt{17}}{2}at$　　点Rから PQへ垂線RHを引くと，$RH=\sqrt{\left(\frac{\sqrt{17}}{2}at\right)^2-(\sqrt{2}\,at)^2}=\sqrt{\frac{9}{4}a^2t^2}=\frac{3}{2}at$　　$\triangle PQR=\frac{1}{2}\times 2\sqrt{2}\,at\times\frac{3}{2}at=\frac{3\sqrt{2}}{2}a^2t^2$　　$\frac{1}{3}\times\frac{3\sqrt{2}}{2}a^2t^2\times h'=\frac{1}{3}a^3t^3$から，$h'=\frac{a^3t^3}{3}\times\frac{2}{\sqrt{2}\,a^2t^2}=\frac{\sqrt{2}}{3}at$　　よって，$h:h'=\frac{\sqrt{3}}{3}at:\frac{\sqrt{2}}{3}at=\sqrt{3}:\sqrt{2}$

④ (平面図形の計量問題－円の性質，三平方の定理，面積)

基本　(1)　ABは円の直径だから，$\angle ACB=90^\circ$　　$\triangle ABC$において三平方の定理を用いると，$BC=\sqrt{5^2-(2\sqrt{5})^2}=\sqrt{5}$ (cm)

(2)　$\angle BCA=\angle BDA=90^\circ$，$BC=BD$，BAは共通から，斜辺と他の1辺が等しいことより，$\triangle ACB\equiv\triangle ADB$　　よって，$\angle CBA=\angle DBA$　　ABとCDの交点をHとすると，$\triangle BCD$は二等辺三角形だから，$BH\perp CD$　　2角が等しいことから，$\triangle BCH\backsim\triangle BAC$　　相似比は，$BC:BA=\sqrt{5}:5$　　よって，$CH=AC\times\frac{\sqrt{5}}{5}=2\sqrt{5}\times\frac{\sqrt{5}}{5}=2$　　$BH=BC\times\frac{\sqrt{5}}{5}=\sqrt{5}\times\frac{\sqrt{5}}{5}=1$　したがって，$\triangle BCD=\frac{1}{2}\times 2\times 2\times 1=2$ (cm^2)

重要　(3)　$\triangle CDE$と$\triangle BCD$の共通な辺CDを底辺とすると，$\triangle CDE$の高さは，BHの3倍になる。$IH=3BH$となる点IをAB上の点Hの左側にとり，点Iを通りCDに平行な線と円周との交点をEとする。ABより下側の点EをE_1とすると，$DE_1=HI=3HB=3\times 1=3$ (cm)　　ABより上側の点EをE_2とすると，$DE_2=\sqrt{CE_2{}^2+CD^2}=\sqrt{3^2+4^2}=\sqrt{25}=5$ (cm)

★ワンポイントアドバイス★

②(1)は，三角形の相似を用いて証明する。平行線と線分の比の定理を用いて証明することが多い問題なので，しっかり問題文を読むように注意しよう。

＜英語解答＞

① 1 A　2 C　3 A　4 D　5 B
② 1 C　2 A　3 A　4 B　5 C
③ 1 A　2 D　3 C
④ 1 B　2 A　3 D　4 A　5 C
⑤ 1 B　2 D　3 D　4 C　5 A
⑥ 1 A boy and his parents are enjoying a picnic.　2 A man is singing a song.　3 A boy is washing his hands.
⑦ (例)　1 I usually get up at seven in the morning.　2 I want to pass Grade-2 of the EIKEN English proficiency test.　3 I study English every day.　4 I like summer better. I like swimming. I usually go to the sea

with my friends. I can also enjoy taking trips during summer vacation.

5 I do not think more people will use oil in the future. Many people know that using oil is not good for the environment. They are concerned about global warming caused by oil. Also, we have advanced technology to protect the earth. For example, automakers have made eco-friendly cars that do not harm the planet.

○推定配点○

1・2 各2点×10 3 3 4点 他 各3点×2 4・5 各4点×10

6 各3点×3 7 3 4点 4 5点 5 6点 他 各3点×2 計100点

＜英語解説＞

1 (リスニング)

1 (A) A woman is working late at night.
(B) A woman is working in the morning.
(C) A woman is turning off a computer.
(D) A woman is enjoying a night view.

2 (A) A girl is watering flowers.
(B) A girl is planting flowers.
(C) A man is receiving flowers.
(D) A man is having lunch.

3 (A) A woman is preparing a meal.
(B) A woman is reading a newspaper.
(C) A woman is cutting a piece of paper.
(D) A woman is eating a carrot.

4 (A) A man is using a hammer to break a rock.
(B) A man is climbing a ladder.
(C) A man is repairing a wall.
(D) A man is repairing a roof.

5 (A) A student is talking over the phone.
(B) A student is making a speech.
(C) A student is shaking hands.
(D) A boy is waving.

1 (A) 女性が夜遅くに仕事をしている。 (B) 女性が朝に仕事をしている。
(C) 女性がコンピュータの電源を切っている。 (D) 女性が夜景を楽しんでいる。

2 (A) 少女が花に水やりをしている。 (B) 少女が花を植えている。
(C) 男性が花を受け取っている。 (D) 男性が昼食を食べている。

3 (A) 女性が食事の用意をしている。 (B) 女性が新聞を読んでいる。
(C) 女性が紙を切っている。 (D) 女性がニンジンを食べている。

4 (A) 男性が岩を砕くためにハンマーを使っている。 (B) 男性がはしごを上っている。
(C) 男性が壁を修理している。 (D) 男性が屋根を修理している。

5 (A) 学生が電話で話している。 (B) 学生がスピーチをしている。

(C) 学生が握手している。 (D) 少年が手を振っている。

2 (リスニング)

1 A: How's the weather going to be today?

B: According to the weather report, it will be rainy this afternoon.

(A) The sun is rising at six.

(B) Thanks. I like warm weather.

(C) Thanks. I'll take an umbrella.

2 A: I called you last night, but you didn't answer.

B: Oh, did you? My smartphone was on silent mode.

(A) I just wanted to tell you there is no club activity today.

(B) Thank you for calling. I enjoyed talking with you.

(C) Was your phone broken?

3 A: How did you make your English better? It is really good.

B: Thanks. Do you want to learn Japanese?

A: Yes. I want to speak Japanese just like you speak English.

B: There are many ways to study Japanese, but I think how much time you learn is more important than the way you learn it.

(A) How many hours do I have to study?

(B) OK! I'll listen to English.

(C) Oh, I see. I'll teach you English.

4 A: I can't clean my room well. There are too many things in my room. Any good ideas?

B: Read a book written by Ms. Marie Kondo.

A: What is the book about? Can you tell me a little bit about it?

B: Just throw things away. But you can keep some of them if you like. That's it!

(A) Great. I enjoyed reading the book.

(B) Sounds easy! I'll read and try it.

(C) I don't care about my room.

5 A: Which do you like better, paper books or e-books?

B: I like paper books better.

A: Why do you like paper books?

(A) Because a newspaper is delivered every morning.

(B) Because I can read them online.

(C) Because reading e-books always makes my eyes tired.

1 A：今日の天気はどうなりますか。

B：天気予報によれば，今日の午後は雨が降るでしょう。

(A) 太陽が6時に昇ります。 (B) ありがとう。私は暖かい天気が好きです。

(C) ありがとう。私は傘を持っていきます。

2 A：私はあなたに昨夜電話しましたが，あなたは出ませんでした。

B：そうでしたか？ 私のスマートフォンはサイレントモードになっていました。

(A) 私はあなたに今日はクラブ活動がないと知らせたかっただけです。

(B) 電話してくれてありがとう。私はあなたと話して楽しかったです。

(C) あなたの電話は壊れているのですか。

3 A：あなたはどうやって英語を上達させたのですか。とても上手です。

B：ありがとう。あなたは日本語を学びたいですか。

A：はい。私はあなたが英語を話すように，日本語を話したいです。

B：日本語を勉強する方法はたくさんありますが，学ぶ方法よりもどれだけたくさんの時間に勉強したかのほうが大切だと思います。

(A) 私は何時間勉強しなくてはなりませんか。

(B) わかりました！ 私は英語を聞きます。

(C) ああ，なるほど。私はあなたに英語を教えます。

4 A：私は自分の部屋をうまく掃除できません。私の部屋には物が多すぎる。何かいいアイデアがありますか。

B：近藤麻理恵さんによって書かれた本を読んでください。

A：その本は何についてのものですか。それについて少し教えてくれませんか。

B：物を捨てなさい。でも気に入っていれば残しておいてもいいです。それだけです！

(A) 素晴らしい。私はその本を読んで楽しかったです。

(B) 簡単そうですね！ 読んでやってみます。 (C) 私は自分の部屋を気にしません。

5 A：紙の本と電子図書のどちらが好きですか。

B：私は紙の本のほうが好きです。

A：どうして紙の本が好きなのですか。

(A) 新聞は毎朝配達されるからです。 (B) オンラインで読めるからです。

(C) 電子図書を読むといつも目が疲れるからです。

3 (リスニング)

1 And now, news reports from Radio Japan. Today, all stores around Japan have started to ask people to pay for plastic bags to protect the environment. Plastic has caused serious problems. For example, fish eat plastic, and some may die out if we don't do anything. Asking to pay for plastic bags may change people's habits. Then, we may be able to solve the problems.

Question: What is the purpose of asking people to pay for plastic bags?

2 Ladies and gentleman, welcome onboard Flight 123 with service from Tokyo Narita International Airport to Seattle-Tacoma International Airport. We are now preparing for take-off. Please fasten your seatbelts and put your bags under your seats. We also ask that your seats and table trays are in the right position. Please turn off all electronic devices. Thank you for your understanding.

Question: What can we learn from this announcement?

3 Good morning, students! Today, we are going to talk about how to solve the problem of food shortages. You may not be worried about food because we have enough food in Japan. But people in poor countries are suffering from hunger. There are some causes behind it. One of them is the number of people around the world has been increasing. It is impossible to produce

food for all these people. There should be some ways to solve it. For example, we can introduce technology or techniques for growing rice or vegetables to poor countries. Then they will be able to produce food by themselves. Today, I'd like you to share your ideas about how to solve the problem.

Question: What is one of the causes of food shortages?

1 それでは，ラジオジャパンからニュースレポートです。今日，日本中の全ての店が環境を守るため，レジ袋の代金を支払うように人々に求めはじめました。プラスチックは深刻な問題を引き起こしています。例えば，魚がプラスチックを食べます，そして私たちが何もしなければ，絶滅してしまうものがいるかもしれません。レジ袋の代金を支払うよう求めることは人々の習慣を変えるかもしれません。それすれば私たちはその問題を解決できるかもしれません。

質問：レジ袋の代金を支払うよう人々に求めることはどんな目的があるか。

(A) 環境を守るため。 (B) 魚に餌をやるためのお金を稼ぐため。

(C) 石油を節約するため (D) 買い物問題を解決するため。

2 皆さま，東京・成田国際空港発シアトル・タコマ国際空港行き123便にようこそ。私たちは今，離陸の準備をしています。シートベルトを締め，かばんを座席の下に置いてください。座席とテーブルを正しい位置にするようお願いします。電気機器の電源をお切りください。ご理解に感謝いたします。

質問：このアナウンスから何がわかるか。

(A) パイロットが飛行機から脱出する方法について話している。

(B) パイロットは着陸の準備をしている。

(C) 乗客たちは東京行きのフライトに乗っている。

(D) 機内の人々はフライトの前にいくつかのことをしなくてはならない。

3 おはようございます，みなさん！ 今日私たちは，食料不足の問題を解決する方法について話します。日本では十分な食べ物があるため，あなたは食べ物について心配していないかもしれません。しかし貧しい国の人々は飢えに苦しんでいます。それにはいくつかの原因があります。その1つは，世界中の人々の数が増えているということです。全員分の食料を生産することは不可能です。それを解決する方法がいくつかあるはずです。例えば，私たちは米や野菜を育てる技術や方法を貧しい国に紹介することができます。そうすれば彼らは自分たちで食料を生産することができるでしょう。今日は私はその問題を解決する方法について皆さんに考えを共有してほしいと思います。

質問：食料不足の原因の1つは何か。

(A) 農家の数が十分でない。 (B) 人々は頻繁に食品を捨てる。

(C) 食料を生産する方法をよく知らない人々がいる。

(D) 学生たちには米や野菜を育てる技術がない。

4 (長文読解問題・論説文：英問英答，内容吟味)

(全訳) 芝浦工大新聞 5Gの技術はいかに社会を変えるか

日本の携帯電話事業者であるNTTドコモ，KDDI，ソフトバンクは2020年に5Gのネットワークサービスを導入しはじめた。アメリカのスマートフォンメーカーのアップルや他のメーカーも5Gのスマートフォンを売り始めた。5Gの技術は今，世界中で大流行になっている。その便利さから，ビジネスマンたちは自分たちのビジネスのためにそれに関心を持っている。なぜこの技術は彼らの事業に役立つのだろうか。

まず第1に，5Gは速い。その速さのため，多くの種類のサービスが導入可能である。映画を数秒でスマートフォンにダウンロードすることができる。スポーツの試合を4Kや3Dでネット生中継で見ることができる。どちらのサービスも大容量のデータを速く送らなくてはならない。これらはほんの一例にすぎないが，将来，5Gの使い方についてさらに多くのアイデアがあるだろう。

反応が早いことは新しいサービスを作り出すことの鍵でもある。5Gを使えばデバイスやシステムは大容量のデータを高速で送受信できる。その素早い反応のおかげで私たちは様々な種類のことができる。私たちは遅延なしに別の場所からロボットをコントロールすることができる。医者は5Gのネットワークにつながれたロボットを使って別の病院から患者に手術することができるかもしれない。自動運転の車は事故を避けることができるかもしれない，なぜなら5Gにつながれた交通システムが危険を見つけ，迅速にその車をコントロールするからだ。

最後に，多くのデバイスが5Gに同時に接続することができる。この特徴は例えば，スマートシティに必要だろう。スマートシティのコンセプトは社会的な問題を解決し，持続可能な社会を作ることだ。私たちは二酸化炭素によって引き起こされる地球温暖化の問題に直面している。スマートシティのシステムは各家庭で使われる電気量のデータを集めることができる，なぜならその都市の全てのデバイスが5Gに接続されているからだ。情報はインターネット上でそのシステムに送信される。結果としてシステムが電気を節約できる。

5Gの技術は，ちょうどインターネット事業が以前に始まった時と同じように，私たちの社会を大いに変えるだろう。アマゾンのようなオンラインショッピングのサイトやネットフリックスのようなオンライン動画サービスはインターネットのおかげで主要なビジネスになった。5Gの技術も多くの新しいビジネスチャンスを作り出し，人々の生活をより良くするだろう。

1 「日本の携帯電話事業者は2020年に何をしたか」 B「彼らは5Gのネットワークサービスをはじめた」 第1段落第1文参照。

2 「新しい種類のサービスを始めるために，なぜ5Gのスピードが重要なのか」 A「そのサービスのデータ容量が大きいため，高速ネットワークがないとそのサービスを楽しむことができないから」 第3段落第1～3文参照。

3 「医師の手術や自動運転の車に対して，5Gはどのように役に立つことができるか」 D「それは医療ロボットや自動運転の車を素早く反応させることができる」 第3段落参照。

やや難 4 「なぜ5Gはスマートシティにとって必要なのか」 A「多くの物が同時にオンラインでつながれなければならないから」 第4段落第1，2文参照。

5 「この記事に当てはまるものはどれか」 C「私たちは今，社会をよりよく変えるチャンスがある」

5 (長文読解問題・論説文：英問英答，内容吟味)

(全訳) 芝浦工大新聞－意見 新型コロナウイルス後の社会はどうなるか

2020年6月12日

新型コロナウイルスであるCOVID-19は私たちの生活を様々な方法で変えた。日本政府はウイルスを食い止めるため，2020年の4月と5月の間，日本に住んでいる人々に家にいるよう要請した。人々は今までのように暮らせなかったため不満だった。彼らはおそらく新型コロナウイルス以前の普通の暮らしに戻りたいと感じただろう。

しかしながら，暮らしは新型コロナウイルス以前と全く同じようには戻らないだろうと言われている。従業員たちは家からでも仕事ができるとすでに知っている。彼らはインターネットで顧客と会議したり情報を送ったりできる。彼らは職場に行かなくていいので時間も節約できる。企業も広いオフィスを借りるのをやめることでお金を節約できる。企業は代わりに,，小さなオフィスを借りて，従業員たちは必要な場合にその場所を共有することができる。ウイルスによって引き起こされた問題は深刻だが，良い面を見れば，私たちは今までと違うふうに考えることの価値を見出したのだ。

日本では多くの人々が問題に直面している。新型コロナウイルス以前には観光地や和風旅館に何百万もの観光客がいたが，今，外国人観光客は日本に入国できないため，多くの観光客を失った。これらのビジネスのオーナーたちはその解決方法を見つけることができない。しかし，星野リゾートの社長である星野佳路氏は，ホテルオーナーたちは違う考え方をすべきだと言う。データによるとその業界では外国人観光客よりも国内の観光客のほうが多い。星野氏は，ビジネスオーナーたちは自分たちのビジネススタイルを変えて日本中に住んでいる人々をターゲットにすることによって成功できると言う。

ウイルス専門家は，その新型ウイルスは決してなくなることはなく，私たちはそれと共存しなくてはならないだろう，と言う。そのような社会では，柔軟に考えることが大切だ。おそらく今は新しい社会のために新しい考えを見つける時だ。

この問題について考えや意見を述べたければ，次のウェブサイト「芝浦工大新聞－読者フォーラム　新型コロナウイルス後の社会はどうなるか」にコメントをしてください。

1「記事によると，企業にとって小さいオフィスを借りるのはなぜよい考えなのか」 B「全ての従業員が同時にオフィスに来る必要がないかもしれないから」

2「星野佳路氏のアドバイスは何か」 D「人々は物事を違う観点から見るべきだ」

（全訳） 芝浦工大新聞－読者フォーラム　新型コロナウイルス後の社会はどうなるか

私は人々が自分たちの状況をどう感じるか理解しています。しかし私たちは考え方を変え，柔軟に考えるべきです。我々は商機を作り出すことができると私は信じています。新しい働き方であるリモートワークを導入する職場が増えるでしょう。従業員たちは会社の近くに住む必要がありません。代わりに，彼らはどこでも，田舎でも住むことができます。そこでは土地の価格が低く，そこに家を買って住む従業員もいるかもしれません。より多く田舎の家が売れるだろうと思います。ジョンによる投稿

私たちは問題に直面するとよく否定的に考えてしまい，解決法や新しい考えや良い面について考えることをやめてしまいます。私たちはそのウイルスが決して消えないことを理解しなくてはなりません。だから私たちはそれと共に生き延びる方法を考えるべきです。良い面は私たちが地球温暖化を解決できることです。家で仕事する人が増えると，電車の数を減らすことができます。その結果，二酸化炭素量を減らすことができます。鉄道はすでに乗客を減らしていますが，新しいサービスを導入することでお金を稼ぐことができます。西武鉄道は所沢駅でショッピングモールの経営を開始しました。その企業は，ショッピングモールのような新サービスを始めることで自分たちは生き残る，と信じています。良い面を見ることは本当に大切です。メアリーによる投稿

私はこの記事の要点を理解しましたが，全面的に賛成はできません。問題に直面しているほとんどの人は，考え方を変えることができません。解決法を簡単に見つける人もいるかもしれませんが，ほとんどの人はできません。また，大企業はお金があるので自分たちの働き方を変えることができますが，小さい会社には難しいです。私は，この記事に書かれた考えは新型コロナウイルスによって引き起こされた問題を解決するには不十分だと思います。政府もそのような人々を助けるために何かすべきです。ケンによる投稿

3 「ビジネスについてのジョンのアイデアは何か」 D「いくつかの企業は，田舎でより多くの家を売ることができるかもしれない」

4 「なぜメアリーは地球温暖化や西武鉄道についてコメントしているのか」 C「良い面を見て新しいアイデアを見つけることの重要性を示すため」

5 「ケンの意見について何が当てはまるか」 A「彼は柔軟に考えることが大切だと知っているが，全てがうまくいくとは感じていない」

基本 6 **(条件英作文：進行形)**

全て現在進行形 be ~ing「～している」にする。 1 「男の子と両親がピクニックを楽しんでいる」 2 「男性が歌を歌っている」 3 「男の子が手を洗っている」

7 **(英問英答：熟語，前置詞，不定詞，比較)**

1 「あなたはふつう，毎朝何時に起きますか」解答例「私はふつう朝7時に起きます」 get up「起きる」 < at ＋時間>「～時に」

2 「あなたの来年の一番の目標は何ですか」解答例「私は英検(実用英語技能検定)2級に合格したいです」 < want to ＋動詞の原形>「～したい」

3 「あなたはどのくらいの頻度で英語を勉強しますか」解答例「私は毎日英語を勉強します」 ~ times a week「1週間に～回」などと答えてもよい。

4 「夏と冬ではどちらが好きですか。その理由は？」解答例「私は夏のほうがです。私は泳ぐのが好きです。私はたいてい友人と海に行きます。夏休みの間に旅行をして楽しむこともできます」 like ~ better「～のほうが好き」

やや難 5 「将来，石油を使う人が増えると思いますか。その理由は？」解答例「私は将来，石油を使う人が増えるとは思いません。多くの人が石油を使うことは環境に悪いと知っています。彼らは石油によって引き起こされる地球温暖化について心配しています。また，私たちには地球を守る先進技術があります。例えば，自動車メーカーは地球に害を与えない，環境にやさしい車を作っています」

★ワンポイントアドバイス★

5の長文読解問題は，学校新聞の記事と，それに対する読者の意見という2部構成になっている。

<国語解答>

一 問一 ア 問二 ウ 問三 エ 問四 イ 問五 (例) 近代芸術は独創性のある作品でなければ認められず，また，剽窃や模倣をもっとも卑しいと考えているから。
問六 ウ 問七 ア × イ × ウ × エ ○ オ ○

二 問一 エ・オ 問二 エ 問三 (例1) 自分が学校に行っていないことを他人に知られないように隠してくれるもの。 (例2) 部屋をくすませ，学校に行かないことに対する罪悪感を意識させるもの。 問四 ア 問五 ウ 問六 (例) スクールに行きたくないのではなく，本当におなかが痛くて行くことができないのだということをお母さんに分かってもらいたい。 問七 イ

三 問一 (レベル)4　問二 (例) 私はレベル1からレベル4がなくなると思う。なぜなら，これらのレベルは完全自動運転までの過渡期にある中途半端なレベルだからだ。だから，残るのはレベル0とレベル5で，主流になるのは，レベル5だと思う。運転を全くしなくて良いため，運転免許を持っていない人にも使えるようになるし，高齢者でも事故の不安を感じずに移動手段として使える。自分で運転をし，それを楽しみたい人もいるだろうからレベル0の車も残ると思う。

四 1 弧　2 栽培　3 間伐　4 隔　5 修　6 保証　7 締　8 とこ　9 すた　10 へいぜい

○推定配点○

一 問二・問三・問七　各2点×7　問五　8点　他　各4点×3

二 問一　各2点×2　問三・問六　各8点×3　他　各4点×4

三 問一　2点　問二　10点　四　各1点×10　計100点

＜国語解説＞

一 (論説文一内容理解，空欄補充，品詞，接続語，要旨)

問一　あとに「AIとは人間のつくったプログラム通りに動いている他律系である」「AI創作は逆に，剽窃と模倣から成り立っている」「既存の作品をデジタルデータ化し，ルールにしたがって編集処理することで作品をつくりあげる」などとあることから，アが正解である。

問二　直前の文に「AIとは人間のつくったプログラム通りに動いている他律系である」とあることに注目。「他律」の対義語が「自律」である。

問三　――線②「ない」は補助形容詞である。アは助動詞，イは，存在しないという意味の形容詞，ウは形容詞「きたない」の一部，エは補助形容詞である。

基本　問四　Bは空欄の前後が逆の内容になっているので，逆接の接続語が入る。Cは空欄の前の事柄を空欄のあとで説明しているので，説明・補足の接続語が入る。Dに入る「むろん」は，いうまでもなく，という意味。

やや難　問五　直前の段落で述べられている「近代芸術」の特徴をとらえる。「近代芸術は，従来の作品にない斬新な作風をもっていなければ認められない」「剽窃や模倣は，近代芸術でもっとも卑しまれる行為にほかならない」といった価値観からは許されない行為を，ＡＩは行っているのである。

問六　筆者はAIによる作品の創作ついて，「剽窃と模倣から成り立っている」「既存の作品をデジタルデータ化し，ルールにしたがって編集処理することで作品をつくりあげる」と考えているので，ウのようにAIが「表現の固定化。硬直化など陳腐な表現パターン」から「距離をとり，別の斬新な表現を生み出」すとは考えていない。よって，ウは誤り。

重要　問七　ア　選択肢の文の後半「ルネサンス以前は優れたアーチストの作風を模倣することを美徳とする文化があった」という内容は，文章中には述べられていない。よって「×」。　イ　選択肢の文の後半「いずれAIによる完全なオリジナリティをもつ創作物が生み出される」という内容は，文章中には述べられていない。よって「×」。　ウ　選択肢の文の「人間の想像力には限界がある」「いずれ(人間による)創作物にマンネリズムが広がる」といった内容は，文章中には述べられていない。よって「×」。　エ　文章中に，AI創作の意義として，「一つの解答は，商業的成功である」と述べられている。また，「もしAIの創作物が一般の人々に受け入れられ」た場合，人間による「作品は売れなくなり，アーチストの生計は脅かされるだろう」と述べられているので，選択肢の文は正しい。よって「○」。　オ　文章中に，「創作活動は矛盾にみちた情動(感情)

にもとづいておこなわれるものだ。矛盾をはらむ情動が生命的衝動から生まれてくるとすれば，AIにそんなものが無いのは明らかではないか」と述べられているので，選択肢の文は正しい。よって「○」。

二 (小説―動詞，心情理解，内容理解，主題)

基本 問一　エは「行ける」，オは「動ける」という可能動詞。

問二　こころが学校に行っていた頃は，「ミカワ青果の車は，こころにとって，小学校の頃から，夏休みや冬休みに見かけるものだった」のだが，学校を休むようになったので，平日午前中にやってくる「ミカワ青果の車」を見るようになったのである。「平日午前中の十一時というのがこういう時間なんだということを，こころは学校を休むようになって初めて知った」に注目。

重要 問三　カーテンを閉めた部屋で，こころは「灯りが外に漏れていなければいいな」と思っており，公園の親子たちがいなくなると，「少し，カーテンが明けられる」と考えている。こころにとってカーテンは，自分が学校に行っていないことを他人に知られないように隠してくれるものである。また，「カーテンの布地の淡いオレンジ色を通し，昼でもくすんだようになった部屋は，ずっと過ごしていると，罪悪感のようなものにじわじわやられる。……責められている気になる」とあることにも注目。

問四　「無理しなくていい，とお母さんには言われていた」「だから，そこまで構えずに」とあることに注目する。「おなかが痛い」ことをお母さんに伝えれば，お母さんが理解してくれると，こころは思っていたのである。

問五　お母さんの「昨日までは平気だったんでしょ。……行くって，こころが言ったんでしょう。どうするの，行かないの？」という言葉から，お母さんがこころの腹痛を仮病だと考えており，スクールに行かないことを無責任だと考えていることがわかる。

やや難 問六　「行きたくないんじゃない，仮病じゃない。本当におなかが痛い」「行かないんじゃなくて，行けない」というこころの気持ちをふまえて，解答をまとめる。

問七　「お弁当」を見て「胸がきゅっとなって，お母さんに謝りたくなってくる」とあり，「あの場所にどうして自分が行けなかったのかわからなかった」とある。こころは「お弁当」からお母さんの気持ちを察し，期待に応えられなかったことを悪いと思い，スクールに行けなかったことを苦々しく思っているのである。

三 (論説文―内容理解，作文)

重要 問一　「運転手がいなくても運用可能」なのは，「レベル4」以上のレベルである。また，説明には，「鉱山や建設現場の管制室で制御し運行管理する」とあるので，これは「限定的なエリア」において「運転者がいなくてもよい」レベル、つまり「レベル4」であると考えられる。

問二　「レベル5の完全自動運転が実現されるのは2030年以降」「レベル4のエリア限定での自動運転は2020年代から実現される見込み」とあることをふまえて，「二〇五〇年の時点でなくなっていると思うもの」と，主に使われると思われる自動車を考えてまとめる。

四 (漢字の読み書き)

1 「弧を描く」の「弧」と「孤独」の「孤」を区別しておくこと。　2 「栽培」の「栽」と「裁判」の「裁」を区別しておくこと。　3 「間伐」は，森林の手入れの方法の一つ。森林全体を健康にするため，林木の一部を伐採すること。　4 「隔」の「鬲」の部分の形に注意する。

5 同訓異字「おさ(める)」は，「学問を修める」「税金を納める」「大きな成果を収める」「国を治める」のように使い分ける。　6 同音異義語「ほしょう」は「時計の保証書」「乗客の安全を保障する」「損害を補償する」のように使い分ける。　7 「締」は「糸＋帝」である。　8 「床」には，「とこ」「ゆか」という二つの訓があるので注意する。　9 「廃れる」は，おとろえる，という意味。

10 「平生」は，ふだん，という意味。「へいせい」としないように注意。

★ワンポイントアドバイス★

説明的文章と文学的文章は，30～60字の記述問題があり,選択式の問題に細かい読み取りを必要とする。ふだんからの読書が大切である。200字以上の作文も出題されており，文章を時間内で簡潔にまとめる力が求められる。漢字も必須だ。

2020年度

★★★★★★★★★★★★★★★★★★★★★★★★

入　試　問　題

2020年度

芝浦工業大学附属高等学校入試問題

【数　学】 基礎　(30分)　〈満点：100点〉

【注意】1.　定規，コンパスは使用してもかまいませんが，分度器は使用してはいけません。

2.　円周率が必要な場合は，すべてπで計算してください。

1　$\dfrac{4x-3y}{4}-\dfrac{3x-5y}{5}$を計算しなさい。

2　$ab-2b+2a-4$を因数分解しなさい。

3　$a=\dfrac{1}{3}$，$b=\dfrac{1}{8}$のとき，$\dfrac{1}{12}a^2b^2\times a^3b\div\left(-\dfrac{1}{3}a^2b\right)^2$の値を求めなさい。

4　$\dfrac{a}{b}=\dfrac{c}{3b+1}$を$b$について解きなさい。

5　a，bを定数とする。x，yの連立方程式$\begin{cases}ax+by=12\\(2b+1)x-2ay=13\end{cases}$の解が$x=3$，$y=2$であるとき，$a$，$b$の値をそれぞれ求めなさい。

6　関数$y=2x^2$について，xの値がaから$a+2$まで変化したときの変化の割合は8である。aの値を求めなさい。

7　関数$y=2x-3$のxの変域は$2\leqq x\leqq 4$である。関数$y=\dfrac{a}{x}$のxの変域は$1\leqq x\leqq 5$である。2つの関数のyの変域が等しくなるとき，aの値を求めなさい。

8　大小2個のさいころを同時に投げるとき，2個のさいころの目の和が3の倍数になる確率を求めなさい。

9　右の図の$\angle x$の大きさを求めなさい。

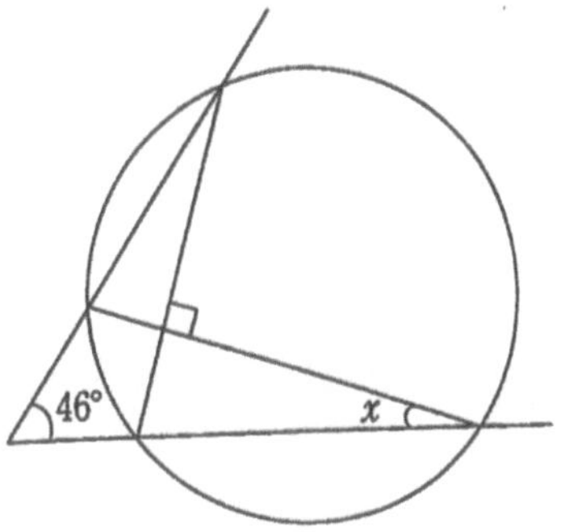

10 右の図のAB，CD，EFは平行である。
AB = 3 cm，CD = 5 cmのとき，
EFの長さを求めなさい。

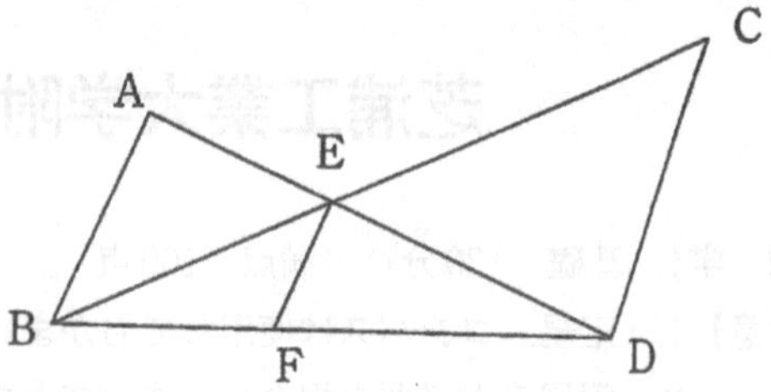

11 半径 8 cmの球を平面Pで切断したところ，断面の面積が$28\pi\ \text{cm}^2$であった。このとき，球の中心から平面Pまでの距離を求めなさい。

12 右の図は一辺の長さが4cmの正三角形を底面とした，
高さ 2 cmの三角柱である。辺ABの中点をM，辺ACの
中点をNとし，この三角柱を 3 点D，M，Nを含む平面で
切断する。このとき，頂点Bを含む立体の体積を求めなさい。

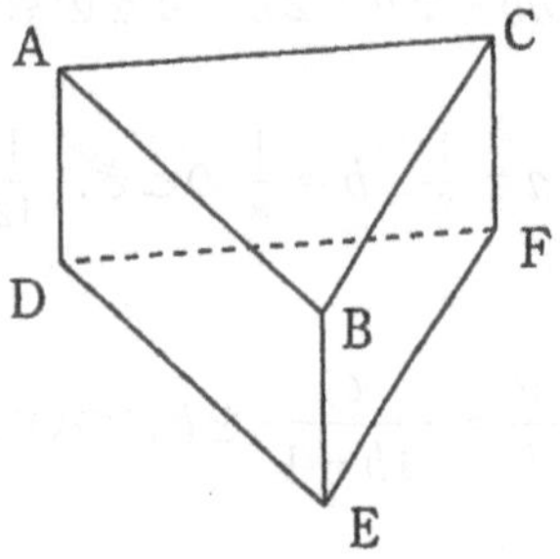

13 右の表は，クラス30人の50点満点の
テストの点数を調査し度数分布表を作り，
(階級値)×(度数)の列を加えたものである。
表の①に当てはまる数を求めなさい。

階級(点)	度数(人)	(階級値)×(度数)
以上　未満		
0 ～ 10	4	20
10 ～ 20	5	75
20 ～ 30		225
30 ～ 40	7	245
40 ～ 50		
計	30	①

【数　学】 応用　(50分)　〈満点：100点〉

1　放物線C_1：$y=x^2$，放物線C_2：$y=\frac{1}{2}x^2$がある。y軸上の正の部分に点A，C_1上の$x>0$の部分に点P，C_1上の$x<0$の部分に点Q，C_2上の$x>0$の部分に点Rがある。Aのy座標をa，Rのx座標を2とする。次の各問いに答えよ。

(1)　四角形OPAQが正方形のとき，Pの座標を求めよ。

(2)　四角形ORAQが平行四辺形のとき，aの値を求めよ。

(3)　(2)のとき，直線AQとC_1の交点のうちQでない点をSとする。Sを通り，四角形ORAQの面積を二等分する直線の式を求めよ。

2　以下の式のように分母に分数が含まれていて，その分数の分子がすべて1である分数を正則連分数という。有理数は有限回の操作で正則連分数の形に表すことができる。例えば$\frac{36}{11}$は次のように3回の操作で正則連分数の形に表せる。

$$\frac{36}{11}=3+\cfrac{1}{\cfrac{11}{3}}\qquad\text{(1回目の操作)}$$

$$=3+\cfrac{1}{3+\cfrac{1}{\cfrac{3}{2}}}\qquad\text{(2回目の操作)}$$

$$=3+\cfrac{1}{3+\cfrac{1}{1+\cfrac{1}{2}}}\qquad\text{(3回目の操作)}$$

正則連分数　$$x=a+\cfrac{1}{b+\cfrac{1}{c+\cfrac{1}{d+\cfrac{1}{e}}}}$$

(a,b,c,d,e は正の整数)

(1)　$\frac{20}{13}$を正則連分数の形で表せ。

(2)　xの方程式$x=1+\frac{1}{1+x}$を解け。

(3)　(2)の方程式を用いて，$\sqrt{2}$が有理数ではない理由を説明せよ。

3　右図のように，一辺6 cmの正八面体に内接している半径r cmの球がある。2点P，Qは正八面体の辺上を同時に出発し，次のように動く。点Pは秒速1.5cmで頂点Aを出発し，A→B→C→A→…と動き続ける。点Qは秒速2.5cmで頂点Fを出発し，F→C→D→E→B→F→…と動き続ける。

このとき，次の各問いに答えよ。

(1)　16秒後の点A，P，Qを通る平面で正八面体を切断したときの断面積を求めよ。

(2)　点A，P，Qを通る平面で正八面体を切断したとき，球の断面積が初めて最大となるのは，点P，Qが出発してから何秒後かを求めよ。ただし，断面がひとつに定まらない場合を除く。

(3)　(2)のとき，球の断面積を求めよ。

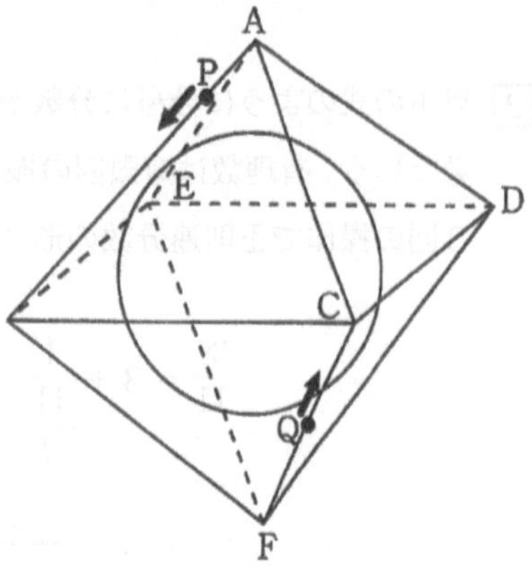

4　次の各問いに答えよ。

(1)　図1の正五角形において，△ABC∽△CBDを示せ。

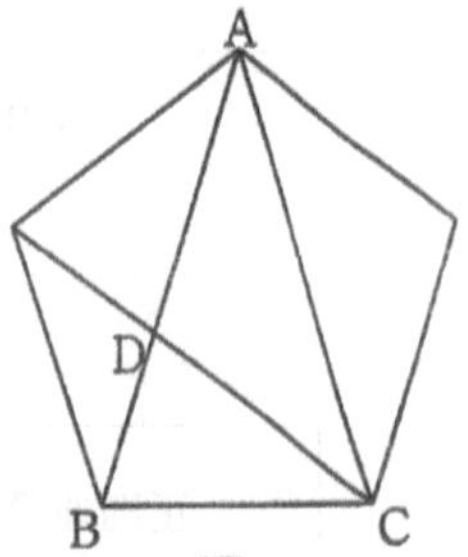

図1

(2)　一辺1 cmの正五角形の対角線の長さを求めよ。

(3)　図2は一辺1 cmの正二十面体である。もっとも長い対角線(図のPQ)の長さの2乗PQ2を求めよ。

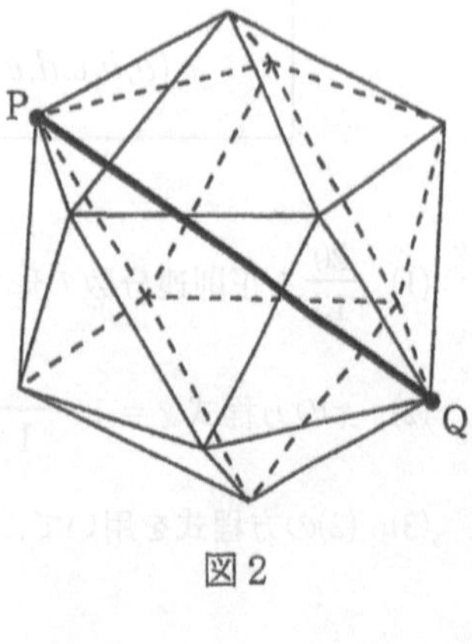

図2

【英　語】（50分）〈満点：100点〉

※リスニングテストの音声は学校のHPにアクセスの上、音声データをダウンロードしてご利用ください。

1　放送を聴き，絵の内容に合う英文を選び，記号（A ～ D）で答えなさい。英文は印刷されていません。英文は1度放送されます。

1.

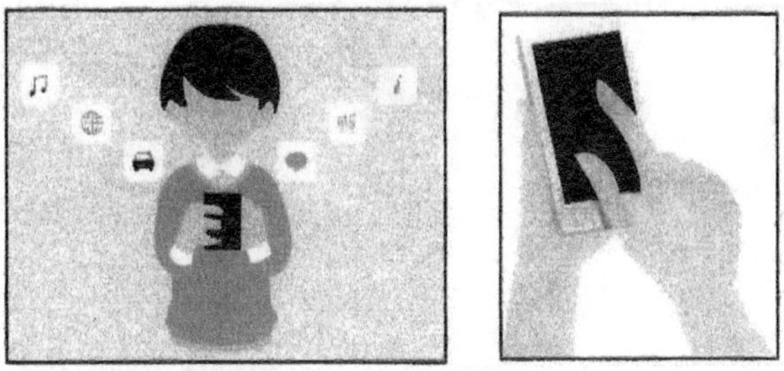

2.

3.

4.

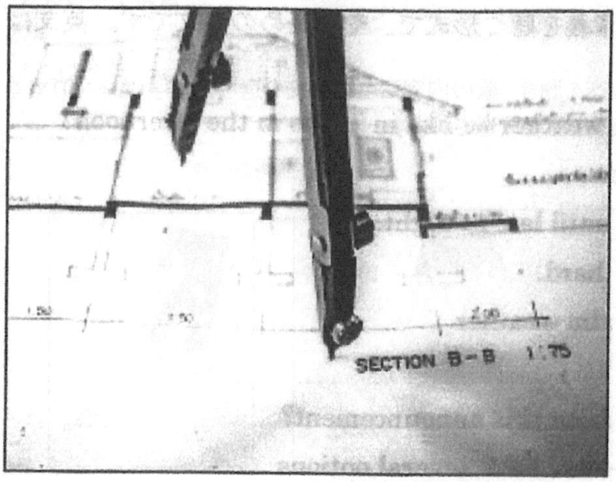

5.

[2] 1.～ 5.の対話文を聴き，最後の応答として適当なものを選び，記号(A ～ C)で答えなさい。英文は印刷されていません。英文は1度放送されます。

3　英文を聴き，その内容に関する質問の答えとして最も適当なものを選び，記号（A ～ D）で答えなさい。3の問題は講義を聴く形式で，やや長めの英文です。英文は2度放送されます。

1. What may the weather be like in Tokyo in the afternoon?
   (A) It will be fine.
   (B) It will rain until late at night.
   (C) It may rain hard.
   (D) It may be calm weather.
2. What is true about this announcement?
   (A) Passengers may have several options.
   (B) Passengers are asked to stay on the train.
   (C) Passengers will receive a free meal ticket.
   (D) The train that has stopped at Nerima Station is broken.
3. What is true about the lecture?
   (A) Finding out the cause of labor shortages is the best solution.
   (B) Students will discuss how to introduce teleworking into society.
   (C) Convenience stores should hire more foreign workers.
   (D) There may be many ways to solve the issue of labor shortages.

4　次の新聞記事を読み，その内容に関する質問の答えとして最も適当なものを選び，記号（A ～ D）で答えなさい。

The SIT Times

Having goals is good for your mental health and success at work

We all know that having goals is a smart thing to do. But did you know that having goals is also good for your health and success at work? New research found that when people tried to reach their goals, they tended to feel happy and did not worry about anything. In another study, when people had a purpose in their lives, they were more likely to be healthy. In addition, new research also shows that new ways of thinking about your goals can make you better at work. Here are some hints to realize this.

Focusing on "why" is important. But why is that? It is because being clear about the reason behind your goals helps you connect to the bigger picture, and this is very motivational. Imagining your goals clearly is also necessary to realize them. Whether you are looking for a new job or the next exciting project, thinking about what it will be like to reach your goals will help you move forward.

Do not try to think about how you will reach all of your goals at once. Instead, break things into small parts that you can do day-by-day. While you keep the big picture in mind, you will be successful if you think step-by-step. Think about what you can do today to get one step closer to your goals. Focusing on small steps also helps you be motivated.

Your network is also important for you to reach your goals. Share your goals with your friends so that they can support you. Learn from others, get some advice, and ask for help.

Keep going and take a long-term view. Sometimes you might feel like you are getting closer to your goals, and on other days you may feel like you have stepped back. Grit—the ability to make an effort even when the situation is difficult—is important for people to reach their goals, while people who do not have grit usually cannot achieve their goals.

Looking on the bright side of things helps you have positive mental health and keeps you motivated. When you do not succeed in business, you may feel sad, but you will get valuable experience about what you should or should not do next time. In any situation, think about what you have learned.

Achieving a goal can be good for you, but just thinking positively is also good for you, too. Keep your "why" in mind, make goals clear, focus on small steps, rely on your network, and always look on the bright side. These ways of thinking will help you reach your goals, be helpful at work, and even be good for your positive mental health.

参考サイト，改変
https://www.forbes.com/sites/tracybrower/2019/07/21/want-better-mental-health-and-success-at-work-get-a-goal/#13eeca8c7a43 Forbes

1. According to the research written in the article, what is likely to happen to people if they have goals?
   (A) They are likely to be healthy and do well at their workplaces.
   (B) They are likely to make more friends.
   (C) They are likely to have new goals after they achieve old ones.
   (D) They are likely to study harder because they become mentally healthy.
2. What is true about the second paragraph?
   (A) Painting a big picture is necessary to reach your goals.
   (B) It is unnecessary to think about what it will be like to reach your goals.
   (C) Being unclear about the reason behind your goals helps you stay motivated.
   (D) Clear reasoning and images are necessary to reach your goals.

3. According to the third paragraph, what helps you realize your goals?
   (A) Trying to reach all of your goals at once.
   (B) Breaking things that you are asked to do into small parts.
   (C) Taking one step at a time, not doing everything at the same time.
   (D) Thinking about how others reach their goals.
4. What is true about having grit?
   (A) People cannot succeed in anything if they do not work hard. They need to get through a challenge if they want to achieve their goals.
   (B) Facing difficulty often stops people from moving forward. Therefore, they should sometimes give up their goals and change to the next target.
   (C) The ability to make an effort even when the situation is difficult makes people lose their chances.
   (D) The people who have grit cannot take a long-term view. Therefore, they can only focus on what they are doing now.
5. How can people have positive mental health?
   (A) By choosing their favorite business.
   (B) By focusing on the things that they learned from important experiences.
   (C) By knowing that achieving goals is the only way to have positive mental health.
   (D) By having network access on the Internet.

5 次の理科の問題(Assignment)と生徒のレポートを読み，その内容に関する質問の解答として，最も適当なものを選び，記号(A ～ D)で答えなさい。

Assignment: The issues of microplastics

What are microplastics?

Microplastics are small pieces of plastics that are smaller than 5mm.

Why are plastics a problem?

Plastics may damage the environment and human health. Plankton may feel full if they eat microplastics which are not food, and as a result, they do not grow well. This may damage the ecosystem*. Plastics also produce dangerous substances* which are not good for human health. Plastics can be eaten by any living thing. Plankton eat microplastics, fish eat the plankton, and then humans eat the fish. Scientists say that we will face serious environmental and health problems if we do not stop using plastics.

The biggest problem here is that plastics last almost forever. Plastic waste will stay in the ocean for hundreds of years. This means that it will be challenging to solve the problem once plastics reach the ocean, or perhaps it may be impossible for the earth to recover from the damage.

Where do microplastics come from?

Plastics are used for many things. We put food into a plastic bag at a supermarket. Convenience stores sell plastic bottles. Everything sold in stores is wrapped in plastic. As a result, a lot of plastics are thrown away as waste. According to the United Nations Information Centre, 90% of the plastic waste is not recycled, and eight million tons of plastics are found in the ocean every year. Then, the light and heat from the sun make the plastics weak, and they will break into small pieces. In this way, microplastics are produced.

Solution

According to the researcher who is an expert in plastic pollution, reducing the use of plastics is the only way to solve the problems.

Assignment

In this assignment, you will be asked to search for information about several companies that are trying to solve the problems, and give your opinion about what you learned. You are only allowed to use the information on the websites of the companies that you want to research. You must write about two companies and include where you found the information.

The date you must give your report by: February 12,2020

I will accept your reports from February 10 to 12. Note that your report will not be accepted if you do not follow all instructions as written in this document. Also, you will be instructed to write your report again if the information is wrong or the amount is not enough.

Title: Environmentally friendly products

Name: Jack Brown
Date: February 11

I learned about several companies that are concerned about environmental issues caused by plastic pollution. I chose two companies for this report because people can easily solve the problems just by buying environmentally friendly products from these companies.

Starbucks Coffee

Cafes have become more and more popular around the world. We can see a lot of cafes in our cities. Cafes use straws made from plastic. Starbucks Coffee will give up using plastic straws, and instead will start to use straws made from paper in 2020.

Reference: the website of the local newspaper, The SIT Times https://www.sittimes/

7-Eleven Japan

7-Eleven is planning to change packaging. Now, all rice balls sold in 7-Eleven are wrapped in plastic that is not biodegradable and lasts almost forever. But shortly, the packages will be biodegradable. They can be changed naturally by bacteria into substances* that do not damage the environment.

Reference: the official website of 7-Eleven Japan https://www.7-eleven.japan/

What I learned from this assignment:

I have never cared about plastic pollution. Thanks to this assignment, I have realized that we need to solve this issue seriously. I am glad that there are some companies which care about the issue. However, I have also found out that a lot of companies do not give any information on how to solve the problems described in the assignment. Most companies may not think that the problems are serious. I think it is important for all of us to share information on how to solve the problems.

＊the ecosystem 生態系, substance 物質

1. What is one of the problems with plastics?
   (A) The number of plankton may increase because they eat plastics.
   (B) The ocean will be completely filled with plastics in the future.
   (C) Fish will stop eating plankton because of the dangerous substances produced from plastics.
   (D) Plastics are not biodegradable.
2. How are microplastics produced?
   (A) While plastics are being produced, some of them break into small pieces.
   (B) People's habit of using plastics and natural conditions create microplastics.
   (C) The light and heat from the sun weaken plastics while they are being used by people.
   (D) Recycled plastics are thrown into the ocean and become small pieces.
3. Why did Jack choose Starbucks Coffee and 7-Eleven Japan for his assignment?
   (A) Anyone can save the environment without difficulty.
   (B) It is easy for anyone to buy environmentally friendly products because of the price.
   (C) Because they are popular in Japan.
   (D) Both companies care about health issues more than any other company.
4. According to Jack's report, what may be true about how companies think about plastic pollution?
   (A) They think it is important to share information on how to solve the problem.
   (B) They want to learn about the issue.
   (C) Most of them probably do not think the issue is important.
   (D) Most of them know about the issue but think they should not solve it.

5. Why may Jack's report not be accepted by his teacher?
   (A) The information is wrong.
   (B) The source cannot be used.
   (C) He missed the deadline.
   (D) He gave his opinion.

6 これらの絵は現在行われていることを示している。それぞれ一文で絵の内容について書きなさい。

1.

2.

3.

7 以下の問いについて，英文で書きなさい。4.および5.は主張の理由を2つ述べなさい。

1. What kind of books do you like to read?
2. How do you study English?
3. What do you want to be in the future? Why?
4. Which do you like better, studying at a library or studying at home? Why?
5. Do you like more people read news on the internet than in newspapers? Why or why not?

A　本文で挙げられている六つの課題の中から一つ選ぶこと。
B　選んだ課題を解答用紙の課題欄に記入すること。
C　課題の原因や問題点を考えて示し、その解決策を書くこと。
D　一八〇字から二二〇字以内で書くこと。ただし、出だしの一マスは空けずに書くこと。

四　次の問いに答えなさい。
――線部のカタカナを漢字に直し、漢字は読みをひらがなで答えなさい。

1　対象のトクチョウをとらえてデッサンする。
2　スマートフォンは勉強のサマタげになる。
3　大学を卒業して建築関係の仕事にツいた。
4　選挙でのキケンは現状の黙認と変わらない。
5　台所からカレーの匂いがタダヨってきた。
6　犬をドッグランにハナして自由に走らせた。
7　重要な任務をスイコウする。
8　町内清掃のボランティアを募る。
9　卒業式が厳かに行われた。
10　『走れメロス』は太宰治が著した。

ア　核心　イ　悪態　ウ　不意　エ　嘘

問六　――線⑤「こんなの気休めだ」とありますが、それはどういうものですか。徹の「気休め」の内容を明らかにして、三十五字以上四十字以内で説明しなさい。

問七　本文中で伸太郎はどのような人物として描かれていますか。適切なものを次の中から一つ選び、記号で答えなさい。

ア　寡黙だが四人全員が揃わなければステージに立たないという、自分の意見を押し付けるわがままな人物。

イ　一度決めたことは絶対に曲げない、正しいと思ったらどんな人物にも自分の意見を伝えられる人物。

ウ　仲間に対して言いにくいことをはっきり言うが、人を思って発言できる優しい一面もある人物。

エ　話を都合のいい方へ進めようとするが、周りの意見をまとめようとするリーダーシップのある人物。

三　次の文章を読んで、後の問いに答えなさい。

平成の時代には、科学や技術に関連する多くの事件・事故が起き、そのたびに人々の不信感も増大した。

原子力では、東日本大震災（２０１１年）に伴って、東京電力福島第一原発で事故が起きた。「原発は絶対安全」としてきた国の原子力行政や東京電力の姿勢が、強い批判を浴びた。

放射線による健康への影響や食品の放射能汚染をめぐって、風評被害も起きた。土壌の除染や汚染水の処理、廃炉など、長期を要する課題が山積している。

12年度版の科学技術白書には、文部科学省科学技術政策研究所による調査の結果が紹介された。この調査によると、「科学者の話は信頼できる」とする人の割合は震災前に比べて半減した。また、「研究開発の方向性は専門家が決めるのがいい」とする意見への同意も、3分の1に激減した。

阪神・淡路大震災（１９９５年）では、倒壊しないとされた構造物が相次いで崩れた。地震予知にも批判が集まった。

この年に起きた地下鉄サリン事件では、化学物質サリンが市中でまかれ、13人の死者と6千人以上の負傷者を出した。若い科学者らが犯行に加わっていたことが明らかになり、世界に衝撃を与えた。その後も牛海綿状脳症（ＢＳＥ）などの食品安全問題、耐震偽装事件などが起きた。

科学技術に対する国民の厳しいまなざしを受けて、日本学術会議は12年、「科学不信」をテーマに議論し、報告書をまとめた。しかしその後も、ＳＴＡＰ細胞問題（14年）を始めとする研究不正事件が相次いで発覚するなど、信頼回復への道は遠い。

（『朝日新聞』二〇一九年四月十一日　朝刊二十七面）

問一　――線部「科学や技術に関連する多くの事件・事故」の具体例を本文では六つ提示しています。四つ目の具体例は何ですか。答えなさい。

問二　科学の課題が山積する中で、あなたはこれらの課題をどのように克服すれば良いと考えますか。自分の考えを述べなさい。ただし、次の条件に従うこと。

※1 ブリッツクリーグ・バップ……アメリカ合衆国のパンク・ロックバンド、ラモーンズの楽曲。
2 バスケット・ケース………アメリカ合衆国のパンク・ロックバンド、グリーン・デイの楽曲。
3 条件三……事件を起こした軽音楽部部員の元担任で、二度と軽音楽部が問題を起こさないよう廃部を求めていた森先生が、軽音楽部の活動を認める代わりに啓人たちに出した条件の一つ。他に「条件一」「条件二」がある。

問一 ――線①「に」と同じものを含む文として適切なものを次の中から一つ選び、記号で答えなさい。
ア 母は得意げに告げた。　イ 忘れないようにメモする。
ウ 彼はすぐに行くつもりだ。　エ 私の夢をあなたに託す。

問二 ――線②「勇作は下を向いてしまった」とありますが、それはなぜですか。適切なものを次の中から一つ選び、記号で答えなさい。
ア 大ケガをした腕が痛むが、痛がっている自分の顔をバンドのメンバーにだけは見せたくないから。
イ 事故に遭った母の生活のサポートをしなければならず、「田高マニア」に出られなくなってしまったから。
ウ 帰り道に大ケガを負ってしまい、「田高マニア」に出るバンドのメンバーから外されそうだったから。
エ 交通事故による骨折で「田高マニア」に出場できず、みんなの足をひっぱってしまったから。

問三 ――線③「三人でなんとかなるよね」とありますが、勇作が「田高マニア」に参加させようとするのはなぜですか。適切なものを次の中から一つ選び、記号で答えなさい。
ア なんとしても、「田高マニア」に参加するというはっきりした成果を見せないと、大切な軽音楽部が廃部にされてしまうと考えているから。
イ バンドのメンバーの演奏が以前より上達したので、自分が抜けたとしても「田高マニア」の観客は必ず満足すると確信しているから。
ウ 自分は怪我をしたのに、のうのうと「田高マニア」に出られる仲間に嫉妬し、三人で出場して失敗すればいいと考えているから。
エ すでに多くの人に「田高マニア」出場を伝えているので、いまさら辞退すれば森先生や加藤先生に迷惑を掛けてしまうと心配したから。

問四 ――線④「嘘」とありますが、これはどのようなことを表していますか。適切なものを次の中から一つ選び、記号で答えなさい。
ア 細かい部分まで合わせた四人で演奏しなければ、原曲と同じように演奏はできないということ。
イ 勇作がいないのに「田高マニア」に出ても無意味だし、いまさら勇作のパートを補えないということ。
ウ 四人でステージに立つことが「条件三」であり、一人でも欠けると約束を破ってしまうということ。
エ 軽音楽部は四人で頑張ってきたため、四人でステージに立たなければ意味がないということ。

問五 [A] に入る言葉として適切なものを次の中から一つ選び、記号で答えなさい。

④嘘だろ。勇作の抜けた穴をカバーするなんてオレたちには無理だし、『お前の分まで頑張る』なんて調子のいいこと、恥ずかしくて言えねえって」

　伸太郎の意見に、勇作は必死に抗《あらが》った。

「でもそれじゃ、ぼくがみんなの目標を取り上げるのと一緒だよ。『田高マニア』辞退したら、骨折が治ってもぼくはずっと後ろめたい気持ちを引きずることになるじゃん。そんなの嫌だよ」勇作は引き留めるための言葉を懸命に探した。「あと、それだけじゃなくて、『条件三』※3だってあるじゃん。成果見せないと廃部なんだよ？　どんな形でも『田高マニア』には出なくちゃ」

「成果はもう見せた」伸太郎はきっぱりと言い切った。「放送部はオレたちがコピーしてる曲のオリジナルを毎日流してるし、防音幕の前にはわざわざ練習を聴きに来る奴もいる。軽音楽部といえば学校の誰でも知ってる部になった。それで充分だろ？　ここまでになった部を、誰が廃部にできるんだよ。もし森あたりが強引にそんなことしてきたら、今度は文部科学省だろうが首相官邸だろうが、どこだって話つけに行ってやる。だから勇作、お前は余計な心配すんな」

「だけど……」

　徹も伸太郎に同調した。

「うん。おれたちまだ二年生だし、『田高マニア』は来年もあるからね。焦ることはない。あと一年あれば力入れて旗も作れるし、今年よりもっとすごい演奏ができる。オリジナル曲だって作れちゃうかもしれないし」

　気楽な微笑みを浮かべながら、徹は内心で自分に［A］をついていた。

⑤こんなの気休めだ。今年の「田高マニア」は今年一回きりじゃないか。こんな結論で納得できる人間なんているか。

　押し黙っていた啓人が、初めて口を開いた。これまで見たことのない真剣な面持ちだった。

「いや、みんな待って。待ってくれよ。そんなに簡単に結論出していいのか？　本番は十日先なんだから、時間はまだある。たくさんの人が俺たちの演奏を楽しみにしてくれてるんだし、簡単に辞退なんて言っちゃいけないだろ」

　伸太郎が首を横に振った。

「あのな、勇作の骨折が十日で治るわけがないだろ」

「だけど、もっと抵抗しよう。無駄な努力かもしれないけど、なんとか考えよう。ラクな道を選んじゃダメだ」

「じゃあ、啓人には何かいいアイデアあんのかよ」

「それは……」

「ほら、ねえんだろ」

「みんな、ほんとにごめん」勇作は肩を震わせた。「もう二度とみんなに迷惑かけたくないって思ってたのに、やっぱり迷惑かけちゃったよ」

　軽音楽部の四人は、それきり言葉を失ってしまった。勇作の嗚咽《おえつ》だけが、夜の待合室で聞こえる唯一の声となった。

（越谷オサム『階段途中のビッグ・ノイズ』）

に……」

ベンチにすとんと腰を下ろし、②勇作は下を向いてしまった。

三人は勇作を取り囲んだが、かけるべき言葉が見つからず互いの顔を見合わせた。連絡を受けて自転車で病院に駆けつけた啓人と仲太郎の額からは、いまだ汗が噴き出ている。

勇作の母親が、スーツ姿の若い男から怪訝《けげん》な表情で名刺を受け取っていた。おそらくは保険会社の人間だろうが、事故の過失の程度や保険の適用額などは徹たちにはどうでもいい話だった。いま問題なのは、勇作と軽音楽部のこれからのことだけだった。

「ぼくってほんと、バカだなあ」勇作は、左の拳を何度も閉じたり開いたりしながら呟いた。

「ほ、本番は十日後なのに、骨折なんかしちゃったよ。こんな大事なときにみんなの足ひっぱっちゃって、どうしようもないバカだなあ」

「いいんだよ、そんなことは。骨折治すことだけ考えよう」

徹はかすれた声で慰めの言葉を口にした。勇作は小さく頷いた。

「三人で大丈夫だよね。ぼくは『田高マニア』に出られなくなっちゃったけど、③三人でなんとかなるよね。みんなすごく上手くなったし」

「そういうわけにはいかねえだろ」仲太郎が口を尖らせた。「メインでギター弾いてるお前が抜けたらどうなるんだよ。啓人はサイド・ギターだろ。啓人のギターだけでも聴ける曲になるのって、せいぜい『ブリッツクリーグ・バップ』※1だけだろ。『バスケット・ケース』※2のイントロなんか啓人は歌だけで、ギターは勇作の一本だけでやってんだからよ。いまさらどうにもなんねえだろ」

言葉を並べながら、仲太郎は自分を責めるように拳で何度も腿《もも》を叩いていた。これまで自分たちがどれほど勇作に寄りかかっていたのかを痛感しているのだろう。仲太郎も啓人も、そして自分も、音楽的なリーダーである勇作に大きな負担をかけてきたのだ。勇作を欠いて初めて、徹はそのことに気づいた。

勇作は、仲太郎をなだめるように柔和な笑顔を浮かべ、首を横に振った。

「大丈夫だって。ギターなんて添え物ぐらいに考えればいいんだよ。三人の腕なら客なんていくらでもごまかせちゃうよ。ギターは一本あれば充分だよ」

「カッコつけんなよ、バカ」仲太郎が低い声でそう言った。「お前はもともと自分勝手でわがままな奴なんだから、こんなときだけいい人になろうとすんなよ。周りがいくら引き留めても出るって言い張るのが、お前のキャラだろ」

「ちょっと、仲太郎――」

制止しようとした徹の手を振り払い、仲太郎は息を吸い込むと低く言った。

「『田高マニア』は、辞退しよう」

仲太郎の言葉に、三人は凍りついた。それについては、待合室のベンチで診断結果を待っていたときからそれぞれの頭にあったことだが、誰も口に出す決心をつけられずにいたのだ。

仲太郎は続けた。

「練習場所の環境は最悪だし、喧嘩《けんか》も何度かしたけど、今までこの四人でなんとかやってきたんだ。それなのに本番で一人でも欠けたら、やる意味がない。軽音楽部として出るんなら、この四人が揃《そろ》わないと

エ　コピーは日常生活を模倣したものなので、信仰の対象としてのオリジナルよりも価値が高い。

問六　[C]・[D]・[E]に入る言葉として適切なものを次の中から一つずつ選び、それぞれ記号で答えなさい。

ア　たとえば　イ　したがって　ウ　しかし
エ　むしろ　オ　また　カ　一方で

問七　――線④「模倣は独創の母である」とは、どのようなことですか。その内容が分かる部分を本文中から二十三字で抜き出し、初めの五字を答えなさい。

問八　――線ア・イをそれぞれ現代仮名遣いに直し、すべて平仮名で答えなさい。

三　次の文章を読んで、後の問いに答えなさい。

> 軽音楽部の二人の先輩がある事件を起こしたため、伝統ある軽音楽部は活動停止になってしまった。唯一残った軽音楽部部員の啓人は、複数の条件を受け入れることで、今年も文化祭で行われる音楽フェス「田高マニア」に出られることになった。ようやくバンドメンバーも集まり、顧問の加藤と共に文化祭に向けて日々練習に励んでいた啓太たちに災難が降りかかる。文化祭練習を終えたギター担当の勇作が、帰り道で交通事故に遭ってしまった。

診察室のスライドドアが開き、パンツスーツを身に着けた母親と勇作が、非常灯の緑色に染められた暗い廊下を静かに歩いてきた。外来の診察時間はとうに終わっており、人影の少ない病院は、沼の底のように静かだった。

勇作の右腕には白いギプスが嵌《は》められ、肩から三角巾で吊るされている。それ以外にも、左肘には大きな絆創膏《ばんそうこう》が貼られていた。こちらは地面に倒れ込んだ際にできた擦過傷のためのものだろう。

待合室のベンチから立ち上がった軽音楽部のメンバーと加藤の姿を見つけた勇作は、ギプスを嵌められた右腕を左手で指差し、無理やり①に微笑んだ。

「ギターはまた弾けるって」

「いつ取れんの、それ」

徹は勢い込んで尋ねた。

「……三週間から四週間先」

徹ばかりでなく、啓人や伸太郎の顔色も一時に沈んでいった。一日や二日で治るような怪我ではないとわかってはいたが、ひょっとしたらという希望は誰もが抱いていた。その希望が、いとも簡単に打ち砕かれてしまったのだ。

受付の前に立ち、深刻な表情で加藤と話している母親を横目に、勇作は平静を装った声で説明した。

「尺骨《しゃっこつ》とかいう骨の単純骨折だって。レントゲン見たらもう、きれいにポッキリいってた。でも、先生が言うにはラッキーなんだってさ。車が普通にスピード出してたら、腕だけじゃなくて肩もメチャメチャにやられてただろうって。ギプスが取れても、しばらくギターは我慢しなくちゃいけないけど、じゅ、十一月の終わりくらいには前みたいすることから始めなくてはなりません。日本語の「まなぶ」と「まねぶ」が、同じ語源であることはよく知られています。こうした模倣を通してはじめて、自分独自のものが生まれるのです。自分の思いを表現するためには、他人から習得した言葉を使わなくてはなりません。小林秀雄は『モオツァルト』のなかで、きっぱりと言い切っています。

④模倣は独創の母である。唯一人のほんたうの母親である。二人を引離して了《しま》つたのは、ほんの近代の趣味に過ぎない。模倣してみないで、どうして模倣出来ぬものに出会へようか。（小林秀雄『モオツァルト』）

こうしたことは、文学作品だけでなく、生活のあらゆる領域にまで及んでいます。日常生活をふり返ってみましょう。[E]、朝起きれば、家族に「おはよう！」と挨拶し、顔を洗います。朝食を食べたあとで歯を磨き、身支度を整えるでしょう。それから、「行ってきます！」と声をかけて、学校に向かいます。ごくふつうの言動なので、どこにも不可思議さはないのですが、この一連のふるまいは「まねる」ことを基本にしています。

日常生活では、それぞれの場面で言動はだいたい決まっており、いわば「見えない台本」ともいうものが存在します。私たちはまず、この台本のセリフを覚え、その役柄を意識しなくとも演じられるように「まなぶ＝まねぶ」わけです。とすれば、「オリジナルからコピーが生まれる」という文を、まったくひっくり返すべきではないでしょうか。つまり、コピーからオリジナルが生まれるのです。したがって、コピーだからといって、オリジナルより劣っているわけではありません。

（岡本裕一朗『12歳からの現代思想』一部省略）

※コピペ……コピーアンドペーストの略。文章や画像（の一部）を写し取って、他の場所に貼り付けること。

問一　[A]に入る言葉を本文中から十三字で書き抜きなさい。

問二　[B]に入る言葉として適切なものを次の中から一つ選び、記号で答えなさい。

ア　土がつく　　イ　花道を飾る

ウ　物言いがつく　　エ　軍配が上がる

問三　――線①「『オリジナル』という考え方そのものが怪しくなった」とありますが、それはなぜですか。理由を二十字以上三十字以内で答えなさい。

問四　――線②「『作者の死』」とありますが、それはどのようなことですか。「バルト」の主張の内容が分かるように、五十字以上六十字以内で答えなさい。

問五　――線③「コピーや模倣がはたして価値が低いのか」とありますが、この問いに対する筆者の考えとして適切なものを次の中から一つ選び、記号で答えなさい。

ア　オリジナルとコピーは表裏一体のものなので、価値を比較することに意味はない。

イ　独創から模倣が生み出されるので、オリジナルがよくてコピーが悪いとは言えない。

ウ　コピーからオリジナルが生まれるので、コピーがオリジナルより価値が低いとは言えない。

が、ブルックの『悲劇物語』にも種本があって、マッテオ・バンデッロの散文物語を書きなおしたものなのです。しかし、話はそれだけでは終わりません。じつは、この散文物語にも種本があって、それをオリジナルと見なすことができないのです。

たしかに、オリジナルとコピーを一組だけで考えるならば、発生論・価値論的関係が成り立つように見えます。けれど、オリジナルそのものだって、じっさいには他のオリジナルのコピーだとすれば、どうでしょうか。

図式化した方が、ハッキリすると思います。コピー①に対してはオリジナル①があります。ところが、それ（オリジナル①）じたいはオリジナル②から発生したコピー②なのです（コピー①←オリジナル①〈＝コピー②〉←オリジナル②〈＝コピー③〉←オリジナル③）。ここから分かるのは、コピーの要素を含まないオリジナルなど、まったくないことです。

これと同じようなことを、フランスのロラン・バルトは②「作者の死」という言葉で表現しています。バルトは、バルザックの小説を題材にしながら、作品が「作者」のオリジナルな創造物である、という常識を根底からひっくり返しました。ふつう、文学作品を読解するには、「作者」が心に描いた意図などを理解すべきだ、と見なされています。ところが、バルトはこの考えに異を唱えたのです。

テキストとは、さまざまの、オリジナルではない、書かれたものが混じり合い、ぶつかり合う多次元空間であって、［…］文化の数知れない分野からとられた引用を織ってできた織物である。

（バルト『物語の構造分析』）

作者が他の人とは違ったオリジナルな思いを表現したもの——これが作品だと信じられてきました。ところが、バルトによれば、「作者」のオリジナルと見なされた「作品」は、じっさいには他の人たちからの「引用」を織り合わせてつくられているのです。それを表現する言葉が「テキスト」です。これは、ラテン語の「織られたもの」を意味する言葉に由来し、まさに「引用によって織り合わせたもの」を示しています。

そこで、あらためて問い直すべきは、③コピーや模倣がはたして価値が低いのか、ということです。子どものころから、「オリジナルはよく、コピーは悪い」と絶えず教えられてきました。これを、「オリジナル信仰」と呼んでおきましょう。「個性を大切にしよう！」というのは、子どもたちにもしっかりと根づいているようです。［C］、コピーや模倣って、そんなに悪いことなのでしょうか。

注意するまでもありませんが、言葉を学ぶことから始まって、私たちは自分ひとりで知識をつくることはできません。意識的に模倣する場合もありますが、たいていは無意識的な仕方で他からの情報を受け入れています。自分独自の考えだと思っても、げんみつに分析すれば、そのオリジナルは自分の外にあります。［D］、コピーを否定してしまえば、自分の考えもなくなってしまうのです。これは、何を意味しているのでしょうか。

子どもが言葉を学ぶことでも分かるように、私たちはまず「模倣」

【国　語】（六〇分）〈満点：一〇〇点〉

【注意】　指示がない限り、句読点や記号などは一字として数えます。

□一　次の文章を読んで、後の問いに答えなさい。

※

コピペが非難されるとき、ふつう「オリジナル」と「コピー」の対立が前提されています。教師が「君のレポートはコピペだね」と言うとき、その意味は「君のオリジナルではない」と言いたいのです。

　こうしたオリジナルとコピーの対立に注目すると、おそらく二つの関係が取り出せるでしょう。一つは、オリジナルからコピーが生じることであり、もう一つは、オリジナルの方がコピーより価値が高いことです。ここではひとまず、前者を発生論的関係と呼び、後者を価値論的関係と呼んでおきましょう。言葉にすると難しそうに見えますが、内容的には誰でも知っていることです。

　コピー機をイメージすれば、分かりやすいかもしれません。具体的な例として、図書館から借りた本をコピーする、と仮定しましょう。このとき、オリジナルは図書館の本であって、その本からコピーが発生するのは明らかです。言うまでもなく、コピーを手に入れるためには、オリジナルがなくてはなりません。発生論的関係としては、「　A　」わけです。こんなことは、当たり前すぎて、わざわざ言うほどでもないと叱られそうです。だって、オリジナルとは「原物」であって、コピーはその「複製」だからです。

　また、オリジナルがコピーに先立つならば、価値をくらべたとき、コピーよりオリジナルの方に　B　でしょう。コピーは、オリジナルから派生するかぎり、オリジナルより格下なのです。一言でいえば、「コピーはオリジナルより価値が低い」わけです。たとえば、「ほんもの」の「モナリザ」は高価なのに、そのコピー（模写）は「ニセ物」として価値が低いでしょう。オリジナルは尊ばれるのに、そのコピー（模倣）には価値がほとんど認められません。

　しかし、オリジナルとコピーの対立は、どこまで維持できるのでしょうか。というのも、コピーされる元の本じたいが、そもそも印刷物であって、コピーされたものと言えるからです。とすれば、図書館の本をコピーするのは、コピー（本）をコピーしているのではないでしょうか。同じことは、コピペの場合にも言えるでしょう。グーグルで検索して、情報をコピーするとき、その情報じたいがオリジナルかどうかは分かりません。その情報が別の情報からのコピペだ、という可能性はじっさいよくあります。コピペはオリジナルのコピーというより、コピーのコピーと言った方が適切かもしれません。

　ここで明らかになったことを、確認しておきましょう。常識的には、オリジナルからコピーが生じるのに、①「オリジナル」という考えそのものが怪しくなったのです。話を分かりやすくするために、もう一度シェークスピアを引き合いに出してみましょう。

　すでに述べたように、シェークスピアの作品には、ほとんど種本があって、それを書き変えてつくられました。たとえば、『ロミオとジュリエット』には、アーサー・ブルックの『ロミウスとジュリエットの悲劇物語』がありました。その意味では、ブルックの『悲劇物語』が、『ロミオとジュリエット』のオリジナルと言いたくなります。ところ

MEMO

大切なことはメモしておこうネ！

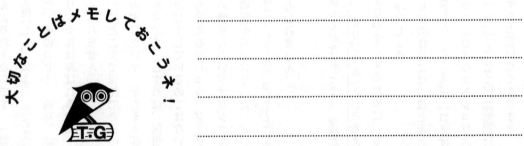

2020年度

解 答 と 解 説

《2020年度の配点は解答欄に掲載してあります。》

＜数学解答 基礎＞

[1] $\frac{8x+5y}{20}$　[2] $(a-2)(b+2)$　[3] $\frac{1}{32}$　[4] $b=\frac{a}{c-3a}$　[5] $a=2$, $b=3$

[6] $a=1$　[7] $a=5$　[8] $\frac{1}{3}$　[9] 22度　[10] $\frac{15}{8}$cm　[11] 6cm

[12] $\frac{22}{3}\sqrt{3}$ cm^3　[13] 790

○推定配点○

[1]～[4]　各7点×4　[5]～[13]　各8点×9　計100点

＜数学解説 基礎＞

基本 [1] (式の計算)

$$\frac{4x-3y}{4}-\frac{3x-5y}{5}=\frac{5(4x-3y)-4(3x-5y)}{20}=\frac{20x-15y-12x+20y}{20}=\frac{8x+5y}{20}$$

基本 [2] (因数分解)

$ab-2b+2a-4=b(a-2)+2(a-2)=(a-2)(b+2)$

基本 [3] (式の値)

$$\frac{1}{12}a^2b^2\times a^3b\div\left(-\frac{1}{3}a^2b\right)^2=\frac{a^2b^2}{12}\times a^3b\times\frac{9}{a^4b^2}=\frac{3}{4}ab=\frac{3}{4}\times\frac{1}{3}\times\frac{1}{8}=\frac{1}{32}$$

[4] (式の変形)

$\frac{a}{b}=\frac{c}{3b+1}$　$a(3b+1)=bc$　$3ab+a-bc=0$　$(3a-c)b=-a$　$b=\frac{-a}{3a-c}=\frac{a}{c-3a}$

[5] (連立方程式)

$ax+by=12$と$(2b+1)x-2ay=13$に$x=3$, $y=2$を代入すると, $3a+2b=12$…①　$(2b+1)\times3-2a\times2=13$　$6b+3-4a=13$　$-4a+6b=10$…②　①×3－②から, $13a=26$　$a=2$ これを①に代入して, $3\times2+2b=12$　$2b=12-6=6$　$b=3$

[6] (2乗に比例する関数)

$\frac{2(a+2)^2-2a^2}{a+2-a}=8$から, $\frac{2(a^2+4a+4)-2a^2}{2}=8$　$2a^2+8a+8-2a^2=16$　$8a=8$　$a=1$

[7] (1次関数, 比例関数)

$y=2x-3$…①　①に$x=2$, 4を代入すると, $y=2\times2-3=1$, $y=2\times4-3=5$　よって, $2\leqq x\leqq4$のとき, $1\leqq y\leqq5$　$y=\frac{a}{x}$…②　②が$1\leqq x\leqq5$のとき, $1\leqq y\leqq5$になることから, ②は$x=1$のとき最大値$y=5$をとる。$5=\frac{a}{1}$より, $a=5$

[8] (確率)

大小2個のさいころの目の出方は全部で, $6\times6=36$(通り)　そのうち, 目の和が3の倍数になる場合は, (1, 2), (1, 5), (2, 1), (2, 4), (3, 3), (3, 6), (4, 2), (4, 5), (5, 1), (5, 4), (6, 3), (6, 6)の12通り　よって, 求める確率は, $\frac{12}{36}=\frac{1}{3}$

9 （角度，円の性質）

各点を右の図のように定める。△BCEと△FDEにおいて内角と外角の関係から，$\angle ABE=46°+\angle x$　$\angle FDE=90°-\angle x$　円周角の定理から，$\angle ABE=\angle FDE$　よって，$46°+\angle x=90°-\angle x$　$2\angle x=44°$　$\angle x=22°$

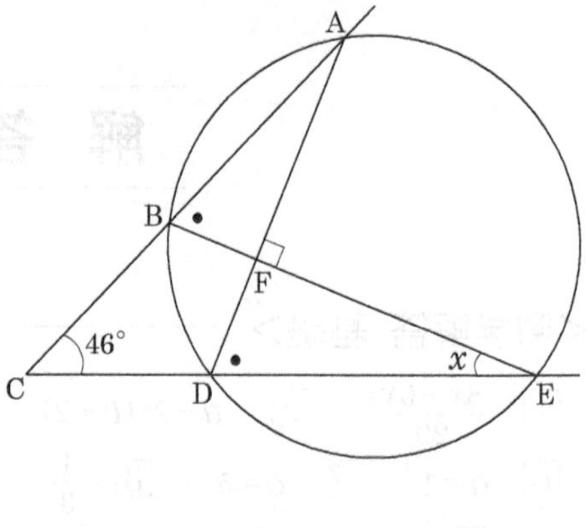

10 （平面図形の計量問題－平行線と線分の比の定理）

平行線と線分の比の定理から，BE：EC＝AB：CD＝3：5　EF：CD＝BE：BC　EF：5＝3：(3＋5)　EF＝$\frac{15}{8}$(cm)

11 （空間図形の計量問題－球の切断，三平方の定理）

平面Pの半径は，$\sqrt{28}$　球の中心をO，平面Pの中心をQ，平面Pの円周上の1点をAとして，直角三角形OAQと作ると，求める長さはOQなので，三平方の定理から，$OQ=\sqrt{OA^2-PA^2}=\sqrt{8^2-(\sqrt{28})^2}=\sqrt{64-28}=\sqrt{36}=6$(cm)

12 （空間図形の計量問題－立体の切断，体積）

$\triangle ABC=\frac{1}{2}\times4\times4\times\frac{\sqrt{3}}{2}=4\sqrt{3}$　三角柱の体積は，$4\sqrt{3}\times2=8\sqrt{3}$　△AMN∽△ABCで，相似比は1：2だから，△AMN：△ABC＝$1^2：2^2$＝1：4　よって，$\triangle AMN=4\sqrt{3}\times\frac{1}{4}=\sqrt{3}$

三角錐D－AMN＝$\frac{1}{3}\times\sqrt{3}\times2=\frac{2}{3}\sqrt{3}$　したがって，求める体積は，$8\sqrt{3}-\frac{2}{3}\sqrt{3}=\frac{22}{3}\sqrt{3}$ (cm³)

13 （統計）

20～30の階級の度数は，225÷25＝9　40～50の階級の度数は，30－(4＋5＋9＋7)＝30－25＝5　45×5＝225　よって，①に当てはまる数は，20＋75＋225＋245＋225＝790

★ワンポイントアドバイス★

6の変化の割合の問題では，$y=px^2$について，xの値がqからrまで増加するときの変化の割合は，$p(q+r)$で求められる事を利用してもよい。$2(a+a+2)=8$から，$2a+2=4$，$a=1$

＜数学解答 応用＞

1 (1) P(1，1)　(2) $a=6$　(3) $y=2x+3$

2 (1) $1+\cfrac{1}{1+\cfrac{1}{1+\cfrac{1}{6}}}$　(2) $x=\pm\sqrt{2}$　(3) 解説参照

3 (1) $15\sqrt{3}$ cm²　(2) 6秒　(3) 6π cm²

4 (1) 解説参照　(2) $x=\frac{1+\sqrt{5}}{2}$cm　(3) $PQ^2=\frac{5+\sqrt{5}}{2}$

○推定配点○

1 各8点×3　2 (1)・(2) 各8点×2　(3) 10点　3 各8点×3

4 (1) 10点　(2)・(3) 各8点×2　計100点

＜数学解説 応用＞

1 (図形と関数・グラフの融合問題)

(1)　四角形OPAQが正方形のとき，PQ＝OA＝a，PQ⊥AO　点PとQのx座標の絶対値が$\frac{a}{2}$になるから，P$\left(\frac{a}{2},\ \frac{a^2}{4}\right)$，Q$\left(-\frac{a}{2},\ \frac{a^2}{4}\right)$　$\frac{a^2}{4}=\frac{a}{2}$から，$a^2=2a$　$a(a-2)=0$　$a\neq0$から　$a=2$　$\frac{2}{2}=1$，$\frac{2^2}{4}=1$から，P(1, 1)

(2)　$\frac{1}{2}\times2^2=2$から，R(2, 2)　OAの中点をBとすると，B$\left(0,\ \frac{a}{2}\right)$　四角形ORAQが平行四辺形のとき，RQの中点は点Bになることから，Qのx座標は-2　$\frac{a}{2}\times2-2=a-2$から，Qのy座標は$a-2$　点QはC_1上の点だから，$a-2=(-2)^2=4$　$a=4+2=6$

重要　(3)　(2)から，A(0, 6)，Q(−2, 4)　直線AQの式を$y=mx+6$として点Qの座標を代入すると，$4=m\times(-2)+6$　$2m=2$　$m=1$　よって，直線AQの式は，$y=x+6$…①　C_1と①からyを消去すると，$x^2=x+6$　$x^2-x-6=0$　$(x+2)(x-3)=0$　$x=-2,\ 3$　$3^2=9$　よって，S(3, 9)　四角形ORAQを二等分する直線は，OAの中点を通るから，$y=nx+3$に点Sの座標を代入して，$9=n\times3+3$　$3n=6$　$n=2$　したがって，求める直線の式は，$y=2x+3$

2 (数の性質－有理数，無理数)

(1)　$\frac{20}{13}=1+\frac{7}{13}=1+\frac{1}{\frac{13}{7}}=1+\cfrac{1}{1+\frac{6}{7}}=1+\cfrac{1}{1+\cfrac{1}{\frac{7}{6}}}=1+\cfrac{1}{1+\cfrac{1}{1+\frac{1}{6}}}$

(2)　$x=1+\frac{1}{1+x}$　$x-1=\frac{1}{1+x}$　$(x-1)(x+1)=1$　$x^2-1=1$　$x^2=2$　$x=\pm\sqrt{2}$

(3)　(2)より，$\sqrt{2}=1+\frac{1}{1+\sqrt{2}}$　これを変形して，$\sqrt{2}=1+\cfrac{1}{1+\left(1+\cfrac{1}{1+\sqrt{2}}\right)}$　(　)内に同じ形が出てくるためこの操作は無限回繰り返すことになる。これは，有理数であれば有限界の操作で表すことができるということに矛盾する。したがって，$\sqrt{2}$は有理数でない。

3 (空間図形の計量問題－動点，切断，平行線と線分の比の定理，断面積，三平方の定理，三角形の相似)

(1)　1.5×16÷6＝4から，PはB点上にある。2.5×16÷6＝6あまり4から，QはCD上のCから4のところにある。点Qから直線APに平行な線を引き，CFとの交点をRとすると,四角形APRQは等脚台形なる。AP//QR，AP//DFから，QR//DF　平行線と線分の比の定理から，QR：DF＝CQ：CD　QR：6＝4：6　QR＝4　点AからCDへ垂線AHをひくと，AH$=6\times\frac{\sqrt{3}}{2}=3\sqrt{3}$　HQ＝4－3＝1　AQ$=\sqrt{(3\sqrt{3})^2+1^2}=\sqrt{28}$　点QからAPへ垂線QIを引くと，AI$=\frac{6-4}{2}=1$　QI$=\sqrt{(\sqrt{28})^2-1^2}=\sqrt{27}=3\sqrt{3}$　よって，(四角形APRQ)$=\frac{1}{2}\times(4+6)\times3\sqrt{3}=15\sqrt{3}$ (cm²)

(2)　球の中心をOとする。点A，P，Qを通る平面が点Oを通るとき，断面積は最大になる。PQが初めて点Oを通る場合を考えると，点PがBCの中点，点QがDEの中点に来るときになる。(6＋3)÷1.5＝6　(6×2＋3)÷2.5＝6　よって，6秒

(3)　(2)のとき，切断面は点Oを中心とする円になるから，球の半径を求めればよい。球と△ABCの接点をJとすると，△APO∽△AOJから，AP：PO＝AO：OJ　AO$=\sqrt{6^2-(3\sqrt{2})^2}=\sqrt{18}=3\sqrt{2}$　$3\sqrt{3}:3=3\sqrt{2}:$OJ　OJ$=\frac{3\times3\sqrt{2}}{3\sqrt{3}}=\sqrt{6}$　よって，求める断面積は，$\pi\times(\sqrt{6})^2=6\pi$ (cm²)

[4] **(平面・空間図形の計量問題－三角形の相似の証明，三平方の定理)**

基本 (1) (証明) △ABCと△CBDにおいて，共通な角なので，∠ABC＝∠CBD…① 正五角形は円に内接するので，円周角の定理から，∠BAC＝∠BCD…② ①と②から，2組の角がそれぞれ等しいので，△ABC∽△CBD

(2) △ADCと△CBDは2角が等しいことから，二等辺三角形である。よって，AD＝DC＝CB＝1 △ABC∽△CBDから，AB：BC＝CB：BD AB＝xとすると，$x:1=1:(x-1)$ $x(x-1)=1$ $x^2-x-1=0$ 2次方程式の解の公式から，$x=\frac{1\pm\sqrt{(-1)^2-4\times1\times(-1)}}{2\times1}=\frac{1\pm\sqrt{5}}{2}$ $x>0$から，$x=\frac{1+\sqrt{5}}{2}$(cm)

重要 (3) PQは，正二十面体の一辺と(2)で求めた一辺が1cmの正五角形の対角線を2辺とする長方形の対角線の長さになる。よって，$PQ^2=1^2+\left(\frac{1+\sqrt{5}}{2}\right)^2=1+\frac{1+2\sqrt{5}+5}{4}=\frac{4+6+2\sqrt{5}}{4}=\frac{5+\sqrt{5}}{2}$

★ワンポイントアドバイス★

[3](3)のような問題は切断面を描いて考える。内接円の半径は，相似を利用して求めよう。

＜英語解答＞

[1] 1 B 2 A 3 A 4 B 5 C
[2] 1 C 2 B 3 A 4 C 5 B
[3] 1 C 2 A 3 D
[4] 1 A 2 D 3 C 4 A 5 B
[5] 1 D 2 B 3 A 4 C 5 B
[6] 1 A boy is doing the dishes. [A boy is washing(the)dishes.] 2 Boys are playing rugby. 3 A woman is making a photocopy[copy].
[7] (例) 1 I like reading novels. 2 I read a lot of books in English. 3 I want to be an engineer because I am interested in cars. 4 I want to study at a library. First, I am not distracted there because there are no TVs and computers. Second, there are a lot of books. I can use them to study. 5 I think more people read news on the internet than in newspapers. First, we can read news easily with our smartphones anywhere such as on the train or bus. Second, we can read news for free such as on the Yahoo News site.

○配点○

[1]・[2] 各2点×10 [3] 1・2 各3点×2 3 4点 [4]・[5] 各4点×10
[6] 各3点×3 [7] 1・2 各3点×2 3 4点 4 5点 5 6点 計100点

＜英語解説＞

1 （リスニング）

1 (A) A student is typing on his laptop.
  (B) A student is using his smartphone.
  (C) A student is talking on the phone.
  (D) A student has dropped his smartphone.

2 (A) A boy is fishing.
  (B) A boy caught a fish.
  (C) A boy is swimming in the sea.
  (D) A boy is reading a book.

3 (A) A man is probably making a presentation to workers.
  (B) A man is probably talking to elementary school students.
  (C) A man is giving a present to his office worker.
  (D) A man is lecturing about how to do scientific research.

4 (A) A man does research on animals.
  (B) A man probably designs buildings.
  (C) A man is writing a report.
  (D) A man is wearing a jacket.

5 (A) An airplane is going to a gate.
  (B) An airplane is flying over the cloud.
  (C) An airplane has taken off.
  (D) An airplane has already landed.

1 (A) 生徒がノートパソコンに入力している。 (B) 生徒がスマートフォンを使っている。
  (C) 生徒が電話で話している。 (D) 生徒がスマートフォンを落としてしまった。

2 (A) 少年が釣りをしている。 (B) 少年が魚を1匹捕まえた。
  (C) 少年が海で泳いでいる。 (D) 少年が本を読んでいる。

3 (A) 男性はおそらく従業員たちにプレゼンテーションをしている。
  (B) 男性はおそらく小学生たちに話をしている。
  (C) 男性が自分の会社の従業員たちにプレゼントを渡している。
  (D) 男性が科学的調査の方法について講義を行っている。

4 (A) 男性は動物について調査する。 (B) 男性はおそらく建物の設計をする。
  (C) 男性がレポートを書いている。 (D) 男性がジャケットを着ている。

5 (A) 飛行機がゲートに向かっている。 (B) 飛行機が雲の上を飛んでいる。
  (C) 飛行機が離陸したところだ。 (D) 飛行機はすでに着陸している。

2 （リスニング）

1 A: Emi is coming back from Canada tomorrow. Why don't we have dinner with her?
  B: That's a great idea. When do you want to meet her?
    (A) In Shinjuku.
    (B) I'm available tomorrow morning.
    (C) I need to check my schedule.

2 A: What do you want to study at university after graduating from high

school?
B: I want to study engineering.
A: Why do you want to study this area?
(A) Because the area is close to my town.
(B) I'm interested in robots.
(C) I just want to do a scientific study at high school.

3 A: May I help you?
B: I'm looking for a tennis racket.
A: What kind of racket are you looking for?
B: I'm going to be playing tennis for the first time, so I want to buy a racket for beginners.
A: How about this one? This racket is popular among beginners.
B: Looks good. How much is it?
A: 20,000 yen.
(A) OK. I'll take it.
(B) Where is the racket?
(C) I'll buy this one. I like this table tennis racket.

4 A: Do you have any plans for winter vacation?
B: No, not yet. How about you?
A: I want to go on a trip.
B: Where are you going?
(A) I went to Hokkaido.
(B) I'll go there by plane.
(C) I'm still thinking about it.

5 A: Do you have time after school?
B: Sorry. I'll be busy preparing for exams. What did you want to do?
(A) I wanted to be absent from school.
(B) I wanted to study together.
(C) I was planning to see a movie alone.

1 A：エミが明日カナダから帰ってきます。彼女と一緒に夕食を食べませんか。
B：それは素晴らしいアイデアですね。あなたはいつ彼女に会いたいですか。
(A) 新宿で。 (B) 私は明日の午前中，都合がつきます。
(C) 私は予定を確認しなくてはなりません。

2 A：高校卒業後，大学で何を学びたいですか。
B：工学を勉強したいです。
A：なぜこの分野を学びたいのですか。
(A) この地域は私の町に近いからです。 (B) 私はロボットに興味があります。
(C) 私は高校で理科の研究をしたいです。

3 A：ご用件を承りますが。
B：テニスラケットを探しています。
A：どのような種類のラケットをお探しですか。
B：私は初めてテニスをするので，初心者用のラケットを買いたいです。

A：こちらはいかがですか。このラケットは初心者のみなさんに人気があります。
B：良さそうですね。いくらですか。
A：2万円です。
(A) わかりました。それをいただきます。 (B) そのラケットはどこですか。
(C) 私はこれを買います。私はこの卓球のラケットが気に入りました。

4 A：冬休みの計画はありますか。
B：いえ，まだありません。あなたはどうですか。
A：私は旅行に行きたいです。
B：どこに行くのですか。
(A) 私は北海道に行きました。 (B) 私はそこへ飛行機で行きます。
(C) 私はまだそれについて考えているところです。

5 A：放課後，時間がありますか。
B：ごめんなさい，テストの準備で忙しいです。何をしたかったのですか。
(A) 私は学校を休みたかったです。 (B) 私は一緒に勉強したかったです。
(C) 私は一人で映画を見るつもりでした。

3 (リスニング)

1 And now, the weather from Radio Shibaura. It will be a beautiful day without any clouds. However, in the afternoon, there may be a heavy storm in Tokyo. You should stay indoors because there might be lightning. However, the storm will be short.
Question: What may the weather be like in Tokyo in the afternoon?

2 I'm sorry to inform you that this train has to stop at Nerima Station for a while. The train before ours has a mechanical problem. We will restart the service in an hour. Different lines or buses are available at this station. If you take a different route, we will offer you a free bus or train ticket. We are sorry for the trouble and thank you for your understanding.
Question: What is true about this announcement?

3 Good morning, students. The topic we are going to discuss today is the issue of labor shortages. The number of people who work in Japan is going down because of the low birthrate. How should we solve this problem? There are many different ideas about how to solve this problem. First, I will introduce some ideas, and then later you will have the opportunity to share your own ideas.
The first idea is accepting more foreign workers. There are already a lot of foreign workers in Japan. For example, we can often see foreigners working at convenience stores or at construction sites. However, the working fields are limited for foreign workers. Foreigners should be allowed to work in many areas.
Another idea is introducing teleworking. You can work anywhere. You can work at home or at a café instead of going to your workplace. Female workers often have to leave their workplaces because they have to take care of their children. If teleworking is introduced, they will be able to

work at home. These are only two examples, but there should be more ideas. Now it's time to discuss with your group members about how to solve the problem of labor shortages.
Question: What is true about the lecture?

1 さて，ラジオ芝浦から天気予報です。雲のない晴天になるでしょう。しかし午後は東京で嵐になるかもしれません。雷があるかもしれないので屋内にいたほうがよいでしょう。でも嵐は短時間でしょう。

質問：午後の東京の天気はどうなる可能性があるか。

(A) 晴れるでしょう。　(B) 夜遅くまで雨が降るでしょう。
(C) 雨が強く降るでしょう。　(D) 穏やかな天気でしょう。

2 大変申し訳ございませんが，この電車は練馬駅でしばらく停車いたします。先発の電車に機械的な問題が発生しました。1時間後に運行を再開します。この駅では別の路線やバスがご利用いただけます。別のルートをご利用になる場合は，無料のバスチケットや電車のチケットをご提供いたします。ご不便をおかけし申し訳ございません。ご理解に感謝申し上げます。

質問：このアナウンスについて正しいものはどれか。

(A) 乗客たちには複数の選択肢がある。
(B) 乗客たちは電車内にとどまるようお願いされている。
(C) 乗客たちは無料食事券を受け取る。　(D) 練馬駅で停車した電車は故障している。

3 おはようございます，みなさん。今日私たちが討論するトピックは労働力不足の件です。日本で働いている人の数は出生率の低下のために減少しています。私たちはこの問題をどのように解決すべきでしょうか。この問題の解決方法については様々なアイデアがあります。まず私がいくつかのアイデアを紹介します，その後，みなさんは自身のアイデアを伝える機会を持ちます。

第1のアイデアは，より多くの外国人労働者を受け入れることです。日本にはすでにたくさんの外国人労働者がいます。例えば，私たちは外国人がコンビニや建設現場で働いているのをよく見かけます。しかし外国人労働者にとって働ける分野が限られています。外国人は多くの分野で働くことが許可されるべきです。

もう1つのアイデアはテレワークを導入することです。どこでも仕事することができます。職場に行く代わりに，家やカフェで仕事ができます。女性従業員は子どもの世話をするために職場を去らなくてはならないことがあります。テレワークが導入されれば，彼女たちは家で仕事ができるでしょう。これらは2つの例にすぎませんが，もっとたくさんのアイデアがあるべきです。さあ，労働力不足の問題を解決する方法についてあなたのグループのメンバーと討論してください。

質問：この講義について正しいものはどれか。

(A) 労働力不足の原因を見つけることが最善の解決策だ。
(B) 生徒たちはテレワークを社会に導入する方法について討論する。
(C) コンビニはもっと多くの外国人労働者を雇うべきだ。
(D) 労働力不足の問題を解決する方法はたくさんあるだろう。

4 (長文読解問題・論説文：英問英答，内容吟味)

(全訳) 芝浦工大新聞 目標を持つことは心の健康にも仕事の成功にも良い

私たちは皆，目標を持つことは賢いことだと知っている。しかしあなたは，目標を持つことが健康にも仕事の成功にも良いと，知っていただろうか。新しい調査では，人々は目標に到達しようと努力すると，幸せに感じ，何についても心配しなくなる傾向があった。別の研究では，人生に目的があると，より健康になる傾向があった。さらに，新しい調査によると，自分の目標についての新しい考え方によって，あなたが仕事をより良くできる可能性がある。これを実現させるためのヒントをいくつかここで紹介しよう。

「なぜ」に注意を向けることが重要だ。しかしそれはどうしてだろうか。あなたの目標の裏にある理由について明確であることは，より大きなイメージへとつながり，これは非常に強い動機づけとなる。自分の目標をはっきりと想像することは，それを実現するにも必要である。新しい職を探している場合でも，次のわくわくするようなプロジェクトを探している場合でも，目標に到達したらどうなるかということについて考えることは，あなたが前進する助けとなる。

全ての目標に同時に到着する方法について考えてはいけない。その代わりに，物事を1日1日でできる小さな部分に分解しなさい。心に大きなイメージを抱きつつ，一歩一歩考えれば，あなたは成功するだろう。目標に一歩近づくために今日何ができるか考えなさい。小さな一歩に集中することは，あなたがやる気になるのを助ける。

あなたが目標に達するにはあなたの人間関係も大切だ。友達に支援してもらえるよう，目標を友人たちと共有しなさい。他者から学び，助言をもらい，助けを求めなさい。

進み続け，長期的な見方をしなさい。目標に近づいていると感じる日もあれば，また別の日には後退してしまったと感じる日もあるかもしれない。根性－困難な状況においても努力できる能力－は人々が目標に到達するのに重要である。根性がない人々はふつう自分の目標を達成することができない。

物事の明るい面を見ることは，あなたが前向きな精神状態を持つのに役立ち，あなたのやる気を保つ。ビジネスで成功しなかったら，悲しくなるかもしれないが，あなたは次に何をすべきか，そして何をすべきでないかについて，貴重な経験を得るのだ。どんな状況でも，自分が学んだことについて考えなさい。

目標を達成することはあなたにとって良いことだが，ただ前向きに考えることも良いことだ。「なぜ」を心に留め，目標を明確にし，小さなステップに集中し，自分の人間関係に頼り，常に明るい面を見る。このような考え方はあなたが目標に到達するのに役立ち，仕事でも有効で，前向きな精神状態のためにも良い。

1 「記事に書かれている調査によれば，目標を持っている人々にはどのようなことが起きるか」A「彼らは健康で職場でもうまくやれる」 第1段落参照。

2 「第2段落について正しいのはどれか」D「明確な理由付けとイメージはあなたが目標に到達するのに必要だ」

3 「第3段落によると，あなたの目標を実現させるのに役立つものは何か」C「一度に一歩進み，同時になにもかもやらない」

やや難 4 「根性を持つことについて正しいものはどれか」A「一生懸命やらなければ何も成功できない。目標を達成したいなら困難に挑む必要がある」

5 「人々はどのようにして前向きな精神状態を持つことができるか」B「大切な経験から学んだことに集中することによって」

5 **(長文読解問題・説明文：英問英答，内容吟味)**

(全訳) 課題：マイクロプラスチック問題

マイクロプラスチックとは何か？

マイクロプラスチックは5mmより小さいプラスチックの小片だ。

なぜマイクロプラスチックが問題なのか？

プラスチックは環境と人間の健康を損ねる可能性がある。プランクトンは食べ物ではないマイクロプラスチックを食べると，お腹がいっぱいになり，結果として成長しない。これは生態系を損ねる可能性がある。プラスチックはまた，人の健康に良くない危険な物質を生み出す。プラスチックはどの生物にも食べられる可能性がある。プランクトンがマイクロプラスチックを食べ，魚がそのプランクトンを食べ，そして人間がその魚を食べる。科学者たちは，もし私たちがプラスチックの使用をやめなかったら，深刻な環境問題や健康問題に直面するだろうと言う。

ここで最大の問題は，プラスチックはほとんど永遠に存在するということだ。プラスチックゴミは海の中に数百年間とどまる。これは，一度プラスチックが海に到達してしまったら，この問題を解決するのは困難だということだ。また，地球がそのダメージから回復するのはもしかしたら不可能かもしれない。

マイクロプラスチックはどこから来るか？

プラスチックは多くのものに使われている。私たちはスーパーで食品をビニール袋に入れる。コンビニではペットボトルが売られている。店で売られているあらゆるものがプラスチックで包装されている。その結果，たくさんのプラスチックがゴミとして捨てられる。国連情報センターによると，プラスチックゴミの90％はリサイクルされず，800万トンのプラスチックが毎年海で発見される。そして太陽の光と熱がプラスチックをもろくし，バラバラになって小さなかけらになる。このようにしてマイクロプラスチックが生まれる。

解決策

プラスチック汚染が専門の研究者によると，プラスチックの利用を減らすことが問題を解決する唯一の方法である。

課題

この課題では，その問題を解決しようとしている企業についての情報を検索し，あなたが学んだことについて意見を述べてください。あなたが調べたい会社のウェブサイト上にある情報だけを使うことができます。2社について書き，どこでその情報を見つけたかも含めます。

レポート提出期限：2020年2月12日

レポートは2月10日から12日まで受け付けます。この書類に書かれているように全ての指示に従わない場合は，レポートが受理されないことに留意してください。また，情報が間違っている場合や量が十分でない場合は，レポートを書き直すよう指示されます。

題：環境に優しい商品

氏名：ジャック・ブラウン

日付：2月11日

私は，プラスチック汚染によって引き起こされる環境問題に関心を抱いているいくつかの企業について知りました。私はこのレポートのために2社を選びました，なぜなら人々はこれらの企業から環境に優しい商品を買うことによってその問題を容易に解決することができるからです。

スターバックスコーヒー

カフェは世界中でますます人気になっています。私たちの街にもたくさんのカフェがあります。カフェはプラスチック製のストローを使います。スターバックスコーヒーは2020年にプラスチックストローの使用をやめ，代わりに紙製のストローを使い始めることになっています。

参照先：地元の新聞のウェブサイト　The SIT Times https://www.sittimes/

セブンイレブンジャパン

セブンイレブンは包装を変える予定です。現在，セブンイレブンで売られているおにぎりは全てビニールに包装されていて，それは分解されずほとんど永遠に残ります。しかしまもなく，包装が生分解性になります。それらはバクテリアによって環境を損なわない物質に自然に分解されます。
参照先：セブンイレブンジャパン公式ウェブサイト　https://7-eleven.japan/
この課題から学んだこと：
　私は今までにプラスチック汚染について気にしたことがありませんでした。この課題のおかげで私は，私たちがこの問題を真剣に解決する必要があるとわかりました。その問題について配慮している企業があると知ってうれしいです。しかし私は，多くの企業が課題に書かれた問題を解決する方法について何も情報を発信していないことにも気づきました。ほとんどの企業はその問題が深刻だと思っていないのかもしれません。私は，私たち全員がその問題の解決方法についての情報を共有することが重要だと思います。

1 「プラスチックの問題の1つは何か」D「プラスチックは生分解性ではない」
2 「マイクロプラスチックはどのようにして生まれるか」B「人々のプラスチックを使う習慣と自然環境がマイクロプラスチックを作り出す」
3 「ジャックはなぜ課題にスターバックスとセブンイレブンジャパンを選んだのか」A「誰でも簡単に環境を守ることができるから」
4 「ジャックのレポートによると，プラスチック汚染についての企業の考え方について，おそらく正しいのはどれか」C「おそらく，ほとんどがその問題が重要だとは思っていない」
やや難 5 「なぜジャックのレポートは先生に受理されないかもしれないのか」B「情報源が利用できない」

6 **(条件英作文)**
全て現在進行形 be ~ing「~している」にする。 1 do the dishes「皿洗いをする」
2 play rugby「ラグビーをする」 3 make a photocopy［copy］「コピーを取る」

7 **(英問英答)**
1 「どんな種類の本を読むのが好きですか」解答例「私は小説を読むのが好きです」I like reading ~.「私は~を読むのが好きです」と答える。I like ~.「私は~が好きです」でもよい。
2 「あなたはどのようにして英語を勉強しますか」解答例「私は英語で書かれた本をたくさん読みます」（written）in English「英語で書かれた」I listen to English songs.「私は英語の歌を聞きます」やI watch American movies.「私はアメリカ映画を観ます」などもよい。
3 「あなたは将来何になりたいですか。その理由は？」解答例「私はエンジニアになりたいです，なぜなら車に興味があるからです」I want to be a ~.「私は~になりたい」と答える。because ~「なぜなら~」
4 「図書館で勉強するのと家で勉強するのとは，どちらが好きですか。その理由は？」解答例「私は図書館で勉強したいです。第1に，テレビやパソコンがないので，そこでは気が散りません。第2に，本がたくさんあります。勉強するときにそれらを使うことができます」distracted「気が散った」
5 「新聞よりインターネットでニュースを読む人のほうが多いと思いますか。その理由は？」解答例「新聞よりもインターネットでニュースを読む人のほうが多いと思います。第1に，電車やバスの中などどこでも簡単にスマートフォンでニュースを読むことができます。第2に，ヤフーのニュースサイトなどで無料でニュースが読めます」for free「無料の」

★ワンポイントアドバイス★

4の長文読解問題では，段落ごとの内容が問われているので，各段落のポイントを正確に把握することが重要である。

＜国語解答＞

一　問一　オリジナルがコピーに先立つ　　問二　エ　　問三　（例）「オリジナル」も，他のオリジナルのコピーだと言えるから。　問四　（例）作品は，他からの引用を織り合わせてつくられたものであり，作者のオリジナルな思いを表現したものではないということ。
問五　ウ　　問六　C　ウ　　D　イ　　E　ア　　問七　模倣を通し
問八　ア　ほんとうの　　イ　であえようか

二　問一　ウ　　問二　エ　　問三　ア　　問四　エ　　問五　イ　　問六　（例）成果も出たので，今年は「田高マニア」を辞退して来年に向けて頑張るというもの。　　問七　ウ

三　問一　牛海綿状脳症(BSE)などの食品安全問題
問二　課題　（例）東京電力第一原発での事故
（例）原発事故の原因はいくつかあるが，根本の原因は原発が海際に建設されていることだと思う。日本の原発は，原子炉を冷やすために海水を使う仕組みになっている。これにより津波を受ける結果となってしまった。そこで，私はダムの近くに原発を建設するのが良いと考える。ダム湖の水を使えば使い回しができるし，欧米の原発に設置されている冷却塔を設置して，使った水を冷ませば生態系への影響も少ない。以上の対策で，今回の原発事故が再び起こることはないと考える。

四　1　特徴　　2　妨　　3　就　　4　棄権　　5　漂　　6　放　　7　遂行　　8　つの
9　おごそ　　10　あらわ

○推定配点○

一　問二・問六・問八　各2点×6　　問三　7点　　問四　8点　　他　各4点×3
二　問一・問五　各2点×2　　問六　8点　　他　各4点×4
三　問一　3点　　問二　10点　　四　各2点×10　　計100点

＜国語解説＞

一　（論説文－空欄補充，内容理解，接続語，歴史的仮名遣い，要旨）

問一　Aは，直前の段落の「発生論的関係」の説明にあたる言葉が入る。直前の段落にある「オリジナルからコピーが生じる」は，指定字数と合わないので，これと同じ意味で十三字の言葉を他の箇所から探す。

問二　「軍配が上がる」は，一方が勝者・優者と判定される，という意味。

重要　問三　「オリジナル」と「コピー」の関係について，直前の段落で述べられている内容を，指定字数内でまとめる。

やや難　問四　二つあとの段落の「作者が他の人とは違ったオリジナルな思いを表現したもの――これが作品だと信じられてきました。ところが，……『引用』を織り合わせてつくられているのです」の部分の内容をまとめる。

問五　文章の最後の二文「コピーからオリジナルが生れるのです。したがって，コピーだからといって，オリジナルより劣っているわけではありません」の部分の内容が，ウに合致している。

基本 問六　C　空欄の前後が逆の内容になっているので，逆接の接続語が入る。　D　空欄の前が原因，あとが結果となっているので，順接の接続語が入る。　E　空欄の前の事柄の具体例を，空欄のあとで挙げているので，「たとえば」が入る。

問七　ここでの「母」という言葉は，何かを生み出す所，という意味で使われている。

基本 問八　ア「たう」→「とう」と直す。　イ　語頭と助詞以外の「は・ひ・ふ・へ・ほ」は「わ・い・う・え・お」に直す。

二 （小説－品詞，内容理解，心情理解，表現理解，空欄補充）

問一　——線①「無理やりに」と，ウ「すぐに」は副詞。アの「に」は形容動詞「得意げだ」の活用語尾。イの「に」は助動詞「ようだ」の活用語尾。エの「に」は格助詞。

問二　——線②までのいきさつを，「田高マニア」と勇作のけがとの関連に注意して読み取る。また，「本番は十日後なのに，……どうしようもないバカだなあ」という勇作の言葉に注目。

問三　あとの勇作の言葉「でもそれじゃ，ぼくがみんなの目標を取り上げるのと一緒だよ」「成果見せないと廃部なんだよ？　どんな形でも『田高マニア』には出なくちゃ」に注目。

重要 問四　ここでの「嘘」という言葉は，適当でないこと・意味がないこと，という意味である。

問五　「悪態をつく」は，悪口を言う，という意味。

やや難 問六　——線⑤は，徹の心の中の言葉である。前に「徹も伸太郎に同調した」とあるので，伸太郎が言ったことに注目する。「成果はもう見せた」「放送部は……お前は余計な心配すんな」という伸太郎の言葉から，徹が同調した「気休め」の内容をとらえる。

問七　伸太郎は，誰もが言えずにいた「『田高マニア』は辞退しよう」という言葉をはっきりと言った。また，問六でとらえたような，人を思いやる発言もしている。これらに合うのはウである。

三 （論説文－内容理解，作文）

重要 問一　六つの具体例とは，1「東京電力福島第一原発」の事故，2「阪神・淡路大震災」，3「地下鉄サリン事件」，4「牛海綿状脳症(BSE)などの食品安全問題」，5「耐震偽装事件」，6「STAP細胞問題(14年)を始めとする研究不正事件」である。

問二　六つの課題の中から一つを選んだら，その課題の「原因や問題点」「解決策」をいったん簡単にメモしておいてから，文章にまとめるとよい。

四 （漢字の読み書き）

1「特徴」は，他のものと違って特に目立つ点，という意味。　2「妨害」の「妨」である。　3「就職」の「就」である。　4「棄権」は，権利をすてて行使しないこと。　5「標語」の「標」や，「投票」の「票」と区別しておくこと。　6「解放」の「放」である。　7「遂行」は，なしとげること。　8「募る」は，広く求め集めること。「募集」の「募」である。　9「厳粛」の「厳」である。　10「著作」の「著」である。

★ワンポイントアドバイス★

説明的文章と文学的文章は，選択式の問題に細かい読み取りを必要とし，30～60字の記述問題もある。また，200字以上の作文も出題されており，文章を時間内で簡潔にまとめる力が求められる。ふだんからの読書が大切。漢字も必須だ。

MEMO

大切なことはメモしておこうネ！

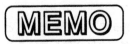

解答用紙集

○月×日 △曜日 天気(合格日和)

◆ご利用のみなさまへ

＊解答用紙の公表を行っていない学校につきましては、弊社の責任において、解答用紙を制作いたしました。

＊編集上の理由により一部縮小掲載した解答用紙がございます。

＊編集上の理由により一部実物と異なる形式の解答用紙がございます。

人間の最も偉大な力とは、その一番の弱点を克服したところから生まれてくるものである。 ――カール・ヒルティ――

東京学参株式会社

※ 128％に拡大していただくと，解答欄は実物大になります。

1　答えのみを書きなさい。

(1)	(2)
(3)	(4) $x=$
(5) $x=$ 　　　，$y=$	(6) $a=$
(7) 最大値　（$x=$　　） 最小値　（$x=$　　）	(8)
(9) 　　　cm^2	(10) 　　　度
(11) 　　　％	(12) 　　　cm^3

2 答えのみではなく解法の過程も書きなさい。

3 答えのみではなく解法の過程も書きなさい。

芝浦工業大学附属高等学校(推薦)　　2024年度

◇小論文◇

※ 137%に拡大していただくと，解答欄は実物大になります。

問 1

80

問 2

問 3

200

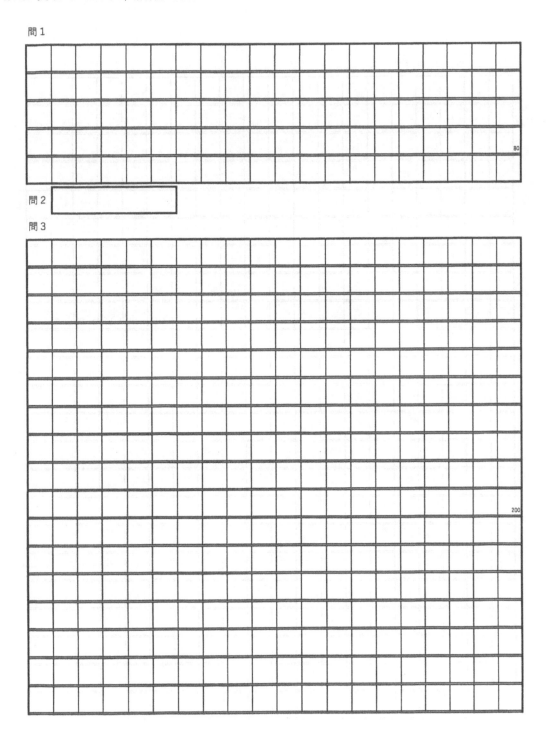

400

600

800

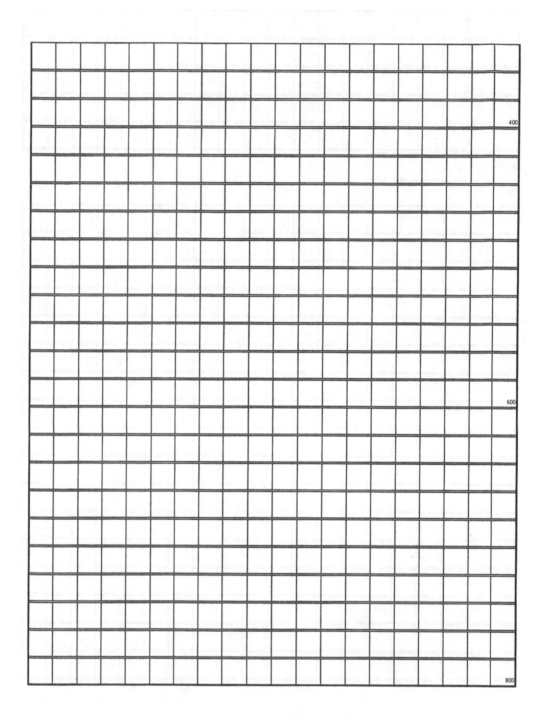

芝浦工業大学附属高等学校（一般）　2024年度　　◇数学　基礎◇

※ 125％に拡大していただくと，解答欄は実物大になります。

※『答え』のみを書きなさい。

1	2
3	4
5	6　毎秒　　　　m
7	8　$a=$　　　，$b=$
9　　　　度	10　　　　cm^2
11 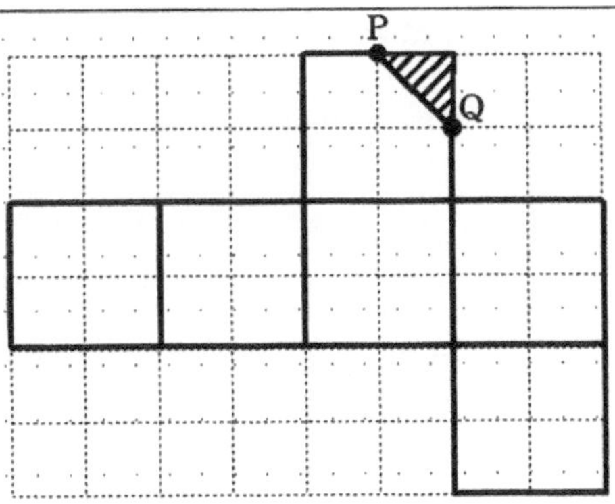	12　　　　cm^2
	13　　　　cm

芝浦工業大学附属高等学校(一般)　2024年度

◇数学　応用◇

※ 167%に拡大していただくと，解答欄は実物大になります。

1

2

4

3

芝浦工業大学附属高等学校(一般)　2024年度

◇英語◇

※ 152%に拡大していただくと，解答欄は実物大になります。

1

1		2		3		4		5	

2

1		2		3		4		5	

3

1		2		3	

4

1		2		3		4		5	

5

1		2		3		4		5	

6

1	
2	
3	

7

1	
2	
3	
4	

◇国語◇

芝浦工業大学附属高等学校(一般)　2024年度

※175%に拡大していただくと、解答欄は実物大になります。

一

問一

問二

問三　〜

問四　50　60

問五

問六

問七

二

問一

問二

問三　20

問四

問五　50　60

問六

問七

問八

三

問一

問二

問三　解答用紙　国語②（裏面）に書くこと。

四

1　2　3　4　5

6　え

7　んだ

8

9　てる

10　る

三

問三　スポーツ界で感想戦が行われないのは、

180

220

芝浦工業大学附属高等学校(推薦)　2023年度

◇数学◇

※ 128%に拡大していただくと，解答欄は実物大になります。

1　答えのみを書きなさい。

(1)	(2)
(3)	(4)　$a=$
(5)　$x=$　　　，$y=$	(6)　$x=$
(7)	(8)
(9)　　　　倍	(10)　　　　度
(11)　　　　%	(12)　　　　cm^3

2 答えのみではなく解法の過程も書きなさい。

3 答えのみではなく解法の過程も書きなさい。

◇小論文◇

※ 137％に拡大していただくと，解答欄は実物大になります。

問 1

100

問 2

問 3

200

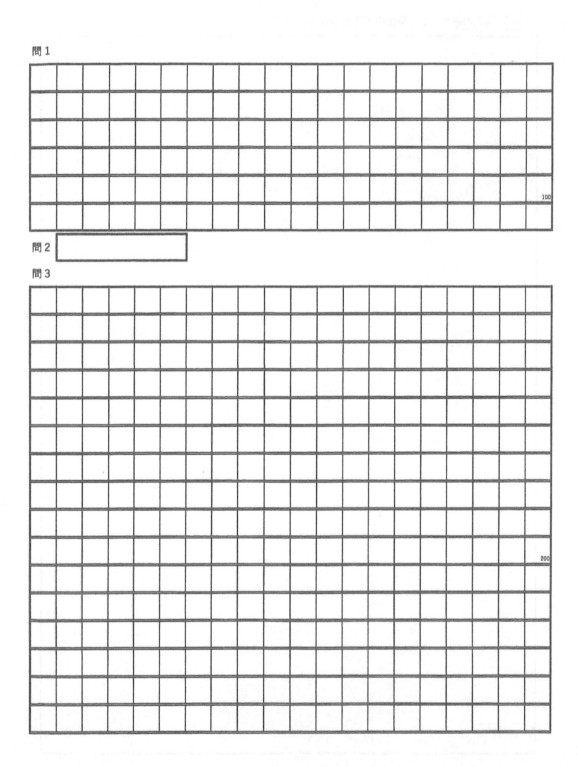

400

600

800

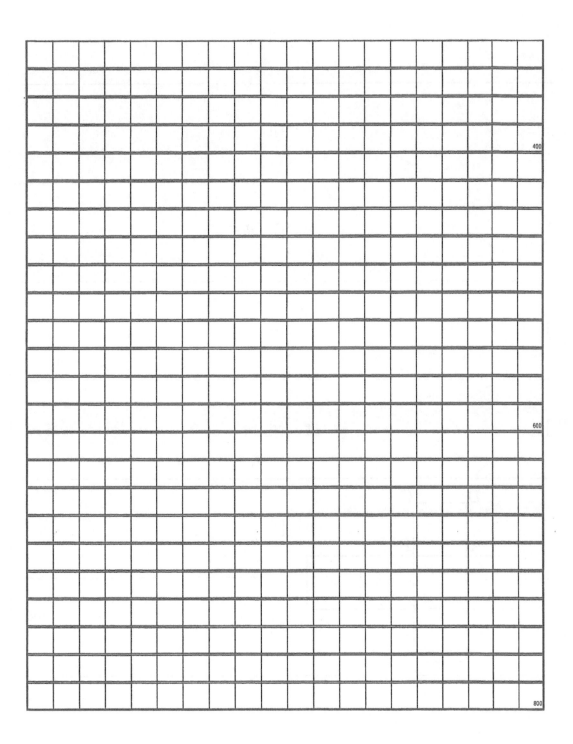

芝浦工業大学附属高等学校（一般）　2023年度　　◇数学　基礎◇

※ 167%に拡大していただくと，解答欄は実物大になります。

1	2
3	4
5	6 $a=$
7	8
9 度	10 cm
11 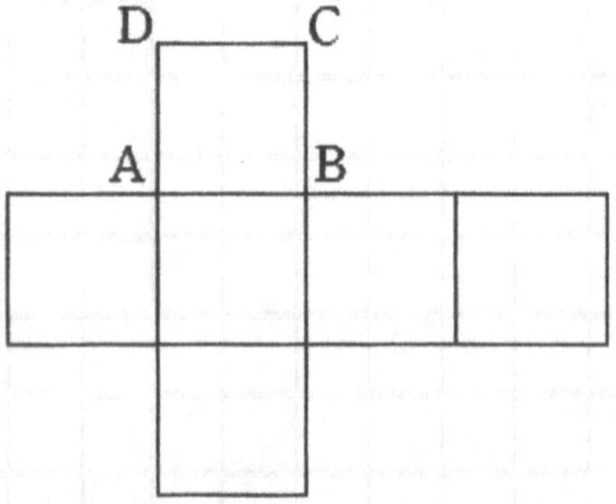	12 cm^3
	13 %

芝浦工業大学附属高等学校(一般)　2023年度

◇数学　応用◇

※ 167%に拡大していただくと，解答欄は実物大になります。

1～4 は小問題番号を自分で書き，解答してください。

1	2

4

3

芝浦工業大学附属高等学校(一般)　2023年度

◇英語◇

※ 152％に拡大していただくと，解答欄は実物大になります。

1

1		2		3		4		5	

2

1		2		3		4		5	

3

1		2		3	

4

1		2		3		4		5	

5

1		2		3		4		5	

6

1	
2	
3	

7

1	
2	
3	
4	

◇国語◇

芝浦工業大学附属高等学校（一般）　２０２３年度

※１７５％に拡大していただくと，解答欄は実物大になります。

一

問一　問二　問三　問四

問五　問六

問七（50）

二

問一　問二　A　B　C　問三

問四（50）

問五　問六　問七

三

問一

問二　解答用紙　国語②（裏面）に書くこと。

四

1　2　3　4　5 った

6　7 って　8　9 か　10 って

三

問二

芝浦工業大学附属高等学校　2022年度　　◇数学　基礎◇

※ 122％に拡大していただくと，解答欄は実物大になります。

※『答え』のみを書きなさい。

1	2
3　$a=$	4　$a=$　　　，$b=$
5　$a=$	6　$p=$
7	8
9　　　　度	10　　　　cm
11　　　　cm^3	12　　　　cm^3
13	

芝浦工業大学附属高等学校　2022年度

◇数学　応用◇

※ 185％に拡大していただくと，解答欄は実物大になります。

1

(1)

(2)

(3)

2

(1)

(2)
証明

(3)

3
(1)

(2)

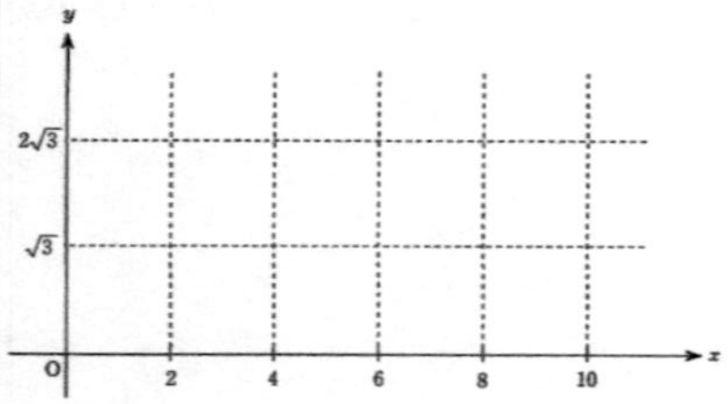

(3)

4
(1)

(2)

(3)

芝浦工業大学附属高等学校　2022年度

◇英語◇

※ 167%に拡大していただくと，解答欄は実物大になります。

1

1		2		3		4		5	

2

1		2		3		4		5	

3

1		2		3	

4

1		2		3		4		5	

5

1		2		3		4		5	

6

1	
2	
3	

7

1	
2	
3	
4	
5	

２０２２年度

芝浦工業大学附属高等学校

※１７５%に拡大していただくと、解答欄は実物大になります。

◇国語◇

一

問一 A　B　C

問二

問三

問四（60字）

問五

問六

二

問一

問二

問三

問四

問五（20字）から。

問六 i（10字）

ii（35字）

問七

三

解答用紙②（別紙）に書くこと。

四

1

2

3 って

4

5

6 づいて

7 き

8 った

9 め

10

三

問一

問二

180

200

220

芝浦工業大学附属高等学校　2021年度

◇数学　基礎◇

※ 122％に拡大していただくと，解答欄は実物大になります。

※『答え』のみを書きなさい。

1	2
3	4　$a =$
5　$a =$	6　$a =$　　　，$b =$
7	8
9　　　　　度	10　　　　　倍
11	12　　　　　cm^3
13　　　　　分	

芝浦工業大学附属高等学校　2021年度

◇数学　応用◇

※ 183％に拡大していただくと，解答欄は実物大になります。

1

2

4

3

芝浦工業大学附属高等学校　2021年度　　◇英語◇

※ 169%に拡大していただくと，解答欄は実物大になります。

1

1		2		3		4		5	

2

1		2		3		4		5	

3

1		2		3	

4

1		2		3		4		5	

5

1		2		3		4		5	

6

1	
2	
3	

7

1	
2	
3	
4	
5	

◇国語◇

芝浦工業大学附属高等学校　2021年度

※175%に拡大していただくと、解答欄は実物大になります。

一

問一　問二　問三　問四

問五

問六　問七　ア　イ　ウ　エ　オ

二

問一　問二

問三

問四　問五

問六

問七

三　解答用紙②（別紙）に書くこと。

四

1　2　3　4 てた　5 めて

6　7 まった　8　9 れ　10

三

問一

問二

180

200

220

芝浦工業大学附属高等学校　2020年度

◇数学 基礎◇

※ 119％に拡大していただくと，解答欄は実物大になります。

※『答え』のみを書きなさい。

1	2
3	4
5 $a =$ ， $b =$	6 $a =$
7 $a =$	8
9 度	10 cm
11 cm	12 cm^3
13	

芝浦工業大学附属高等学校　2020年度

◇数学 応用◇

※ 177%に拡大していただくと，解答欄は実物大になります。

1	2

4

3

芝浦工業大学附属高等学校　2020年度

◇英語◇

※167%に拡大していただくと，解答欄は実物大になります。

1

1		2		3		4		5	

2

1		2		3		4		5	

3

1		2		3	

4

1		2		3		4		5	

5

1		2		3		4		5	

6

1	
2	
3	

7

1	
2	
3	
4	
5	

芝浦工業大学附属高等学校　２０２０年度

※１７２％に拡大していただくと、解答欄は実物大になります。

◇国語◇

一

問一

問二

問三

問四

問五　問六　C　D　E

問七

問八　ア　イ

二

問一　問二　問三　問四　問五

問六

問七

三　解答用紙②（別紙）に書くこと。

四

1　2　3　4　5

6　7　8　る　9　か　10　した

※１６２%に拡大していただくと、解答欄は実物大になります。

三

問一

問二 課題

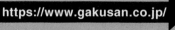

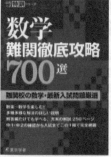

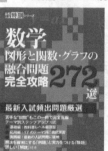

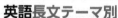

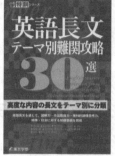

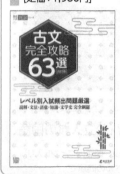

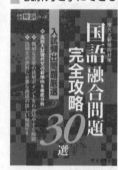

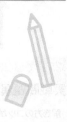

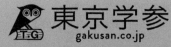

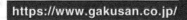

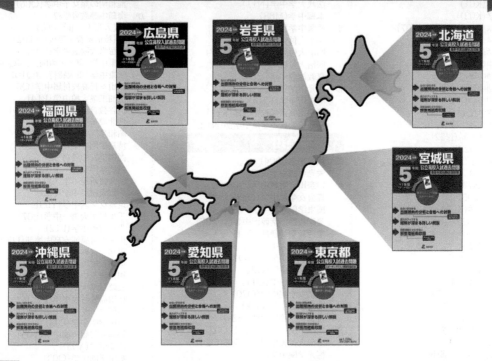

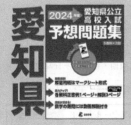

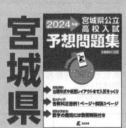

〈ダウンロードコンテンツについて〉

本問題集のダウンロードコンテンツ、弊社ホームページで配信しております。現在ご利用いただけるのは「2025年度受験用」に対応したもので、**2025年3月末日**までダウンロード可能です。弊社ホームページにアクセスの上、ご利用ください。

※配信期間が終了いたしますと、ご利用いただけませんのでご了承ください。

高校別入試過去問題シリーズ

芝浦工業大学附属高等学校　2025年度

ISBN978-4-8141-2928-7

[発行所] 東京学参株式会社

〒153-0043　東京都目黒区東山2-6-4

書籍の内容についてのお問い合わせは右のQRコードから　⇒

※書籍の内容についてのお電話でのお問い合わせ、本書の内容を超えたご質問には対応できませんのでご了承ください。

2024年5月13日　初版